Die Katzen von Moon Cottage

Neue Katzengeschichten von Moon Cottage

Marilyn Edwards arbeitet in der Verlagsbranche.
Sie lebt mit ihrem Mann, ihrem Sohn und den drei Katzen
Fannie, Titus und Pushkin in Hertfordshire.

Marilyn Edwards
Die Katzen von Moon Cottage
Neue Katzengeschichten von Moon Cottage

2 Romane in 1 Band

Aus dem Englischen übersetzt von Cécile G. Lecaux

Mit Illustrationen von Peter Warner

Weltbild

Die englische Originalausgabe von
Die Katzen von Moon Cottage erschien 2003
unter dem Titel *The Cats of Moon Cottage*
bei Hodder & Stoughton.

Die englische Originalausgabe von
Neue Katzengeschichten von Moon Cottage erschien 2004
unter dem Titel *More Cat Tales from Moon Cottage*
bei Hodder & Stoughton.

Besuchen Sie uns im Internet:
www.weltbild.de

Genehmigte Lizenzausgabe für Verlagsgruppe Weltbild GmbH,
Steinerne Furt, 86167 Augsburg
Die Katzen von Moon Cottage
Copyright der Originalausgabe © 2003 by Marilyn Edwards
Illustrations copyright © 2003 by Peter Warner
Copyright der deutschsprachigen Ausgabe © 2009 by
Verlagsgruppe Lübbe GmbH & Co. KG, Köln
Übersetzung: Cécile G. Lecaux
Neue Katzengeschichten von Moon Cottage
Copyright der Originalausgabe © 2004 by Marilyn Edwards
Illustrations copyright © 2004 by Peter Warner
Copyright der deutschsprachigen Ausgabe © 2010 by
Bastei Lübbe GmbH & Co. KG, Köln
Übersetzung: Cécile G. Lecaux
Umschlaggestaltung: Atelier Seidel - Verlagsgrafik, Teising
Umschlagmotiv: Masterfile (© AWL Images) /
© www.thinkstockphotos.de
Gesamtherstellung: CPI – Clausen & Bosse, Leck
Printed in the EU
ISBN 978-3-86365-513-6

2016 2015 2014 2013
Die letzte Jahreszahl gibt die aktuelle Lizenzausgabe an.

Marilyn Edwards
Die Katzen von Moon Cottage

ROMAN

Aus dem Englischen von Cécile G. Lecaux

Weltbild

Für Michael,
der alles mit einem Grinsen erträgt

Kapitel 1

Diese Geschichte beginnt mit einer E-Mail. Wie so oft bei E-Mails ist auch diese auf den ersten Blick nichts Besonderes, tatsächlich aber hat sie nicht nur mein Leben nachhaltig verändert, sondern auch jenes meines Mannes Michael und seines Sohnes John sowie, wenn auch in etwas geringerem Maße, jenes seiner beiden anderen Söhne, Damian und Oliver. Die Mail lautet wie folgt:

```
Von: Mitzi
An: Alle Kollegen
Betreff: Katzenwelpen


Unsere Autorin Susan Hill hat zwei sieben
Wochen alte Kätzchen abzugeben, das eine
männlich, das andere weiblich. Sie sucht
für die beiden ein liebevolles neues Zu-
hause, und am liebsten wäre es ihr, wenn
die beiden zusammenbleiben könnten. Falls
jemand Interesse hat, bitte anklingeln.
```

Von: Marilyn
An: Mitzi
Betreff: RE: Katzenwelpen

Hallo, Mitzi!
Ich habe gerade mit Michael gesprochen, und er hat sein Okay gegeben. Ich bin überglücklich. Wir haben einen alten Kater, aber das dürfte kein Problem sein. Wir möchten die beiden also gern haben, natürlich vorausgesetzt, mir ist noch niemand zuvorgekommen. Marilyn

Von: Mitzi
An: Marylin
Betreff: RE: Katzenwelpen

Soweit ich weiß, hat noch niemand Interesse angemeldet. Ich denke also, du kannst sie haben. Nähere Einzelheiten am Dienstag.

Von: Marilyn
An: Michael
Betreff: Katzenwelpen

Hey, Michael – wir bekommen Nachwuchs!
Kuss, M.

```
Von: Michael
An: Marilyn
Betreff: RE: Katzenwelpen

Jetzt darf ich dich endlich Mama nennen,
ohne dass du mir aufs Dach steigst!
Hoffe, Septi kann sich mit dem Nachwuchs
anfreunden!
Willst du es ihm sagen, oder soll ich?
```

Und damit war die Angelegenheit besiegelt – oder fast, sollte uns die von Michael aufgeworfene Frage, wie Septi das Ganze wohl aufnehmen würde, doch noch früh genug einholen.

Am frühen Abend jenes selben Tages geht es plötzlich sehr hektisch zu, da in aller Eile ein kleiner Umtrunk organisiert wird zur Feier der Verlobung einer Kollegin mit ihrem Lebensgefährten. Eine Viertelstunde nach Beginn der Feier halte ich es nicht länger aus und bitte um Ruhe. Mit nur einer Spur Schalkhaftigkeit und ohne jede Absicht, irgendjemanden ernsthaft aufs Glatteis zu führen, sondern schlicht deshalb, weil ich an nichts anderes mehr denken kann als an Schnurrhaare und Fellknäuel, erkläre ich laut und deutlich, dass Michael und ich ebenfalls eine frohe Botschaft zu verkünden haben. Michael starrt mich quer durch den Raum entgeistert an, da er keinen Schimmer hat, worauf ich hinauswill, derweil alle anderen nach und nach neugierig verstummen.

Ein wenig verlegen hebe ich mein Glas und murmle schüchtern: »Michael und ich freuen uns, euch mitteilen zu dürfen, dass wir in Kürze Nachwuchs erwarten!« Ich werde die hierauf folgende Stille nie vergessen, ebenso wenig wie den köstlichen Ausdruck ungläubiger Verblüffung auf dem Gesicht unseres Chefs. Schwangerschaften gibt es bei uns im Büro reichlich, und wenngleich sich alle mit den werdenden Müttern freuen, ist ein Mutterschaftsurlaub für das Büro jedes Mal wieder eine logistische Herausforderung. Bei Michael und mir, beide jenseits der fünfzig, ging man eigentlich davon aus, dass das Thema Familienplanung abgeschlossen wäre.

Da ich die Spannung nicht länger aushalte, erkläre ich prosaisch, dass es sich um eine Adoption handle und wir schon bald zwei kleine Katzenkinder bei uns aufnehmen werden. Sichtlich erleichtert atmet unser Chef auf, gratuliert uns sehr herzlich und wünscht uns alles Gute für den Familienzuwachs.

Kapitel 2

Bei der Rückkehr zu unserem Cottage in Hertfordshire an jenem Wochenende machen Michael und ich uns dann aber doch ernsthaft Gedanken darüber, was der betagte dort lebende Kater Septi davon halten wird, sein Reich künftig mit einem kleinen Kätzchen zu teilen. Ursprünglich hatten wir ja sogar erwogen, zwei Kätzchen zu adoptieren, aber dann war das eine doch bereits anderweitig vermittelt gewesen.

Septi, der eigentlich »September« heißt und seinen Namen jenem Monat verdankt, in dem er angeschafft wurde, ist als ganz junges Tier zu Michael gekommen und zählt inzwischen stolze siebzehn Lenze.

In all diesen Jahren hat er zahlreiche Umzüge mitgemacht und des Öfteren hinnehmen müssen, dass der geregelte Tagesablauf, auf den er solchen Wert legt, empfindlich gestört wurde. Er wurde unzählige Male ein- oder ausgesperrt, hat diese Versehen jedoch ebenso heil überstanden wie die ungezählten Prügeleien mit anderen Stubentigern und diverse Verkehrsunfälle, von denen zumindest einer für jede weniger zähe Katze das sichere Ende bedeutet hätte. Alles in allem hat er einfach sein Leben gelebt, mal verhätschelt, mal sträflich vernachlässigt. So hat Septi in reiferen Jahren eine Unabhängigkeit und Souveränität entwickelt, die Kipling sofort wiedererkannt hätte. Er wandelt wahrhaftig über »regennasse Dächer der Wildnis, mit zuckendem Schwanz und ganz allein mit seinem ungezähmten Selbst«. Kurz, Septi ist sein eigener Herr. Er kontrolliert sein Revier, das Haus, den Garten und die nähere Umgebung energisch und mit viel Liebe zum Detail, was unter anderem bedeutet, dass die Katzen der Nachbarschaft in seinem Dunstkreis nichts verloren haben.

Septi hat es wahrlich verdient, standesgemäß vorgestellt zu werden. Er ist ein kastrierter Tigerkater der Gattung »Gemeine Hauskatze«. Er ist außergewöhnlich langgliederig, und die Streifen in seinem ungewöhnlich seidigen Fell sind schwarz wie Ebenholz. Dazu hat er eine schicke weiße Weste an und vier dazupassende weiße Socken. Septi trägt eine leicht hochmütige Miene zur Schau, und ich kenne keine zweite Katze, die in der Lage wäre, andere mit solcher Arroganz zu mustern. Bei einer lange zurückliegenden Balgerei hat er einen Riss im Ohr davongetragen; hinzu kommen leuchtend weiße Schnurrhaare und durchdringende große grünbraune Augen. Sein Gebiss ist nicht mehr ganz vollständig, und die übrig gebliebenen Zähne sind gelblich verfärbt, aber noch bereitet ihm das Fressen keinerlei Schwierigkeiten.

Wirklich ungewöhnlich ist an Septi aber vor allem seine seltsam erstickt klingende Stimme. Miauen scheint für ihn ein Kraftakt zu sein, und die Laute, die er von sich gibt, klingen so jämmerlich, als schnürte ihm jemand mit beiden Händen die Luft ab. Nichtsdestotrotz ist er sehr wohl in der Lage, laut genug zu maunzen, um zwar nicht unbedingt Michael, aber immerhin mich zu wecken, wenn er wieder einmal ausgesperrt wurde und im Regen draußen vor dem Schlafzimmerfenster steht. Umso lauter ist das tiefe unwiderstehliche Schnurren, das er über einen wirklich erstaunlich langen Zeitraum hinweg von sich geben kann. Sein Schnurren ist tatsächlich etwas ganz Besonderes, so laut, dass es im ganzen Haus zu hören ist. Man spürt es im Inneren vibrieren. Es geht einem durch und durch wie eine Opernarie.

Bei aller Überheblichkeit ist Septi ein liebevoller Stubentiger, der sämtlichen Familienmitgliedern nacheinander eindrucksvoll seine Zuneigung bekundet. Wenn er entsprechender Laune ist, widmet er sich den drei Jungen, vor allem John. Wem in der Familie er nun eigentlich gehört, konnte auch nach heftigen Diskussionen bislang nicht geklärt werden. John meint, er habe sich Septis erbarmt, als der noch ein kleines Kätzchen war. Seine Brüder Damian und Oliver wünschten sich beide einen Hund, und John war der Einzige, der Interesse an einer Katze als Haustier bekundet hatte. Damian seinerseits vertritt den Standpunkt, Septi sei als Familienkatze angeschafft worden und nicht als Haustier für einen Einzelnen.

Zu dem Zeitpunkt, da die hier niedergeschriebene Geschichte beginnt, lebt John als einziger der drei Brüder noch bei uns. Die anderen beiden lassen sich sporadisch am Wochenende blicken, wobei Damian seit Längerem in Südafrika lebt; deshalb sind seine Besuche entsprechend selten geworden. Vor vier oder fünf Jahren war Septi allerdings einmal für sechs Monat bei Damian untergebracht, eine Zeit, in der sich zwischen den beiden eine von gegenseitigem Respekt und Liebe geprägte Beziehung entwickelt hat.

Was gibt es über Septi sonst noch zu berichten?

Seine grenzenlose Furcht vor Gewittern ist beinahe schon krankhaft. Ist er draußen, wenn sich ein Unwetter zusammenbraut, und ich bin nicht da, um ihn hereinzulassen, werde ich seinetwegen ganz nervös. Und was Feuerwerkskörper betrifft, ließe er sich, glaube ich, lieber lebendig begraben, als sich in deren Nähe zu wagen. Meines Wissens hat er nur eine körperliche Schwäche, und zwar einen kleinen Knubbel auf dem Rücken, der ihm möglicherweise wehtut, da er einem manchmal, wenn man zu fest darüber streichelt, in die Hand beißt, mehr abwehrend als böse, aber man erschrickt trotzdem unwillkürlich.

Septi war immer ein leidenschaftlicher Jäger und in der Lage, allerlei Getier ebenso rasch wie effizient zu töten. Als ich in sein Leben trat, war seine aktive Jagdphase jedoch bereits weitgehend vorbei. In der Familie wird immer wieder gern erzählt, wie Michaels jüngster Sohn Oliver im Alter von etwa fünf Jahren ein Experiment mit einschneidendem Ergebnis startete. Eines Morgens früh, als alle anderen im Haus noch schliefen, wachte der kleine Junge auf und langweilte sich, sodass er auf die Idee kam, Septi seinen Hamster vorzustellen. Tatsächlich war Oliver stolzer Besitzer zweier Hamster, aber an besagtem Morgen beschränkte er die Formalitäten auf einen von ihnen. Zu seinem Entzücken spielten Kater und Hamster übermütig miteinander.

Als John kurze Zeit später aufstand, war er tieftraurig, als er die sterblichen Überreste besagten Hamsters fand und Septis selbstzufriedenen Blick registrierte. Vielleicht waren hiernach die tödlichen Gefahren eines solchen Spiels zwischen Katze und Nager nicht deutlich genug gemacht worden, um Olivers Gefühle zu schonen. Wie dem auch sei, in der Tradition griechischer Tragödien wiederholte sich die grausame Szene gleich am nächsten Tag mit dem zweiten Hamster.

Ein wahres Fest für Septi.

Kapitel 3
Juni

Jetzt ist es also so weit.

»Sagst du es ihm, oder soll ich?«

Wir versuchen es gemeinsam. Ich fange mit dem Einschmeicheln an.

»Septi, komm mal her. So ein lieber Kater. Schau mal, ich muss dir etwas sagen. Ich weiß, dass es dir anfangs ganz und gar nicht gefallen wird und du schrecklich stinkig werden wirst deswegen, aber ich verspreche dir, dass alles gut wird, ehrlich. Irgendwann. Vertrau mir.«

Michael verfolgt meine Vorstellung mit einem ungläubigen Grinsen. Er beugt sich hinab, hebt Septi auf den Arm, drückt ihn fest an sich, und das Schnurren wird zunehmend lauter, als Michael nacheinander sämtliche Lieblingsstellen des alten Katers liebkost. Septi reibt die Wange an Michaels und wirft mir dann einen Blick von oben herab zu, mit einem Ausdruck auf dem Gesicht, der unzweifelhaft besagt: »*Ich* bin hier die Nummer eins.«

Die Lippen ganz dicht an Septis pelzigem Kopf, murmelt Michael so leise, dass er gerade noch zu verstehen ist: »*Sie* will ein grässliches kleines Kätzchen ins Haus holen, das deinen beschaulichen Alltag auf den Kopf stellt und alles zunichtemacht, woran du gewöhnt bist und was dir am Herzen liegt. Na, was hältst du davon, alter Junge? Wie gefällt dir das?«

Ich ziehe unwillkürlich den Kopf ein.

Wieder einmal frage ich mich verärgert, wenn auch nicht ganz frei von Gewissensbissen, wo diese Komplizenschaft unter Männern herrührt und warum sie sich mit jedweder Veränderung so schwer tun. Michael zwinkert mir zu, und ich schlage frustriert mit einem Küchenhandtuch nach ihm. Septi schnurrt ungerührt weiter. Ich höre mein jämmerliches Flehen: »Warum unterstützt du mich nicht, Michael? Wenn du nicht bereit bist, mir in dieser Sache zu helfen, kann ich Susan Hill auch gleich anrufen und das Ganze abblasen.«

»Ich glaube nicht, dass Septi begriffen hat, was ich vorhin zu ihm gesagt habe«, entgegnet Michael mit einem Schulterzucken.

»O doch, das hat er! Ich denke, dass er viel mehr versteht, als dir bewusst ist. Ich bin überzeugt davon, dass er zumindest den Sinn des Gesagten sehr wohl begreift.«

»Das bezweifle ich, aber wie du willst. Hör zu, Septi. Es kommt ein neues Kätzchen zu uns, und du wirst dich darüber freuen, klar? War das okay so, Marilyn? Entspricht das deinen Erwartungen?«

Nachdem der Vorrat an Geschirrhandtüchern erschöpft ist, begebe ich mich stampfenden Schrittes nach oben und lasse mir ein Bad ein, um meine Stimmung zu heben. Als ich ins Wasser steige und zuschaue, wie der Pegel an den Wannenrändern aufsteigt, ertappe ich mich bei einem schiefen Grinsen, denn mir wird bewusst, dass ich in mehr als einer Hinsicht Verdrängung betreibe.

5. Juni

Endlich bricht der Tag an, den ich so herbeigesehnt habe, und wir fahren zu einem Meeting nach Solihull. Wir haben diesen Tag deshalb zum Abholtag bestimmt, weil es von Solihull aus nicht mehr weit ist bis zum Geburtsort der Kätzchen, aber die Wartezeit hat sich ewig hingezogen.

Am frühen Nachmittag ist das Meeting beendet, sodass wir uns endlich auf den Weg machen können, den heiß ersehnten Familienzuwachs abzuholen. Nach einer halbstündigen Fahrt haben wir das Dorf erreicht. Michael steuert den Wagen eine lange, gewundene Zufahrt hinunter, und wir kommen an Feldern und einem großen Teich vorbei. Schließlich erreichen wir nach endlosen Serpentinen einen Garten, wo wir auf das Herzlichste von Susan Hill empfangen werden, die uns in Begleitung einer schlanken rot-weißen Kurzhaar-Katze entgegenkommt. Nachdem wir unsere Gastgeberin begrüßt haben, beugen Michael und ich uns hinab, um der Katze mit der sportlichen Figur Hallo zu sagen. Die aber wendet sich geschäftig ab, um ohne einen Hauch von Verlegenheit in einem alten, mit Erde gefüllten Pferdetrog ihr Geschäft zu verrichten. Als sie fertig ist, werden wir miteinander bekannt gemacht. Das ist Tallulah, die Mutter der Kätzchen. Ich frage Susan nach dem Vater, worauf diese entgegnet, sie habe einen Hauskater aus einem nahe gelegenen Wohnblock im Verdacht.

Susan führt uns in ein hübsches weitläufiges Natursteinhaus. In der geräumigen, lichtdurchfluteten Küche steht ein wunderschöner imposanter Holztisch. Und auf ebendiesem

Tisch hockt SIE. Sie ist das entzückendste Kätzchen auf der ganzen Welt. Natürlich hätten Michael und ich uns sowieso in das Kätzchen verliebt, ganz gleich, wie es auch ausgesehen hätte, aber das Tier ist wirklich eine Schönheit. Unser Blick fällt auf ein kleines zusammengerolltes Fellknäuel, das bei unserem Eintreten aufschaut und uns ein winziges herzförmiges Gesicht zuwendet. Dieses wird beherrscht von zwei riesigen, durchdringenden bernsteinfarbenen Augen, die wiederum eingefasst sind von sanft geschwungenen Streifen, die ihr das geheimnisvolle, anmutige Aussehen einer Geisha verleihen. Gekrönt wird der winzige Kopf von zwei aufmerksam aufgerichteten, verhältnismäßig großen Ohren. Der Körper ist schwarz-grau gestromt mit weißen und rötlichen Flecken, eine Färbung, die man auch als »Schildpatt« bezeichnet. Etwas unsicher erhebt sie sich auf ungewöhnlich langen, schmalen Beinchen und wankt auf uns zu. Noch bevor sie uns erreicht hat, ist es um uns geschehen: Wir sind bis über beide Ohren verknallt.

Es ist Liebe auf den ersten Blick, und so frage ich bangen Herzens nach, ob es sich auch wirklich um das uns zugedachte Kätzchen handelt. Susan beruhigt uns lächelnd. Es ist tatsächlich das übrig gebliebene Katzenkind; das andere hat im Dorf ein neues Zuhause gefunden.

Susan teilt uns mit, dass das Kätzchen bereits einen Namen hat (es war ja so lange bei ihr und konnte schlecht namenlos bleiben). Susan blickt mich an und verkündet, ohne mit der Wimper zu zucken: »Ihr Name ist Ottoline.«

»Sie meinen, wie Ottoline Morrell, die Aristokratin und Kunstmäzenin?«, frage ich verblüfft.

Lachend nickt sie.

Ich wage es gar nicht, Michael anzusehen, aber während ich den Kopf gesenkt halte, sehe ich vor meinem inneren Auge Lady Ottolines spitzes, von Entschlossenheit kündendes Kinn vor mir und muss an ihren legendären Tod durch Kieferkrebs denken, den ich immer als Ironie des Schicksals empfunden habe. Sofort gehen mir allerlei andere mehr oder weniger zusammenhanglose Gedanken durch den Kopf, solche wie die an ihre Vorliebe für die künstlerischen Lichtgestalten ihrer Zeit, ihre leidenschaftliche Beziehung und nicht minder leidenschaftlichen Auseinandersetzungen mit dem Gelehrten Bertrand Russell und dem Maler Augustus John sowie jene endlosen Soireen. Sie hat einst im und am Bedford Square gelebt, wo ich selbst nicht nur einen Teil meiner Seele, sondern auch ein Stück meines Herzens zurückgelassen habe, nachdem ich selbst zufällig viele Jahre an diesem selben Ort gearbeitet und gespielt hatte. Wenngleich es einerseits unpassend scheint, ein so winziges Fellknäuel auf einen so hochfahrenden Namen zu taufen, kommt es mir andererseits irgendwie richtig vor.

Im Übrigen war es ja ohnehin bereits ein Fait accompli. »In Ordnung. Also Ottoline«, murmle ich zustimmend.

Kapitel 4

Nachdem wir unseren kostbaren, neun Wochen alten Familienzuwachs in einer Transportkiste untergebracht haben, die wir aus Sicherheitsgründen auf dem Rücksitz festklemmen, folgen wir erneut der endlosen Auffahrt, diesmal in Richtung Heimat. Als wir Susan durch das Wagenfenster noch einen letzten Gruß zurufen, versprechen wir, uns regelmäßig bei ihr zu melden und sie über Ottolines Entwicklung auf dem Laufenden zu halten.

Anfangs ist vom Rücksitz nur ein leises Maunzen zu hören, das sich jedoch, als wir die Klagen stur ignorieren, nach und nach zu einem wahren Crescendo steigert. Schwer zu glauben, dass ein so winziges Tierchen überhaupt in der Lage ist, so ohrenbetäubende Klagelaute von sich zu geben wie unsere Lady Ottoline. Es ist herzzerreißend. Ich komme mir richtig mies vor und muss ständig daran denken, dass ihre Mutter vermutlich den gleichen Trennungsschmerz durchlebt. Der Ausdruck auf Tallulahs Gesicht, als wir Ottoline in die Transportkiste gesetzt haben, ist mir nicht entgangen. Dann ist es ganz plötzlich still. Kurz darauf sind wir auf der Autobahn, und die Stille hält an.

Nach einer ebenso langen wie ereignislosen Fahrt sind wir wieder daheim und tragen die Kiste mitsamt ihrem federleichten Inhalt ins Haus. Durch die Haustür unseres alten Hauses gelangt man gleich in das niedrige Wohnzimmer, wo wir die meiste Zeit verbringen und wo Septi bislang unangefochten als Alleinherrscher galt. Als wir den Raum mit der Transportkiste betreten, blickt Septi, der eben auf seinem Lieblingssessel ein Nickerchen hält, uns argwöhnisch entgegen. Vielleicht überlegt er ja, ob ein Besuch bei seinem ärgsten Feind, dem Tierarzt, ansteht. Weshalb sollten wir sonst die Transportkiste hereinschleppen?

In exakt diesem Augenblick dringt aus besagter Kiste ein leises, aber unüberhörbares »Miau«. Septi sieht aus, als hätte man ihm einen elektrischen Schlag versetzt. Zusätzlich zu dem akustischen Reiz steigt ihm nun auch der Geruch der fremden Katze in die Nase. Ich kann nicht sagen, wann ich das letzte Mal einen derart empörten Gesichtsausdruck gesehen hätte. Er sieht wütend aus. Seine Schnauze hat jenes kleine gouvernantenhafte »O« geformt, das Katzen so perfekt beherrschen. Zudem hat er die Schnurrhaare aufgestellt, und die »Sorgenfalten« auf der getigerten Stirn ziehen sich noch stärker zusammen. Er ist stinksauer und macht keinen Hehl daraus.

Wir fürchten uns beide davor, das Kätzchen herauszulassen, aber nach der langen, anstrengenden Fahrt in der Kiste muss Ottoline sich dringend die Beine vertreten. Frei nach dem Motto »Wer A sagt, muss auch B sagen«, beschließen wir, sie aus ihrem Gefängnis zu lassen und abzuwarten, was passiert. Mit zittrigen Fingern öffnen wir die Tür der Transportkiste, und ein kleines verängstigtes Kätzchen stolpert heraus. Septi gibt ein tiefes, zorniges Knurren von sich, funkelt den Eindringling vernichtend an, macht dann auf dem Absatz kehrt und läuft hinaus. Michael folgt ihm und findet ihn an der Hintertür, wo er darauf wartet, hinausgelassen zu werden. Septis Fluchtbedürfnis ist so eklatant, dass uns nichts anderes übrig bleibt, als ihm nachzugeben. Außerdem sind wir schockiert von seinem Knurren. (Katzen knurren nur selten, und wenn sie es tun, handelt es sich immer um eine ernst zu nehmende Drohung.)

Derweil ist der arglose Auslöser der ganzen Aufregung bereits damit beschäftigt, seine Umgebung zu erkunden. Anfangs noch zögerlich, scheint die junge Dame mit jeder Sekunde an Selbstbewusstsein zu gewinnen, und das kleine Raubtier, das vor so kurzer Zeit erst brutal seiner Mutter und seinem Zuhause entrissen wurde, macht sich nun überraschend schnell und immer mutiger mit seiner neuen Umgebung vertraut. Wir geben ihr etwas Aufzuchtmilch (Susan meinte, die käme in ihrer Zusammensetzung Katzen-Muttermilch noch am nächsten). Ottoline trinkt sie auch, und schon kurz darauf probiert sie einen Happen Dosenfutter. Wir zeigen ihr das Katzenklo und warten: Sie benutzt es bereits eine halbe Stunde nach ihrer Ankunft im neuen Heim. Ottoline hat ihr neues Zuhause in Besitz genommen.

Bleibt das Problem mit Septi und seinem Befinden. Vor zwei Wochen war ich mit ihm wegen einer Kleinigkeit beim Tierarzt und habe ihn bei der Gelegenheit gleich einem Gesundheitscheck unterziehen lassen, den er ohne Beanstandungen überstanden hat. Als ich den Tierarzt, einen Mann in den Sechzigern, kurz vor der Pensionierung und somit mit jahrzehntelanger Berufserfahrung, fragte, wie Septi seiner

Meinung nach auf Katzenzuwachs in der Familie reagieren würde, hatte er mit nachdenklichem Gesicht entgegnet:

»Ihnen muss klar sein, dass der Kater nicht mehr der Jüngste ist. Und was Sie da vorhaben, stellt einen dramatischen Eingriff in seine Alltagsroutine dar. Er wird den Neuankömmling entweder akzeptieren, oder aber er sucht sich ein neues Zuhause. Das kann man nie wissen, beides ist denkbar.« Darauf hatte er lachend gemeint: »Also, wenn ich er wäre, ich würde meine Koffer packen.«

Ich für meinen Teil fand dies nicht halb so lustig wie er, stimmte aber dennoch halbherzig in sein Gelächter ein. Aber auch wenn seine Worte mich beunruhigt hatten, kam ich zu dem Schluss, dass Septi sein Zuhause zu sehr schätzte, um einfach abzuhauen. Als ich jetzt wieder daran zurückdenke, mache ich mir doch zunehmend Sorgen.

Schließlich gelingt es mir mit viel Überredungskunst, Septi ins Haus zurückzulocken. Mit, wie mir scheint, optimistischer Zurückhaltung tritt er ein, vielleicht in der Hoffnung, das Kätzchen sei ebenso rasch wieder verschwunden, wie es in seinem Reich aufgetaucht ist. Zögerlich durchquert er die Küche in Richtung Wohnzimmer. Der Anblick, der sich ihm dort bietet, grenzt an Majestätsbeleidigung. Das kleine Kätzchen, das die Punkte Fressen, Trinken und Katzenklo bereits abgehakt hat, kuschelt sich ganz selbstverständlich an Michaels Schulter, als gehörte es dorthin. Der alte Kater gibt einen tiefen, lang gezogenen kehligen Laut von sich, der gleichzeitig so verzweifelt und urzeitlich klingt, dass ich davon ebenso beunruhigt bin wie belustigt. Unsere größte Sorge erweist sich als unbegründet, da Septi keine Anstalten macht, den Eindringling anzugreifen, auch wenn ihm die ganze Situation unübersehbar gegen den Strich geht. Steif und voller Unbehagen liegt er am Rand des Sofas und wirft immer mal wieder einen Blick auf Ottoline, während er die übrige Zeit mit säuerlicher Miene stur auf den Boden starrt.

Plötzlich regt sich das Katzenkind an Michaels Schulter, streckt die langen schlanken Glieder mit der Anmut einer ausgewachsenen Katze und springt zu Boden. Ottoline durchquert den Raum, bis sie exakt unterhalb des Kissens steht, auf dem Septi ruht. Dann imitiert sie seine Haltung und blickt schüchtern zu ihm auf. Anfangs ignoriert er sie einfach, schließlich starrt er sie unverwandt an. Sie erwidert den Blick sanftmütig und ganz auf ihn konzentriert.

Und so beginnt sie, den alten Septi zu bezirzen.

Der begehrt jedoch kurz nach dieser ersten Annäherung, hinausgelassen zu werden, und verbringt den Rest des Abends damit, mit zuckendem Schwanz durch sein ureigenstes Revier zu streifen. Es gelingt uns erst, ihn dazu zu bewegen, das Haus wieder zu betreten, als wir zu einer List greifen und Ottoline vorübergehend oben unterbringen, wo Septi sich nur äußerst selten blicken lässt. So kann er sich eine Weile der Illusion hingeben, er sei wieder alleiniger Herrscher über sein Reich.

Derweil Septi noch verstimmt unterwegs ist, lässt Ottoline im Haus ihren ganzen Charme spielen und schlägt uns ganz in ihren Bann. Sie springt vom Sessel auf den Schreibtisch und von dort auf das Sofa, balanciert mühelos an dessen Rückenlehne entlang, als hätte sie ihr ganzes Leben nichts anderes gemacht, und gelangt mit einem geschmeidigen Satz auf den Kaminsims. Von dort geht es weiter zu einem zweiten Sessel und auf das hochgelegene Fensterbrett. Ganze fünfzehn Sekunden thront sie auf diesem neu entdeckten Aussichtsposten, ehe sie über den Sessel, der Ausgangspunkt ihrer Erkundungstour war, wieder auf den Boden gelangt. Nun rollt sie sich träge auf den Rücken, wobei sie uns ihren schneeweißen Bauch präsentiert, knickt die Vorderpfoten ein und legt kokett den Kopf schräg, um aus dem einen sichtbaren Auge zu beobachten, welche Wirkung ihr Programm auf uns aufmerksame Beobachter hat.

Während Michael und ich sie noch bewundernd anschauen, steht sie abrupt wieder auf und springt erst mir und dann Michael auf den Schoß, reibt das Köpfchen an unseren Gesichtern und wickelt sich im Anschluss wie ein lebendiger Pelzkragen zur Hälfte um unseren Hals, eine Position, die ihr besonders zu behagen scheint. Sie verteilt ihre Zuneigungsbekundungen sehr gerecht, wobei diese niemals länger dauern als drei Minuten am Stück. John ist noch im Urlaub, und offen gestanden bin ich in meiner egoistischen Verliebtheit dankbar, dass ich Ottoline am ersten Abend nur mit Michael teilen muss, wenn ich auch gespannt darauf bin, was für Augen John machen wird, wenn er sie bei seiner Rückkehr kennenlernt.

Inzwischen sind wir uns einig, dass wir sie Otto rufen wollen. Und von Stund an wird sie auch zu einer Otto. Otto die Schöne. Otto die Tapfere. Otto die Neugierige.

Nachdem wir Septi mit viel Mühe überredet haben, zurück ins Haus zu kommen, müssen wir feststellen, dass Otto, wie wohl nicht anders zu erwarten war, ihr Versteck verlas-

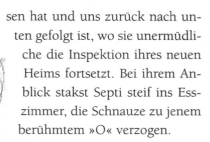

sen hat und uns zurück nach unten gefolgt ist, wo sie unermüdliche die Inspektion ihres neuen Heims fortsetzt. Bei ihrem Anblick stakst Septi steif ins Esszimmer, die Schnauze zu jenem berühmtem »O« verzogen.

Widerwillig reißen wir uns los von den Freuden der Kätzchen-Anbetung und bereiten uns darauf vor, uns für die Nacht ins Schlafzimmer zurückzuziehen. Bevor wir gehen, reden wir noch begütigend auf den alten Kater ein und streicheln ihn liebevoll und von Gewissensbissen geplagt. Während wir uns abwenden, sehen wir, wie er unsicher ins Wohnzimmer zurückkehrt, immer noch diesen geradezu angewiderten Ausdruck auf dem Gesicht. Als er eine katzenbabyfreie Zone gefunden hat, rollt er sich auf der Couch zusammen, gibt einen tiefen Seufzer von sich und vergräbt die Nase unter seiner Pfote.

Als wir schließlich oben sind, wohin wir auch Otto geschmuggelt haben, ist unser Kätzchen todmüde. Vorsichtig legen wir Otto zwischen uns ins Bett, wo sie auch sofort tief und fest einschläft. Und dieserart ruht nun die Familie in jener ersten Nacht mit Otto in ihrem neuen Zuhause.

Kapitel 5

Am darauffolgenden Tag treffen Andrew und Jane aus Neuseeland ein, innig geliebte Stiefkinder aus meiner zweiten Familie. Die beiden sind zu Besuch in England und werden das Wochenende bei uns verbringen. Sie haben schon oft ihr Heim mit Katzen geteilt, und als offensichtlich ist, dass Andrew sein Herz an Otto verliert, warnt Jane uns lachend, dass ein frisch geschlüpftes Kätzchen jeder ausgewachsenen älteren Katze mühelos den Rang abläuft. Ich erkenne, wie recht sie damit hat, und gelobe im Stillen, in Zukunft mehr darauf zu achten, dass Septi sich durch die Anwesenheit des pelzigen Usurpators in unserer Mitte nicht abgeschoben fühlt.

John kehrt ebenfalls an diesem Wochenende aus dem Urlaub zurück und ist vom ersten Augenblick an schier überwältigt von Otto. Ich selbst beobachte sein wachsendes Entzücken mit geradezu mütterlichem Stolz, wobei mir erneut schmerzlich bewusst wird, dass wir Septi und seine Bedürfnisse nicht vernachlässigen dürfen.

Am Montag beginnt für alle wieder der Ernst des Lebens: Michael, John und ich gehen zur Arbeit und überlassen es Septi und Otto, sich nach eigener Fasson miteinander zu arrangieren. Wir haben keine Katzenklappe in der Tür und Septi bislang immer auf seinen Wunsch hin hinausgelassen.

Otto ihrerseits ist noch nicht gegen Katzenschnupfen und Katzenleukämie geimpft, sodass sie noch nicht rausdarf, während es Septi häufiger als früher ins Freie zieht. So kommt es vor, dass er, wenn wir um zehn vor sieben zur Arbeit fahren, noch draußen ist und sich auch nicht überreden lässt, ins Haus zurückzukehren. Wir nehmen es philosophisch. Es ist Sommer und warm, und es gibt einen Schuppen und ein Gewächshaus, wo er im Bedarfsfall Schutz suchen kann vor Sonne oder Regen.

```
Von: Marilyn
An: Susan Hill
Betreff: Ottoline und Diverses
```

```
Liebe Susan,
das Gespräch mit dir heute Morgen hat mir
richtig gutgetan. Richte Clemency doch
bitte aus, dass Ottoline glücklich und zu-
frieden ist und darüber hinaus außeror-
dentlich munter. Außerdem wird sie von al-
len heiß geliebt und bestens versorgt.
Gestern Nachmittag bin ich von der Arbeit
früher heimgefahren, weil ich mit ihr zum
Impfen musste. Sie war schrecklich tapfer,
und bislang sind auch keine Nebenwirkungen
aufgetreten!! Ich war erleichtert, dass du
meinst, Septi würde sich früher oder spä-
```

> ter an unseren Neuzugang gewöhnen – der
> Tierarzt ist diesbezüglich ebenfalls opti-
> mistisch. Nur um ihre leidende Mama tut es
> mir leid. Ich hoffe, dass sie ihre Trauer
> bald überwunden haben wird. Wenn ihr doch
> nur jemand begreiflich machen könnte, dass
> es ihrem Kind gut geht!
> Euch allen noch einmal herzlichen Dank für
> diesen Quell unendlicher Freude in unser
> aller Leben – wir sind alle ganz vernarrt
> in sie.

Diese Mail schrieb ich nach einem Anruf von Susan, die mir erzählt hatte, dass Ottos Mutter entgegen ihren Erwartungen viele Stunden lang verzweifelt nach dem letzten Baby gesucht hatte, nachdem Michael und ich es entführt hatten. Clemency, Susans noch daheim lebende Tochter, hatte viel Zeit darauf verwendet, sie über ihren Kummer hinwegzutrösten. Ich fühle mich ganz elend, obwohl mir Folgendes klar ist: Wenn wir Otto ihrer Mama nicht weggenommen hätten, hätte es irgendjemand anders getan.

Bevor Michael und ich zusammengezogen sind, habe ich viele Jahre in den Dales in Yorkshire gelebt. Dort habe ich neben meinem regulären Job unzählige Stunden aus Spaß an der Freud auf den Höfen meiner geduldigen bäuerlichen Nachbarn Landwirt gespielt. Ich hielt mir eine eigene Hühnerschar, half bei der Heuernte und beim Melken, gelegentlich beim Kalben und beim Schafescheren und war, wann immer möglich, bei der Geburt der Lämmer dabei.

An eins der alljährlichen Rituale der Schafzüchter habe ich mich allerdings nie gewöhnen können: das Absetzen. Die meisten Schafe lammen in Dales im April, spätestens Anfang Mai, und eine Weile leben sie alle glücklich und zufrieden Seite an Seite – einmal abgesehen von dem anhaltenden neurotischen Blöken der Mutterschafe, die ihren übermütigen Nachwuchs an ihre Seite zurückbeordern. In dieser Zeit besteht die gravierendste Störung ihres friedlichen Alltags darin, hin und wieder von einer Weide auf eine andere getrieben zu werden, eventuell auch auf eine höher gelegene Alm. Das geht bis Ende Juli so (zumindest im Normalfall, wenn nicht gerade die Maul- und Klauenseuche grassiert).

Dann, eines schönen Tages Anfang August, scheint jeder Schafzüchter in Dales nach einem Blick auf den Viehauktionskalender zu dem Schluss zu kommen, dass der richtige Moment für das Absetzen gekommen sei. Jeder einzelne Schafzüchter treibt seine Schafe mitsamt der inzwischen schon kräftig gewachsenen Lämmer von den einzelnen, teilweise weit auseinanderliegenden Weiden zu einer einzigen riesigen Herde zusammen, wobei die Lämmer von den Mutterschafen getrennt werden und man die Mütter auf einer großen eingezäunten Wiese einsperrt. Die Lämmer werden auf eine zweite Wiese außer Hörweite der Mutterschafe gebracht. Dies ist notwendig, damit sie bis zum Verkauf im Herbst das Gewicht wiedererlangen, das sie durch die traumatisierende Trennung von der Mutter verlieren. Die Übrigen werden als fette Milchlämmer innerhalb weniger Tage auf einem Viehmarkt veräußert.

Da eine riesige Anzahl von Schafzüchtern dieses Prozedere

innerhalb einer Zeitspanne von etwa zehn Tagen durchzieht, schallt das unablässige Blöken von Mutterschafen Tag und Nacht durch die Berge. Hat es geregnet, kann man anhand der Spuren auf der Schafweide exakt erkennen, wie viele Hundert Male jedes einzelne Muttertier hinter dem Tor, an dem es sein Kleines das letzte Mal gesehen hat, auf und ab gelaufen ist. Auch für viele Schafzüchter in Dales ist das eine schwere Zeit, da sie sehr wohl wissen, dass das Rufen und Rennen die ganze Nacht und auch noch den nächsten Tag anhält. Was mich betrifft, muss ich heute noch weinen, wenn ich dieses herzzerreißende Blöken höre.

Tallulah, ich grüße dich und bitte dich um Vergebung.

Einige Wochen sind verstrichen, und Otto hat sämtliche Impfungen erhalten, sodass nichts mehr dagegen spricht, sie in den Garten hinauszulassen. Außerdem ist es unbequem, während eines heißen Sommers die Hintertür ständig geschlossen zu halten. Septi ist inzwischen auch ganz angetan von Otto, wie sehr, wird sich allerdings erst noch herausstellen. Er verbringt viel Zeit mit ihr im Haus, und einmal habe ich sie oben auf dem Sofa in Johns Zimmer gesehen, das von der Morgensonne gewärmt wird. Sie schliefen tief und fest und fühlten sich in Gesellschaft des anderen sichtlich wohl.

An einem freundlichen Samstagmorgen Ende Juni lassen wir die kleine langbeinige Otto zum ersten Mal in ihrem Leben hinaus in die Sonne und beobachten, was passiert. Anfangs ist sie noch verschüchtert, und schon allein die Geräuschkulisse muss ein Schock sein für ihre behüteten Hauskatzenohren. Erst läuft sie ein paar Schritte ins Freie, macht dann jedoch abrupt kehrt und flitzt zurück ins Haus. Als sie bemerkt, dass die Hintertür offen bleibt, wagt sie sich vorsichtig wieder hinaus, diesmal bleibt sie jedoch immer wieder stehen und schaut sich mit großen Augen neugierig um. Schließlich steigt sie ganz langsam und zögernd die fünf Backsteinstufen hinauf in den Hauptteil des Gartens, der eingefasst ist von üppig mit Rosen berankten Holzpalisaden.

Als sie die Treppe zur Hälfte erklommen hat, flattert plötzlich ein großer Kohlweißling hoch über ihrem Kopf. Otto streckt blitzschnell die Hinterbeine, springt in »stehender« Haltung mehrere Fuß hoch in die Luft und bekommt den Schmetterling tatsächlich für einen Moment zwischen beiden Vorderpfoten zu fassen. Elvira Madigan, begnadete Seiltänzerin, verneige dich vor so viel Sprungkraft. Diesmal gelingt es dem Falter noch zu entkommen, und er flattert hoch in den Himmel und außer Reichweite. Trotzdem war das eine wahrhaft bemerkenswerte Kostprobe der Reaktionsfähigkeit unseres neuen Kätzchens.

Nur Sekunden nach der Episode mit dem Schmetterling beobachten wir beeindruckt, wie Otto ganz selbstverständlich eine Palisadenwand erklimmt und in einen von den Rosenranken gebildeten Dornentunnel entlang der höchsten Bögen eintaucht. Ich blicke ihr ängstlich nach, woraufhin Michael mich zärtlich neckt:

»Du lernst es noch. Man muss loslassen können. Sie kommt schon zurecht.«

Und tatsächlich übersteht sie ihren ersten Tag in Freiheit ohne Blessuren.

Als sie jedoch tags darauf erneut zwischen den Rosen herumturnt, schrecken uns in der eben noch friedlichen Stille des Nachmittages plötzlich schrille, quiekende Laute auf. Wir stürzen beide hinaus und stellen fest, dass niemand anders als Otto die kläglichen Laute ausstößt. Das Kätzchen sitzt offenbar in Höhe eines Pfostens zwischen zwei Palisaden an der Rückseite des Gartens fest. Michael gelingt es, sie aus ihrem Dornengefängnis zu befreien, und gemeinsam untersuchen wir das Fellknäuel auf Verletzungen. Über einem Auge, unmittelbar oberhalb des Lides, steckt ein außergewöhnlich langer, bedrohlich anmutender Dorn. Ich renne ins Haus und hole eine Pinzette, mit der es mir gelingt, den Dorn in einem Stück herauszuziehen.

Als ich den Fremdkörper entferne, jammert Otto erbärmlich, um mir gleich darauf verzeihend mit ihrer winzigen rauen Zunge die Hand zu lecken. Wir setzen sie vorsichtig wieder ins Gras, und sie hüpft sofort in Riesensätzen übermütig davon, aus purer Lebensfreude, weil sie jung und ein Mädchen ist und ihr die ganze Welt offen steht – und die wird mit jedem Tag spannender.

Während wir ihr noch zusehen, gesellt sich Septi aus dem Haus zu uns. Seine Miene erinnert erstaunlich an die eines strengen Oberfeldwebels: Er hat die Schnurrhaare aufgestellt und sieht etwas verärgert und angeschlagen aus. Er hockt sich mitten auf den Rasen und miaut übellaunig. Unbeeindruckt von seiner Schelte, springt Otto weiter quer über die Wiese, auf den Zaun an der Hauptstraße zu. Septi miaut noch einmal mit seiner seltsam erstickten Stimme, diesmal noch nachdrücklicher.

»Hey, Marilyn, siehst du das? Er will sie beschützen. Er versucht, sie zu warnen.«

»Quatsch, Unsinn. Tut er nicht«, widerspreche ich vehement.

Aber als Otto weiter am Zaun entlang auf die Straße zuhält, gibt Septi erneut sein sonderbares Miauen von sich, wendet sich von der Straße ab und rennt in entgegengesetzter Richtung auf jene Ecke des Gartens zu, die am weitesten von der Straße entfernt ist. Otto blickt hinüber, und als Septi durch den Garten flitzt, macht sie langsam kehrt und folgt ihm neugierig.

Septi kennt sich aus mit Straßen: Er hat schon mehrere seiner neun Leben auf dem Asphalt gelassen. Und er handelt ganz bewusst. »O Septi, du Engel«, flüstere ich.

Michael legt mir einen Arm um die Schultern, und wir gehen zurück ins Haus. »Septi wird sie beschützen. Es wird alles gut gehen, du wirst sehen.«

Kapitel 6

Septi und Otto scheinen sich mit jedem Tag besser zu verstehen. Wir sind beide erleichtert und belustigt von Septis neuerdings so beschwingtem Gang und entdecken sogar ein völlig neues Funkeln in seinen Augen.

Um ehrlich zu sein, hat der alte Knabe seine Tage weitgehend verschlafen, bis Otto in sein Leben getreten ist. Er hat gefressen und stundenlang gedöst, sein Lieblingsplatz der jeweiligen Jahreszeit angepasst, je nachdem, ob eine kühlende Brise erwünscht war oder aber die Nähe einer Wärmequelle in den Monaten, in denen die Heizung eingeschaltet war. Die körperlichen Aktivitäten, die für den Erhalt seiner Vitalfunktionen erforderlich waren, hatte er längst auf ein Mindestmaß reduziert. Wenn es so weit war, erhob er sich bedächtig, schüttelte abwechselnd seine steifen Gliedmaßen und streckte sich dann mit beneidenswerter Trägheit zu voller Länge, wobei er erst mit ausgestreckten Vorderbeinen die vordere Körperhälfte nach vorn dehnte und dabei das Hinterteil in die Höhe reckte, um gleich im Anschluss die Schultern wieder hochzunehmen, die Hinterbeine zu strecken und zum Abschluss noch einmal auszuschütteln. Dabei riss er immer das Maul auf in jenem gewaltigen Gähnen, das allen Katzen vom Tiger bis zur Hauskatze eigen ist. Nach dieser gewaltigen Anstrengung schlenderte er dann hinaus in den Garten, um zu tun, was eine Katze eben tun muss, und um etwaige Feinde aus seinem Revier zu verjagen. Aber sogar im Hochsommer kam es höchst selten vor, dass er die ganze Nacht fortblieb, und im Winter niemals.

Ganz langsam und unmerklich schien Septi in einen friedlichen und von immer längeren Schlafphasen geprägten Ruhestand zu gleiten. Und jetzt ist Otto da, und alles ist unwiderruflich anders.

Otto springt die Treppe hinunter und fegt durch das Zimmer, begrüßt jeden Einzelnen überschwänglich und fordert nachdrücklich, hinausgelassen zu werden. Während sie temperamentvoll durch das Haus tollt, lässt Septi sie keine Sekunde aus den Augen. Zumindest eins seiner Augen scheint immer auf ihr zu ruhen. Läuft sie nach draußen, geht er ebenfalls hinaus. Bettelt sie um Futter, tut er es ihr nach. Schläft sie, macht er ganz in der Nähe ein Nickerchen. Septi ist offensichtlich Ottos Charme erlegen.

An einem sonnigen Tag ist es im Haus ungewöhnlich still. Die Männer gehen ihren jeweiligen Hobbys nach, und ich war eine ganze Weile im Erdgeschoss beschäftigt. Leise steige ich die Treppe hinauf und betrete auf der Suche nach den beiden Samtpfoten Johns Zimmer. Und dort bietet sich mir ein bemerkenswerter Anblick: Auf dem Sofa unter dem Fenster liegt Septi auf der Seite, während Otto ihm leise schnurrend mit den Vorderpfoten den Bauch massiert, mit dem sogenannten »Milchtritt« saugender Katzenwelpen, der die Milchproduktion der Mutter anregt. Und tatsächlich saugt unser Katzenbaby an einer »Zitze« Septis, der sein Wohlbehagen ebenfalls mit lautem Schnurren kundtut. Als er mich entdeckt, bewegt er sich leicht, und beinahe scheint es, als wäre es ihm peinlich oder unangenehm, dass ich sie überrascht habe. Er steht auf, und der Moment ist vorüber. Ich nehme ihn auf den Arm und schaue mir seinen Bauch an. Besorgt stelle ich fest, dass zwei seiner Zitzen stark entzündet sind.

Als ich zwei Stunden später wieder einen Blick in Johns Zimmer werfe, schlafen die beiden tief und fest, aneinandergekuschelt mit einer Innigkeit, wie sie unter Geschwistern eines Wurfes nicht größer sein könnte.

Ich bin tief gerührt von Septis Fürsorge, wenn auch gleichzeitig verdattert von der Mutterrolle, die er übernommen hat. Aber warum auch nicht? Viele männliche Tiere sind äußerst gewissenhafte Eltern, und wenn die junge Dame es so haben wollte, tat er ihr eben den Gefallen. Lieber Septi.

Ich sorge mich wegen der Schmerzen, die ihm die entzündeten Zitzen bereiten müssen, doch kurz darauf beobachte ich, dass er Otto den Rücken zukehrt, sobald sie den Milchtritt auch nur andeutet, ganz so, wie eine Katzenmutter reagieren würde, wenn die Zeit gekommen ist, ihre Kinder zu entwöhnen. Das tut ihrer gegenseitigen Zuneigung jedoch keinen Abbruch, und die meiste Zeit schlafen sie dicht beieinander.

Kapitel 7
Juli

Otto hat noch ein weiteres Herz innerhalb der Familie erobert. Damian ist aus Südafrika heimgekehrt, und als bekennender Tierliebhaber ist er sofort Ottos überwältigendem Charme erlegen. Selbstverständlich bleibt er auch dem guten alten Septi treu, aber es ist nicht zu übersehen, dass Otto ihn förmlich verhext hat.

Tatsächlich liegt Otto uns längst so sehr am Herzen, dass wir uns ein Leben ohne sie gar nicht mehr vorstellen könnten. Das winzige, anmutige, elfenhafte Wesen hat sich unwiderruflich einen Platz in unser aller Leben erobert.

Als ich an einem lauen Abend, den Kopf tief in den Kissen vergraben, im Halbschlaf auf dem Rücken liege, schleicht Otto vorsichtig über das Kissen und leckt mir sacht die Augenlider. Das Kratzen der rauen Zunge und das Kitzeln der Schnurrhaare sind ebenso wunderbar wie unerträglich. Nach einer Weile geht sie wieder, und ich schlafe ein. Ich träume. Ich sehe irgendwie anders, und Geruchsinn und Gehör sind um ein Vielfaches geschärft. Darüber hinaus ist meine Wahrnehmung allgemein so viel intensiver, dass es beinahe schmerzt. Ich kann mich in meinem Traum nicht sehen, aber ich weiß, dass ich eine Katze bin. Als ich aufwache, ist es mit der Metamorphose vorbei, aber die Erinnerung daran ist irgendwie beunruhigend:

> Sie kam zu ihm im Traum, die Ohren
> Zitternd wie Fühler, ihre Augen
> So weit wie dunkle Blüten, auf die
> Der Morgentau purpurne Schatten zaubert.

Otto hat zahlreiche Rituale entwickelt, einige davon liebenswert, andere wiederum befremdlich. Jeden Morgen, wenn ich im Bad bin, miaut sie vor der Tür, damit ich sie zu einem morgendlichen Knuddeln hereinlasse. Sie geduldet sich so lange, bis sie der Meinung ist, der ideale Zeitpunkt, sie hereinzulassen, sei gekommen. Das heißt, dass ich, ihre willenlose Sklavin, aus der Wanne steigen muss, da Otto nur umso lauter miaut, wenn man sie ignoriert. Ich wickle mich also gehorsam in ein Badetuch, damit sie auf meinem Schoß sitzen kann. Ich streichle sie zärtlich, und sie schnurrt wohlig. Otto schnurrt sehr leise; es ist kaum zu hören, aber die Vibrationen in ihrem Inneren sind zu spüren wie ein kleiner Motor. Manchmal legt sie sich auch oben auf meine Schulter und leckt mir das Haar.

Sie ist wunderbar großzügig in ihren Liebesbekundungen und kann minutenlang das Köpfchen an der Person ihrer Wahl reiben und sich ganz eng an sie kuscheln. Otto verfährt gleichermaßen liebevoll mit Michael, John und Damian. Zu den Badezimmerritualen gehört, dass sie am Wannenrand entlangläuft und vorgibt auszugleiten, was dann doch nie passiert – nur fast. Immer wieder scheint es, als rutschte sie um Haaresbreite ab und fiele ins Wasser, aber ihr bemerkenswerter Gleichgewichtssinn bewahrt sie jedes Mal wieder vor einem unfreiwilligen Bad. Sie liebt es, wenn Wasser aus dem

Hahn läuft, und verlangt häufig danach, ins Waschbecken gehoben zu werden, wo sie fasziniert den Wasserstrahl beobachtet und damit spielt.

Zu den Eigenarten, die mich massiv stören, gehört, dass sie in das Waschbecken pinkelt, nicht regelmäßig, nur hin und wieder. Aber einen wirklichen Grund gibt es dafür nicht, da sie jederzeit Zugang zur Katzentoilette im Erdgeschoss hat. Sie benutzt das Katzenklo, auch wenn sie draußen war, was Michael maßlos ärgert, doch mir ist bewusst, dass es meine Schuld ist. Solange ich eine Katzentoilette anbiete, wird sie diese auch nutzen, vermutlich, weil es schlicht bequemer ist, als draußen umständlich ein Loch graben zu müssen.

Sie bringt mich regelmäßig zum Lachen, indem sie theatralisch innehält, langsam den Kopf hebt und das Maul zu einem weiten und doch kontrollierten »O« formt, das sie mehrere Sekunden wie in Trance beibehält.

Es ist ein völlig anderes O als jenes, das sie macht, wenn fremde Katzen in der Nähe sind. Es amüsiert mich, weil es sich um eine exakte Replik des gespielten Entsetzens handelt, das mein Vater zur Schau trug, wenn ich ihm etwas erzählte, worüber er erst nachdenken musste, bevor er reagierte. Bei Katzen hat diese Miene eine völlig andere Bedeutung. Mein Mentor in Sachen tierischer Verhaltensweisen, Desmond Morris, vertritt den Standpunkt, dass diese Grimasse – bei Otto, meine ich, nicht bei meinem Vater –, das sogenannte »Flehmen«, darauf zurückzuführen ist, dass die Katze ihren sechsten Sinn einsetzt, genauer: ihr Jacobson-Organ. Sie »schmeckt« die wunderbaren Düfte in der Luft oder jene, die der Teppich in unserem duftenden Schlafzimmer verströmt.

Ich möchte an dieser Stelle lieber nicht darüber nachdenken, welche Düfte genau sie dort so wunderbar findet.

Noch eine putzige Marotte besteht darin, dass sie zuweilen »vergisst«, dass ihre rosa Zungenspitze noch aus ihrem Maul hervorschaut. Es kommt vor, dass sie diesen leicht dümmlichen und doch so schrecklich niedlichen Ausdruck mehrere Minuten beibehält, ehe sie die Zunge wieder einzieht.

Eines Tages, als ich gerade in der Wanne liege und verträumt über dies alles nachgrüble, geht mir auf, dass Ottos Mimik einige sehr typische Gesichtsausdrücke meiner inzwischen verstorbenen Eltern widerspiegelt. Wenn auch nur aus Mangel an Beweisen geht man allgemein davon aus, dass es den Toten nicht gegeben ist, mit den Lebenden zu kommunizieren. Aber wenn ein Verstorbener dennoch versuchen sollte, Kontakt zu den Lebenden aufzunehmen, wäre es doch nur logisch anzunehmen, dass er das Lieblingstier der Person, zu der die Verbindung hergestellt werden soll, gewissermaßen als Medium benutzen würde.

Plötzlich wünsche ich mir ganz stark, daran zu glauben. Es wäre so tröstlich! Als ich den Gedanken weiterspinne, sage ich mir, dass es sicher falsch wäre, den Versuch eines geliebten Verstorbenen abzublocken, einen solchen Kontakt herzustellen. Oder ist das alles nur Spinnerei? Ich steige aus dem inzwischen empfindlich kalt gewordenen Wasser und nehme mir vor, solche unsinnigen Überlegungen künftig zu unterlassen.

Der Monat Juli verstreicht in einem einzigen heißen Dunst gleißenden Sonnenlichts, und auf einen langen goldenen Tag folgt der nächste, nur unterbrochen von ungewöhnlich hellen Nächten: der große Trost all jener, die auf der nördlichen Erdhalbkugel leben und wissen, dass sie im Gegenzug über Monate hinweg schrecklich kurze, kalte Wintertage erdulden müssen, an denen sie vor Sonnenaufgang zur Arbeit fahren und erst lange nach Sonnenuntergang wieder heimkommen.

Otto nutzt ihren ersten Sommer in Unkenntnis der drohenden kalten Jahreszeit, um jeden Winkel ihres Reviers zu erkunden. Sie hat ihr jagdliches Geschick auf dem Schmetterlingssektor perfektioniert, wie wir aus den forensischen Beweisen in Form geschredderter Flügel auf den Stufen zum Rasen schließen.

Der immer noch ganz vernarrte Septi folgt Otto auf dem Grundstück auf Schritt und Tritt, sogar auf die Palisaden. Darüber hinaus hat sie eine Vorliebe fürs Fliegen entwickelt. Sie liebt Höhen – bei manchen Katzen ist das so, bei anderen nicht. Wenn etwas grundsätzlich erkletterbar ist, klettert sie hinauf, wagemutig, je höher, desto besser. Unser Haus hat ein extrem steiles Schindeldach, und sie liebt es, in schwindelnder Höhe den First entlangzuspazieren. Außerdem steigt sie das mit uralten (unersetzlichen) kleinen roten Ziegeln gedeckte Dach halb gehend, halb gleitend hinab, wobei sich immer wieder einzelne Tonziegel lösen, sodass wir in regelmäßigen Abständen hinaufklettern und sie wieder einhängen müssen. Mir bleibt jedes Mal fast das Herz stehen, und wenn ich zufällig bei einer ihrer Dachbesteigungen in der Nähe bin, werde ich unweigerlich durch das zornige Krächzen der Elstern, die sich maßlos über den Störenfried in ihrem Revier aufregen, auf ihre Kletterpartie aufmerksam gemacht.

Eines Morgens, als ich gerade zur Arbeit aufbrechen will, höre ich das inzwischen allzu vertraute Gezeter der Elstern auf der dem rückwärtigen Tor zugewandten Hausseite. Nachdem ich Otto und Septi mehrere Minuten lang gerufen habe, ohne Antwort von Otto zu erhalten, stapfe ich um das Haus herum in den Garten und blicke hinauf auf das Dach. Hoch oben auf den Ziegeln sehe ich die winzigen Umrisse einer kleinen Katze. Als ich die Augen gegen das helle Sonnenlicht zusammenkneife, kann ich erkennen, dass Otto das Maul weit aufgerissen hat. Über das ohrenbetäubende Gezanke der aufgebrachten Vögel hinweg ist ein ebenso klägliches wie eindeutig panisches Maunzen zu hören.

»Keine Angst. Otto. Ich komme dich holen«, rufe ich, wobei meine Worte vor allem dazu dienen sollen, mich selbst etwas zu beruhigen.

Sie schreit noch erbarmungswürdiger, und die Elstern flattern dichter an sie heran. Sie sind recht groß und sehen ziemlich furchterregend aus. Otto ist noch sehr jung und unerfahren. Ich habe keine Ahnung, ob sie in der Lage wäre, sich gegen die Vögel zu wehren, ohne abzustürzen. Ich mache mich auf die Suche nach einer Leiter und komme zu dem Schluss, dass die einzige, die hoch genug ist, die lange, unhandliche Malerleiter ist, die wir drüben im Gewächshaus aufbewahren. Unter größten Mühen schleppe ich sie durch den Garten und lehne sie an die Wand, wobei ich gezwungen bin, das untere Ende in einem Staudenbeet mit extrem weicher Erde und zahlreichen niedrigen Büschen abzustellen. Ich trage einen schmalen Rock und eine Strumpfhose, und als ich mit dem Aufstieg beginne, frage ich mich besorgt,

ob mein Outfit oder gar ich bei dieser Rettungsaktion Schaden nehmen werden. Otto schreit immer noch. Als ich jedoch das obere Ende der Leiter erreiche und sie meinen Kopf über der Regenrinne auftauchen sieht, verstummt sie abrupt und kriecht rückwärts das Dach höher hinauf. Sie bewegt sich nach links, und ich strecke den Arm aus, so weit ich kann. Es fehlen mehrere Handbreit.

Die Elstern, die bislang hysterisch um sie herumgeflattert sind, lassen sich in einem Halbkreis um sie herum nieder und hüpfen mit aggressiv klingenden, kehligen Lauten auf und ab. Mein Mund wird ganz trocken, als mir aufgeht, dass ich offenbar Zeugin eines geordneten ornithologischen Gemeinschaftsangriffs werde. Ich rufe und rudere mit den Armen, um die Vögel zu verscheuchen, erreiche jedoch nur, dass Otto sich noch weiter zurückzieht. Ich recke mich nochmals mit aller Macht in ihre Richtung, da geschieht in kurzer Folge zweierlei: Als ich mich seitwärts drehe, bietet sich mir ein völlig neuer Ausblick über den Rand des Daches hinweg, über Zaun und Tor bis auf die Straße, wo gerade ein Mann vorbeispaziert, der mir fröhlich zuwinkt und seinen Weg ungerührt fortsetzt. Während ich verstimmt seine unangebrachte Heiterkeit registriere, spüre ich, wie die Leiter sich kaum merklich nach links neigt. Anfangs liegt es wohl daran, dass sie einseitig im weichen Erdreich versinkt, doch dann siegt die Schwerkraft, und das schwere Gerät kippt unaufhaltsam weg. Das Ganze geschieht wie in Zeitlupe, und das Klappern von Dachziegeln, das Abreißen von Glyzinienblättern und das Knacken von Rhododendronästen auf meinem Weg in die Tiefe scheinen über mindestens fünf Minuten anzuhalten.

Als ich schließlich den tiefsten Punkt erreicht und mich mit einiger Mühe aus der Leiter und den Büschen befreit habe, stellt sich heraus, dass ich den Sturz bis auf ein paar Prellungen und Hautabschürfungen heil überstanden habe – was man von meinen zerfetzten Nylonstrümpfen und dem Rock, dessen Seitennaht vom Saum bis zum Bund aufgerissen ist, nicht behaupten kann.

Etwas wacklig steige ich die Leiter erneut hinauf, aber Otto zeigt sich auch diesmal wenig kooperativ. »Herrgott noch mal, komm endlich runter, Otto! Das ist doch lächerlich. Komm runter da, sofort. Jetzt!«, höre ich mich zornig rufen.

Stünde ich nicht hoch oben auf einer Leiter, würde ich in meinem Frust mit dem Fuß aufstampfen. »Ach, Otto, komm doch bitte her. Bitte? Süße, mach schon! Bitte, bitte, bitte.«

Sie rührt sich nicht von der Stelle. Sie hockt reglos da, starrt mich an und wendet schließlich sogar den Kopf ab. Ich hasse sie. »Michael, warum bist du nie da, wenn ich dich brauche?«, schimpfe ich ungerechterweise.

In dem Maße, in dem ich mir zunehmend selbst leidtue, schwindet meine Sorge um Otto. Ich steige die Leiter hinunter und halte Ausschau nach dem gut gelaunten Herrn von vorhin, um ihn zu bitten, mir zu helfen, doch auf der Straße ist weit und breit niemand zu sehen. Während ich damit beschäftigt war, in Zeitlupe mitsamt der Leiter abzustürzen, war mir nichts eingefallen außer einem Schwall von Schimpfworten. Aber als ich jetzt die verlassene Straße hinauf- und hinabblicke, kommt mir ein passender Kommentar in den Sinn, eine Zeile aus einem Gedicht von Stevie Smith: »Ich war viel weiter draußen, als du glaubtest. Und es war kein Winken, ich war am Ertrinken.«

Ich gehe ins Haus und koche mir einen starken Kaffee. Ich kann immer noch das Krächzen der Elstern hören. Inzwischen steht fest, dass ich es nicht pünktlich zur Arbeit schaffen werde, und meine Entschuldigung für die Verspätung ist auch recht dürftig. In meiner zerfetzten Aufmachung gehe ich wieder hinaus und starte einen dritten und letzten Rettungsversuch. Otto hockt inzwischen ganz oben auf dem Dachfirst, dicht beim Kamin, die Elstern etwa einen Meter von ihr entfernt. »Otto. Das ist deine letzte Chance. Komm jetzt.«

Sie blickt aus ihren riesigen bernsteinfarbenen Eulenaugen zu mir herab, miaut leise und bewegt sich langsam auf mich zu. Sie kriecht auf die Regenrinne zu und kommt endlich in Reichweite. Ich packe sie im Genick und trage sie mit einer

Hand die Leiter hinunter. Sie lässt sich völlig reglos tragen, und ich bringe sie ins Haus, wobei ich an mich halten muss, um sie nicht zornig zu schütteln.

Kaum sind wir drin und die Tür ist geschlossen, marschiert sie zu ihrer Futterschüssel und frisst, als hätte sie tagelang nichts bekommen. Ich vermute, dass es sich um eine durch das Trauma ausgelöste Ersatzhandlung handelt. Für mich ist es ebenfalls höchste Zeit, zu handeln und die äußerlich sichtbaren Folgen unseres kleinen Abenteuers zu beseitigen, und so gehe ich nach oben, um mich umzuziehen.

Dann breche ich auf zur Arbeit.

Kapitel 8
August

Von: Marilyn
An: Alle
Betreff: MEMO: Katzenkinder

Susan Hill besitzt eine Katze namens Tallulah, die erst diese Woche sieben Welpen geboren hat. Für fünf von ihnen sucht Susan noch ein Zuhause. Ich versende diese Mail auf Susans Bitte hin, da Michael und ich ein Kätzchen aus dem letzten Wurf derselben Eltern bei uns aufgenommen haben. Das Kätzchen ist zuckersüß, sehr selbstbewusst und verschmust. Wenn ich dürfte, würde ich sie alle fünf nehmen! Die Kleinen suchen ab Ende September/Anfang Oktober ein neues Heim. Es gibt beide Geschlechter und verschiedene Farben, getigerte, rote und Schildpatt.
Wer Interesse hat, bitte melden. Danke.
Marilyn

Von: Beth
An: Marilyn
Cc: Michael
Betreff: RE: Kätzchen

Ich wäre an einem roten Kätzchen interessiert – halte mich auf dem Laufenden. Beth

Von: Kevin
An: Marilyn
Cc: Michael
Betreff: RE: Kätzchen

Ich finde, Michael sollte dir erlauben, sie alle zu nehmen.
Kevin

Von: Michael
An: Marilyn
Cc: Kevin
Betreff: RE: Kätzchen

Vergiss es!

Kurz darauf bekomme ich von Susan eine berufliche Mail, die philosophisch mit den Worten schließt: *Liebe Grüße von Susan und den sieben Zwergen.*

Am vierzehnten August kommen John und Kathy für ein Wochenende zu Besuch. John, ein alter, sehr lieber Freund aus fernen Tagen, ist gesundheitlich stark angeschlagen und sitzt im Rollstuhl. Er kann sich glücklich schätzen, eine so liebevolle und verständnisvolle Frau gefunden zu haben, die ihn aufopferungsvoll pflegt. Zusammen kommen er und die um viele Jahre jüngere Kathy gut zurecht.

Von der Sekunde an, da sie das Haus betreten, sind sie fasziniert von Otto. Vor allem John ist verzaubert von ihrem Aussehen und ihren Geisha-Augen, aber auch Kathy ist gegen ihren Charme nicht immun, und ich kann sehen, wie Kathy sich mit dem Gedanken anfreundet, ihr Leben künftig mit einer Katze zu teilen. Wie sich herausstellt, vermisst Kathy ihren alten Kater Biggles sehr, und ihr ist klar, dass John mit einem Hund überfordert wäre.

Ich hätte John eigentlich nicht als einen Katzenmenschen eingestuft, andererseits hatte er, bevor seine Familie einen Hund angeschafft hatte – Maggie –, stets in entschiedener Professor-Higgins-Manier geschworen, niemals einen Hund ins Haus zu holen. Als Maggie dann da war, war er innerhalb kürzester Zeit ganz vernarrt in sie. Ich halte also inzwischen alles für möglich.

Im Verlauf des Wochenendes, an dem wir ausgiebige Mahlzeiten genießen, die wir mit reichlich Wein hinunterspülen, kehren wir immer wieder zu dem einen Gesprächsthema zurück, bis schließlich feststeht, dass Kathy und John eins von Tallulahs Katzenkindern aufnehmen werden. Die Würfel sind gefallen.

Seit Ende Juli und bis weit in den August hinein herrscht Dürre, und es ist unerträglich heiß und schwül. Seit mehreren Tagen ist in der Ferne Donnergrollen zu hören, und über dem Land liegt eine irgendwie bedrohliche Atmosphäre. Aber bislang hat sich noch kein Gewitter entladen.

In der Hitze der vergangenen Wochen ist Septi lustlos durch das Haus gewandert, von einem schattigen Lieblingsplatz zum anderen. Die meiste Zeit hat er unter der Gartenbank und dem großen Klapptisch gelegen. In den letzten Tagen, in denen das Unwetter immer näher gezogen ist, ist er zunehmend nervös geworden. Bei jedem fernen Grummeln stellen sich seine Schnurrhaare auf vor angespannter Konzentration. Die Luft ist inzwischen richtig elektrisch geladen; sie fühlt sich schwer und dunstig an. Heute war den ganzen Tag ein unheimliches graues Licht, nachdem die aufgetürmten Wolken die Sonne vollständig verdeckt hatten. Der Himmel brodelt und grollt und weist alle Farben eines Blutergusses auf, von Pflaumenblau über Braun bis hin zu Schwarz. Die zuvor noch dunkleren Ränder der gewaltigen Regenwolken haben sich nun verdichtet und nach einiger Zeit eine einheitlich schwarze Decke gebildet.

Beim ersten Donner renne ich aus dem Haus, um die Wäsche hereinzuholen, bevor der Himmel seine Schleusen öffnet. Gleich bei diesem ersten Knall rast Septi an mir vorbei ins Haus. Während ich die Kleider von der Leine reiße, werde ich innerhalb von Sekunden nass bis auf die Haut. Der Regen ist so massiv, dass die Wasserfäden aussehen wie die schräg stehenden Saiten einer Harfe. Der Regen fällt mit ungeheurer Gewalt, und es tut richtig weh, wenn die Tropfen Kopf,

Arme und Beine treffen. Erstaunlicherweise bleibt es trotz des sintflutartigen Gusses unerträglich heiß, sodass man sich im Haus vorkommt wie in einem Backofen. Es folgt ein weiterer ohrenbetäubender Donnerschlag, diesmal nur wenige Sekunden später, gefolgt von einem so grellen Blitz, dass für einen Moment alles im Inneren des Hauses schneeweiß erstrahlt.

Ich laufe von einem Zimmer zum anderen auf der Suche nach Septi und rufe in Abständen nach ihm, aber er ist spurlos verschwunden. Dann rufe ich Otto. Ich weiß nicht, wie sie auf Gewitter reagiert, und schätze, dass dieses ihr erstes wirklich großes Unwetter sein könnte. Ich habe sie seit dem frühen Morgen nicht mehr gesehen. Wegen des heftigen Regens habe ich die Tür geschlossen, doch jetzt höre ich über das Zischen des Regens hinweg ein klägliches Miauen durch das Holz. Ich öffne die Hintertür, und ein winziges, maulendes, pitschnasses Kätzchen schießt in die Küche, wo es sich schüttelt wie ein ausgewachsener Retriever. Otto ist nass bis auf die Haut, macht aber keinen sonderlich verängstigten oder nervösen Eindruck. Sie scheint nur zornig wegen der Nässe zu sein.

Ich gehe wieder nach oben, um Septi zu suchen, und finde ihn schließlich unter Johns Bett. Dort kauert er, vom Fenster abgewandt, und starrt an die Wand, während er am ganzen Leib wie Espenlaub zittert.

»O Septi, was hast du in deiner Kindheit bloß Schreckliches erlebt, dass du solch panische Angst vor Gewittern hast?«, frage ich mitfühlend, wohl wissend, dass gutes Zureden ihn auch nicht beruhigen kann. Ich versuche, ihn zu streicheln, aber er hockt exakt in der Mitte des großen Bettes, sodass ich nicht an ihn herankomme. Ich möchte ihn nicht noch mehr aufregen, indem ich ihn mit einem Besenstiel aus seinem Versteck vertreibe, und so lasse ich ihn fürs Erste einfach in Ruhe.

Als ich wieder nach unten gehe, ertönt erneut ein ohrenbetäubender Knall, gefolgt von einem extrem grellen Blitz, der vorübergehend alles in seltsam monochrome Farben taucht, ehe er wieder erlischt. Es gießt in Strömen, und der Regen trommelt laut auf das Dach und an die Fensterscheiben.

Otto, die es inzwischen geschafft hat, sich trocken zu lecken, wie es nur Katzen können, schüttelt nacheinander die Hinterbeine und schlendert dann, anscheinend völlig ungerührt von den entfesselten Naturgewalten, nach oben.

Ich schaue aus dem Fenster, in der Hoffnung, dass das undurchdringliche Schwarz am Himmel sich inzwischen gelichtet hat, werde aber enttäuscht. Ich stehe gerade an der Spüle, als erneut anhaltendes Donnergrollen ertönt, begleitet von einem gezackten Blitz ... dann fällt der Strom aus.

Ich sage mir, dass es an der Zeit ist, den armen alten Septi zu trösten, und gehe langsam hinauf. Während ich noch die Treppe hinaufsteige, überlege ich, ob unser altes Cottage wohl

über Blitzableiter verfügt, und frage mich, warum ich bisher noch nie darüber nachgedacht habe.

Als ich Johns Zimmer betrete, sehe ich, dass es Otto irgendwie gelungen ist, Septi aus seinem Versteck unter dem Bett hervorzulocken. Er liegt jetzt bei ihr auf dem Sofa, während sie ihn mit mütterlicher Inbrunst von Kopf bis Fuß putzt. Wenngleich er nicht direkt schnurrt, zittert er auch nicht mehr.

Als ich mich abwende und auf Zehenspitzen aus dem Zimmer schleiche, weiß ich, dass der alte Kater bestens aufgehoben ist.

Kapitel 9
September

Otto wird mit der Zeit immer abenteuerlustiger und weitet ihr Revier mehr und mehr aus. Da ich fürchte, sie könnte sich bei einem ihrer Ausflüge verlaufen, trägt sie jetzt ein grünes Samthalsband mit Sicherheitsgummi-Einsatz und einer Marke, in die ihr Name und unsere Telefonnummer eingraviert sind. Außerdem ist an dem Halsband ein Glöckchen befestigt, das Vögel vor dem nahenden Jäger warnen soll. Sie erklimmt weiterhin unser Dach und das des Nachbarhauses – zu unserer eigenen Verblüffung sowie vermutlich auch zum Leidwesen besagter Nachbarn, deren Dachziegel aufgrund ihrer akrobatischen Einlagen ständig in Gefahr sind. Michael und ich gehen in den Garten und blicken hinauf zum Dachfirst, von dem sie sich als winziger dunkler Scherenschnitt abhebt. Wir staunen ob ihres Wagemutes, haben aber auch Angst um sie. Letztendlich lassen wir sie, wo sie ist, und trösten uns mit der wenig tiefschürfenden Weisheit, Katzen seien eben Katzen.

Allerdings legt Otto inzwischen noch eine weitere schlechte Angewohnheit an den Tag. Wenn sie auf das Dach des Nachbarhauses klettert, setzt sie sich in aller Seelenruhe hin und bringt allein durch ihre Anwesenheit den großen schwarzen Labrador Dante völlig aus der Fassung. Wir hören ihn oft frustriert bellen und wissen dann, dass sie wieder einmal auf dem

Dach hockt und ihn mit einem »Ätschi-Bätschi« in Katzensprache provoziert. Welcher urzeitliche Instinkt macht Hunde und Katzen nur zu so erbitterten Feinden? Ich weiß wohl, dass Hunde und Katzen allerbeste Freunde werden können, wenn sie sich von klein auf kennen; sind sie jedoch nicht in einem gemischten Hund/Katze-Umfeld aufgewachsen, scheinen sie einander unweigerlich feindselig zu begegnen.

Meine Schwester Margot kommt mit ihrer Familie einen Tag zu Besuch und bringt ihren innig geliebten Westie-Terrier Snowy mit. Gleich zu Anfang ereignen sich zwei denkwürdige Szenen. Als Snowy das Haus betritt, wird Septi, der sie als alter und weiser Kämpe normalerweise einfach ignoriert hätte, von Snowy zu einer Reaktion genötigt, als diese auf ihn zustürmt und ihm in einer Art und Weise, die man nur als provokant bezeichnen kann, ins Gesicht kläfft. Septi starrt den Hund unverwandt an und weicht keinen Zentimeter weit, woraufhin Snowy Anstalten macht, nach ihm zu schnappen.

Wir werden nie erfahren, ob es eigentlich nur eine Drohgebärde sein sollte oder tatsächlich als Angriff gedacht war, jedenfalls holt Septi ebenso gelassen wie schnell mit ausgefahrenen Krallen aus und zerkratzt Snowys schwarze Nase. Der Hund jault vor Schreck und Schmerz, und ich atme erleichtert

auf, als Margot mir versichert, dass die Kratzer nicht besonders tief sind. Septi hat Mühe, seine Krallen wieder einzufahren, die in einer Art Krampf festzustecken scheinen. Er setzt sich auf und betrachtet mit seltsam philosophisch anmutendem Gesichtsausdruck die Pfote mit den immer noch ausgefahrenen Krallen, die er in einer beinahe triumphierenden Geste dicht vor die Nase hält. Wir bringen Snowy raus in den Garten und schließen die Tür.

In diesem Moment betritt Otto, die die Aufregung von vorhin verpasst hat, den Raum, springt auf ihre Aussichtsplattform und sieht und hört Snowy durch die Terrassentür. Sie reagiert fuchsteufelswild, knurrt und faucht. Wir lassen Snowy nicht mehr ins Haus, aber Otto funkelt sie weiter durch die Glasscheibe hindurch böse an und gibt dabei furchterregende Laute von sich, während sie mit gesträubtem Fell buckelt. Letztendlich müssen wir einsehen, dass die Lage sich nicht entspannen wird, und so sperren wir die Katzen schließlich im Obergeschoss ein, damit Ruhe ist. Bei Otto deutet jedenfalls nichts darauf hin, dass sie sich eines Tages doch noch zum Hundefreund bekehren lässt.

An einem Samstagmorgen liege ich noch im Halbschlaf im Bett, den Kopf dem kleinen quadratischen Fenster zugewandt. Träge überlege ich vor dem Aufstehen, wie mein Tag wohl werden wird, als plötzlich eine Katze, die Otto verdächtig ähnlich sieht, am Fenster vorbeisegelt, auf dem schmalen Fenstersims landet, kurz an der Scheibe kratzt und gleich darauf ihren Flug fortsetzt. Der Freitagabend war eine feuchtfröhliche Angelegenheit gewesen, bei der reichlich Rotwein geflossen war, sodass ich erst einmal zu dem Schluss komme, ich hätte halluziniert. Als ich mich matt wieder in das Kissen zurücksinken lasse, fällt mir ein, dass die Erscheinung vom unverwechselbaren Klingen des Glöckchens an Ottos Halsband begleitet worden war.

Hastig springe ich in meine Kleider und gehe zögernd nach unten, wobei ich mich frage, welch grauenhafter Anblick mich erwarten mag. Langsam öffne ich die Hintertür. Es ist kein Tier weit und breit zu sehen. Ich gehe die Stufen zum Garten hinauf, biege um die Hausecke, und dort auf dem Rasen sehe ich Otto. Sie sitzt völlig entspannt da, ein Hinterbein hoch in die Luft gestreckt, und putzt sich hingebungsvoll. Als ich sie rufe, erhebt sie sich lässig und kommt offensichtlich unversehrt auf mich zu. Als ich sinnend ins Haus zurückgehe, höre ich mich gedankenverloren summen: »*Immortal, Invisible, God Only Wise.*«

Einmal abgesehen davon, dass sie überall hinaufklettert,

gern verschwindet und ganz allgemein als unterhaltsam einzustufen ist, ist Otto unglaublich liebenswert. Sie liebt es, wenn man sie wie ein Baby auf dem Rücken liegend im Arm hält, und eine besonders süße Angewohnheit von ihr besteht darin, einem die Vorderpfoten um den Finger zu schlingen und diesen sanft, aber bestimmt festzuhalten. Viele Katzenliebhaber kennen diese Geste von ihren eigenen Katzen, und sie ist jedes Mal wieder von Neuem seltsam anrührend.

Septi und Otto vertiefen das Band ihrer Freundschaft durch ausdauerndes Spielen, und ganz besonders bezaubernd finden wir es, wenn sie im Garten Fangen spielen. Erst jagt Septi hinter Otto her und dann Otto hinter Septi. Die Spielregeln sind nicht so ohne Weiteres zu durchschauen, aber offenbar ziemlich streng. Mal muss Otto die Holzpalisade hinaufhechten, mal Septi. Rhododendron- und Lorbeerbüsche eignen sich besonders gut für die rasante Verfolgungsjagd, und anscheinend ist es überaus wichtig, sich immer wieder für längere Zeit unsichtbar zu machen, ehe man sein Versteck preisgibt. Und wenn man schließlich herauskommt, grinst man unweigerlich in stummem Katzengelächter über das ganze Gesicht.

Septi bekundet Otto seine Ergebenheit zweifellos auf noch weit vielfältigere Art und Weise, als wir mitbekommen. Eines Tages übertreibt er es mit seiner Verehrung so sehr, dass wir es kaum mit ansehen können. Er scheint zu dem Schluss gekommen zu sein, dass, wenn sie selbst nicht in der Lage ist, Vögel zu jagen, und ihre Beute sich bislang auf Käfer, Wespen, Schmetterlinge und Frösche beschränkt, er ihr diesen Liebesdienst erweisen muss. So kehrt der alte Kater, der viele Monate, ja sogar Jahre nicht mehr gejagt hat, eines Morgens stolz mit einer frisch erlegten, erst zu Dreivierteln ausgewachsenen Amsel im Maul heim, die er ihr vor die Füße legt. Otto kehrt die feine Dame heraus, verschmäht sein Geschenk und lässt ihn einfach stehen. Die Jagdbeute mitsamt den losen Federn zu entsorgen bleibt dann uns überlassen. Ich hoffe inständig, dass der alte Knabe sich dies nicht zur Gewohnheit macht, und tatsächlich bleiben wir weitgehend verschont.

Dann ist der Tag gekommen, uns der sehr ernsten Aufgabe zu widmen, die Kätzchen abzuholen. Ich habe mich intensiv darum bemüht, ein Heim für möglichst viele der sieben Welpen zu finden, die Tallulah im Juli zur Welt gebracht hat und die jetzt alt genug sind, die Reise in ihr neues Leben anzutreten.

Ein schildpattfarbenes kleines Kätzchen bekommen John und Kathy, zwei rote Kater kommen zu meiner Kollegin Beth. Zwei weitere Welpen, eine Katze und ein Kater, werden jemandem überlassen, den Susan aufgetan hat, und ich habe mich erboten, die beiden an einem Rastplatz an der A40 zu übergeben.

Ich kaufe drei Katzentransportkisten in schrecklich grellen Farben (andere waren vor Ort nicht zu bekommen), die Michael und ich im Fond unterbringen, bevor wir in die Cotswolds fahren, um die fünf Katzenkinder zu holen. Als wir bei Susan eintreffen, erfahren wir, dass die letzten beiden Kätzchen bereits ganz in der Nähe ein neues Zuhause gefunden haben. Susan ist unterwegs, aber Stanley, ihr Mann, hilft uns, die übrigen fünf einzufangen, die wir auf die Kisten verteilen: zwei mal zwei Kätzchen und das letzte einzeln.

Diesmal geht es nicht so glimpflich ab wie damals. Als wir wenden und davonfahren, jammern die Kätzchen, die sich vermutlich gegenseitig anstacheln, ununterbrochen. Wir erreichen gerade die Hauptstraße, da kommt zu dem kläglichen Maunzen ein durchdringender Gestank hinzu, der ahnen lässt, wie verängstigt die Katzenkinder tatsächlich sind. Michael und ich werden weich. Wir halten den Wagen an und entfernen das durchweichte Zeitungspapier aus den Transportkisten, bevor wir weiterfahren. Das wiederholt sich, und wir halten erneut an, um die Kisten zu säubern. Nachdem wir etwa eine halbe Stunde unterwegs sind und uns bei halb geöffnetem Fenster laut unterhalten, um das herzzerreißende Gejammer aus dem Fond zu übertönen, wird uns plötzlich bewusst, dass seit etwa fünf Minuten alles still ist.

Wir schauen uns an.

»Denkst du, was ich denke?«, fragt Michael.

»Sie sind ganz sicher noch am Leben! Sie können doch nicht alle einfach so eingehen!«, protestiere ich. Ich lehne mich über die Sitzlehne nach hinten, und indem ich die Transportkisten mal hierhin, mal dorthin neige, gelingt es mir, fünf Kätzchen zu zählen, die sich zu leicht feuchten Fellknäueln zusammengerollt haben und tief und fest schlafen.

»Fahr weiter, und das bitte zügig. Das wird unschön bei der Übergabe, weil sie so furchtbar aussehen, nachdem wir sie so sauber und flauschig entgegengenommen haben«, jammere ich.

Als wir uns der Hauptstadt nähern und aufgrund des starken Verkehrsaufkommens auf der A40 nur noch im Stop-and-go-Verfahren vorwärtskommen, wachen die Kätzchen auf und nehmen ihr jämmerliches Klagen wieder auf. Endlich taucht weiter vorn die BP-Werkstatt auf, Treffpunkt der ersten Übergabe. Wir fahren ab und warten auf die beiden Mädchen, die uns das erste Katzenpärchen abnehmen sollen. Sie kommen zu spät, nachdem sie auf der nicht minder verstopften nördlichen Ringstraße im Stau gestanden haben. Dankbar, wenn auch ein wenig beschämt angesichts des Zustands der Katzenkinder, überreichen wir ihnen die Transportkiste.

Die Mädchen schauen in die lila Kiste und sehen eine dreifarbige und eine rote Katze, die ängstlich dicht beieinanderkauern und sie angsterfüllt anstarren. Die Kätzchen sehen erbärmlich aus, und obwohl wir uns alle Mühe gegeben haben, sie zu säubern, verströmen sie immer noch einen säuerlichen Geruch nach Erbrochenem. Eins der Mädchen erkundigt sich besorgt, ob ich auch ganz sicher bin, dass die Tierchen gesund sind, und ich versuche, ihr klarzumachen, dass die Reisekrankheit eigentlich gar keine richtige Krankheit sei und sie sich in ihrem neuen Zuhause innerhalb kürzester Zeit erholt haben werden. Ich zeige ihr die anderen Kätzchen, die nicht besser aussehen, doch ich hege so den Verdacht, dass sie mir insgeheim unterstellt, ich hätte ihr das »B-Team« untergejubelt. Sie stellen die Kiste mit den Kätzchen auf den Rücksitz ihres Wagens, und ich sende ein Stoßgebet für die Mädchen und die Kätzchen gleichermaßen gen Himmel.

»Zwei sind wir los, bleiben noch drei«, sage ich mit gespieltem Frohsinn, worauf Michael etwas murmelt, das verdächtig nach »Nie wieder« klingt.

Wir treffen bei John und Kathy in West London ein. Beth hat sich freundlicherweise bereit erklärt, uns dort zu treffen, damit wir alle drei Kätzchen in einem Rutsch übergeben können. Nach der freudigen Begrüßung und einem dringend benötigten Glas Wein finden wir, dass es an der Zeit ist, die Katzenkinder aus ihren stinkenden Gefängnissen zu befreien.

Beth bekommt zwei rote Kater mit zuckersüßen steil aufragenden geringelten Schwänzchen, die sie auf die Namen Malachy und Oisin tauft. Sie ist entzückt von ihren beiden Stubentigern und verzeiht uns großzügig ihren desolaten Zustand. Die Kätzchen machen sich sogleich daran, jeden Winkel des geräumigen Zimmers zu untersuchen, und wir lehnen uns entspannt zurück.

Auch Johns und Kathys bunt gemustertes, dreifarbiges Kätzchen haben wir herausgelassen: Delilah. Sie ist rot, schwarz und braun gemustert mit schneeweißen Beinen und einer ebensolchen Brust. Ihr Kopf ist halb schwarz, halb rot, und um ihr niedliches rosa Näschen herum hat sie rötlich gelbe »Sommersprossen«. Delilah war vermutlich der Liebling ihrer Mutter, da sie unübersehbar das rundlichste der Katzenkinder ist. Sie macht von den dreien auch den selbstbewusstesten Eindruck und marschiert, Reisekrankheit hin oder her, schnurstracks auf die Schalen mit verdünnter Milch und Futter zu. Sie scheint zu wissen, dass das ihr neues Zuhause ist, oder bilde ich mir das nur ein? Wie sollte sie?

Irgendwann verlieren wir alle einen der beiden roten Kater aus den Augen: Er verschwindet spurlos. Diejenigen von uns, die noch beweglich genug sind, lassen sich auf alle viere nieder, um nach dem Ausreißer zu suchen. Kathy hastet die zahllosen Treppen des mehrgeschossigen Hauses hinauf, kann ihn jedoch nirgends finden. Schließlich entdecken wir ihn doch.

Er hat sich in einem niedrigen Bücherregal zusammengerollt und auf einem Stapel altehrwürdiger Schinken über Militärgeschichte niedergelassen, vermutlich dankbar für ein Bett, das nicht schaukelt. Beth und ihr Lebensgefährte sind also glücklich wieder mit ihren beiden Rangen vereint, derweil John und Kathy selig die wagemutige Delilah verhätscheln.

Ich genieße den Augenblick und beobachte, wie die Menschen um mich herum sich langsam, aber sicher immer mehr in ihre neuen Kuscheltiere verlieben. Dieser Augenblick ist die ganze Misere und den Gestank (sowie die Schuldgefühle) der vergangenen Stunden dreimal wert.

Kapitel 10

Michael und ich haben unseren Jahresurlaub schon lange gebucht, und der steht jetzt bevor. Seit ein paar Jahren mieten wir ein Haus in einem Dorf am Fuße der Garrigues-Berge mitten im Vallée de l'Herault im Herzen des Languedoc. Wir kehren Jahr für Jahr dorthin zurück, sodass es uns beinahe vorkommt wie unser eigenes Ferienhaus in Frankreich, auch wenn es tatsächlich Bekannten gehört, die es uns freundlicherweise vermieten.

Wir finden, dass es nicht fair wäre, John zu bitten, sich die ganzen vierzehn Tage um Otto zu kümmern, da sie so temperamentvoll und zuweilen anstrengend ist. Septi seinerseits ist alt genug und kommt auch schon mal vierundzwanzig Stunden alleine klar. Außerdem ist er aufgrund seines hohen Alters auf Anraten des Tierarztes nicht geimpft, sodass ihn keine Katzenpension aufnehmen würde.

Der Morgen, an dem wir Otto in die Katzenpension bringen müssen, naht, und ich fürchte diesen Moment mehr, als ich für möglich gehalten hätte. Plötzlich überschattet die bevorstehende Trennung meine Freude auf den lang ersehnten Urlaub in unserem geliebten Ferienhaus in Südfrankreich.

Michael und ich bringen Otto gemeinsam in die Pension,

und ich benehme mich auf geradezu absurde Weise daneben. Ich bemängele, dass die angeblich großzügigen »Zwinger« viel zu klein seien, und als ich das Jammern einiger anderer Katzen höre, verliere ich vollends die Nerven. Ich hinterlasse für Otto eigenes Futter und versuche, dem Personal begreiflich zu machen, weshalb es so wichtig ist, die einzelnen Sorten im Wechsel zu füttern, während ich insgeheim überzeugt davon bin, dass sich sowieso niemand darum scheren wird. Ich mache den Fehler, noch einmal zurückzublicken, und sehe, wie Otto das Gesicht an die Tür drückt und miaut – ein Anblick, der mich während des Urlaubs regelrecht verfolgen wird.

Die Ferien verlaufen ereignislos, und Michael lässt sich von der Betriebsamkeit um uns herum ablenken, ist dies doch die ideale Zeit für die Weinlese, wenn das Wetter den Winzern hold ist. In diesem Jahr bringen sie eine außergewöhnlich gute Ernte ein. Ich bringe es nicht über mich, Michael zu gestehen, wie verlassen ich mich ohne unser kleines Fellknäuel fühle. Der Verlust trifft mich umso härter, als eine Familie verwilderter Hauskatzen, eine schrecklich magere Mutter und ihre heranwachsenden Kinder (von denen eines ganz offensichtlich hirngeschädigt ist), sich regelmäßig in unserem Garten einfindet. Linda, unsere Gastgeberin, hat nachdrücklich darum gebeten, dass wir davon absehen, die Katzen zu füttern, um sie zu entmutigen, aber unsere Vormieter haben sich offenbar nicht daran gehalten, sodass ihr jämmerliches Miauen unsere ersten Urlaubstage begleitet. Es ist für einen Katzenliebhaber eine harte Prüfung, aber wir widerstehen der Versuchung, auch wenn es schwerfällt.

Zwei Wochen später sind wir wieder daheim und fahren sofort zur Katzenpension, um Mylady Ottoline zu holen. Sie mustert uns ohne einen Hauch von Freude, wendet uns die Kehrseite zu und tut so, als hätte sie uns noch nie gesehen. Obgleich sie immer schon sehr schmal war, fällt uns auf, dass sie noch ein wenig dünner geworden ist. Ich versuche, von den Angestellten zu erfahren, wie es ihr in den letzten beiden Wochen ergangen ist.

»Alles bestens, wirklich. Sie war völlig unproblematisch«, entgegnete eine junge Angestellte gut gelaunt, allerdings klingt es nach einer oft wiederholten Floskel, die mich nicht wirklich zu beruhigen vermag.

Wieder daheim, scheint jedoch bald Normalität einzukehren, und schon kurz darauf wird Otto gesichtet, wie sie in vertraut-verrückter Weise den Dachfirst entlangwandelt. Als Septi uns alle wiedersieht, wirkt er im ersten Moment etwas mürrisch. Es könnte also gut sein, dass er es durchaus genossen hat, vorübergehend wieder Alleinherrscher in seinem Reich gewesen zu sein. Erst einige Tage später sehen wir die Katzen wieder eindeutig interagieren, und erst eine volle Woche nach unserer Heimkehr liegen sie wieder dicht beieinander. Wer weiß, wie Septi Ottos unfreiwillige Abwesenheit interpretiert haben mag?

Kurz nach unserer Rückkehr erfahre ich von Susan Hill, dass die arme Tallulah diesmal ganz schrecklich unter der Trennung von ihrem Wurf gelitten hat. Susan musste mit der armen Katzenmutter sogar zum Tierarzt. Der meinte, ihr seien vermutlich zu viele Junge auf einmal weggenommen worden. Er hat ihr Hormone gespritzt, um den Milchfluss zu stoppen und ihr über den Verlust ihrer Sprösslinge hinwegzuhelfen.

Von: Beth
An: Marilyn
Betreff: Oisin und Malachy

Von Schüchternheit keine Spur mehr! Susan sagte, sie hätten noch nie Katzenfutter bekommen, aber die Jungs fressen wie die Weltmeister, und das mit täglich wachsendem Appetit. Ich gebe ihnen außerdem Aufzuchtmilch, nach wie vor einer ihrer absoluten Favoriten. Das Katzenklo lieben sie – leider – ebenfalls heiß und innig. Sie toben darin herum und verteilen die Streu in der ganzen Wohnung. Neben dem Katzenklo stand ein Servierwagen mit Küchenhandtüchern – großer Fehler. Jeden Abend, wenn ich heimkam, waren die Handtücher voller Streu und lagen halb in der Katzentoilette. Sie benutzten den Wagen als Klettergerüst. Einmal lag Malachy schlafend in einer Bratpfanne, die ich ebenfalls in einem Fach des Teewagens aufbewahre.
Ich muss unbedingt einen neuen Platz für den Servierwagen finden. Wie geht es Delilah?

```
Habe noch viele lustige Anekdoten zu be-
richten.
GLG Beth
```

Im Oktober kommt meine Freundin Annie zu Besuch und bleibt über Nacht. Annie hatte im Namen ihres Bruders Interesse angemeldet, als ich Adoptiveltern für Tallulahs letzten Wurf suchte. Letztendlich hatten er und sein Lebensgefährte es sich dann aber anders überlegt, doch Annie, ein großer Katzen- und vor allem Kätzchenfan, lässt sich zu meiner großen Freude nur zu gern von Ottos Charme einwickeln.

Wir verbringen einen langen wunderschönen Abend damit, über das Leben, den Tod und das Universum zu diskutieren, und gehen schließlich glücklich und ziemlich betrunken zu Bett.

Am Morgen muss ich trotz übler Kopfschmerzen lächeln, als ich Annie, die in unserem Schlafzimmer mit Otto spielt, fröhlich lachen höre. Nach einem bescheidenen Frühstück reist Annie wieder ab, und das wäre es gewesen, gäbe es im Zusammenhang mit ihrem Besuch nicht noch eine Anekdote zu erzählen.

Im Jahr neunzehnhundertsechsundneunzig hat Michael mir am Ende der Ostermesse, im Rahmen derer ich offiziell in die katholische Kirche aufgenommen wurde, ein vergoldetes Kruzifix mit einer Gravur geschenkt. Es sollte außerdem der letzte Gottesdienst sein, an dem mein Vater teilnahm, da dieser nicht einmal einen Monat später plötzlich verstarb. Das Kreuz an der Kette hatte für uns darüber hinaus an sentimentalem Wert gewonnen, nachdem es Michaels Vater, als der nur wenige Wochen nach dem Tod meines eigenen Vaters im Sterben lag, Trost gespendet hatte.

Entsprechend verzweifelt bin ich also, als das Kreuz am Montag nach Annies Besuch unauffindbar ist, und tagelang weiß ich nicht, wie ich den Verlust Michael beibringen soll. Seine Mutter ist leidenschaftliche Anhängerin des heiligen Antonius, jenes Schutzheiligen, der dabei helfen soll, Verlorenes wiederzufinden, und so bete ich immer wieder inbrünstig zu ihm. Schließlich nehme ich meinen ganzen Mut zusammen und beichte Michael das Verschwinden des Kruzifixes. Wie erwartet reagiert er verstimmt, aber wir glauben beide ganz fest daran, dass es früher oder später wieder auftauchen wird. Zwei Wochen später ruft Annie an, und wir unterhalten uns über allerlei berufliche wie private Dinge, um abschließend das nächste Treffen zu verabreden. Kurz vor dem Auflegen fragt Annie zögerlich:

»Marilyn, gab es eigentlich einen bestimmten Grund, weshalb du wolltest, dass ich das goldene Kreuz bekomme?«

»Annie – o Annie. Ist das dein Ernst?«, rufe ich überglücklich.

»Nun, ich habe hier ein goldenes Kreuz, ja«, entgegnet sie lachend.

»Das ist ja wunderbar! Du kannst dir gar nicht vorstellen, wie verzweifelt ich danach gesucht habe.« Wir lachen nun beide und unterhalten uns noch ein paar Minuten, und obgleich sie es nicht ausspricht, argwöhne ich, dass sie ebenso erleichtert ist wie ich, weil sich das Missverständnis aufgeklärt hat. Vielleicht dachte sie, es sei ein plumper Versuch gewesen, sie zu bekehren.

Als ich auflege, frage ich mich, wie die Kette mit dem Kreuzanhänger bei Annies Sachen gelandet sein mag. Dann fällt mir ein, dass Otto immer damit spielt, wenn ich die Kette auf dem Schreibtisch ablege. Mit minimalst ausgefahrenen Krallen hebt sie sie ganz vorsichtig auf und wirft sie herum. Bei Annies Besuch hatte ich das Schmuckstück auf der Kommode im Schlafzimmer liegen lassen, und da musste Otto sie im Spiel in Annies Korb befördert haben.

Otto, dieses Luder, aber ein Hoch auf den heiligen Antonius und Annie!

Kapitel 11
November und Dezember

John und Kathy treffen zu einem von langer Hand geplanten Wochenende ein, und wir haben ihnen ganz selbstverständlich angeboten, Delilah, Ottos jüngere Schwester, mitzubringen. Denn wenn sie tatsächlich denselben Vater haben, wovon Susan überzeugt ist, sind sie Vollschwestern, wenn auch aus unterschiedlichen Würfen. Aber ob nun Schwestern oder nicht, das Wochenende wird, zumindest was die Katzen betrifft, kein so großer Erfolg wie erwartet.

Septi macht zwar anfangs ein schockiertes Gesicht, als wieder eine Katzentransportkiste mit einem jungen Kätzchen in sein Wohnzimmer und somit seinen friedlichen Lebensabend Einzug hält, scheint sich jedoch dann souverän mit dem Eindringling abzufinden. Nicht so Otto, die sich ganz fürchterlich benimmt. Zumindest nach menschlichen Maßstäben. Ich schätze, dass sie als heranwachsende Katze von sieben Monaten das plötzliche Auftauchen einer Konkurrentin in ihrem Reich als höchst bedrohlich empfindet. Der Lärmpegel des Zischens und vor allem Fauchens ist beträchtlich. Ich denke, dass Delilah und Septi ganz gut miteinander ausgekommen wären, aber der Anblick der buckelnden Otto (die für sich allein so aussieht und klingt wie beide kämpfenden Katzen in Goyas klassischem Gemälde *Riña de Gatos*) ist einfach zu viel für sie.

Nachdem sie erst einmal ihr Heil in der Flucht gesucht hat und nach oben verschwunden ist, kehrt Delilah jedoch nach einiger Zeit wieder und faucht zurück, so gut es geht. Sie ist jedoch verständlicherweise von der neuen Umgebung und ihrem feindseligen Gegenüber sichtlich eingeschüchtert. Wer wäre das nicht?

Septi steht Otto jedoch diesmal nicht zur Seite, und am Ende des Wochenendes herrscht zwischen den drei Katzen eine Art Waffenruhe, wobei Septi hin und wieder diskret Kontakt zu Delilah aufnimmt, derweil Otto auf Distanz bleibt, den Fremdling jedoch unvermindert feindselig anstarrt. Von schwesterlicher Zuneigung keine Spur – in diesem Punkt könnte Delilah ebenso gut vom Mars kommen. Wenigstens faucht sie nur noch, wenn Delilah ihr zu nahe kommt. Die ist sichtlich verwirrt von der ihr entgegengebrachten Aggression und freut sich entsprechend über Septis verstohlene freundschaftliche Gesten.

Trotzdem ist es schön zu sehen, dass Delilah John und Kathy ebenso viel Freude bereitet wie Otto uns, und zu beobachten, wie liebevoll sie mit ihr umgehen. Delilah entwickelt sich zu einer wahren Schönheit von einer Glückskatze, wenn sie auch etwas stämmiger gebaut ist als die filigrane Otto.

Weihnachten rückt näher, und wir müssen bald entscheiden, ob wir Otto einen Wurf zugestehen oder sie vor der ersten Rolligkeit, die irgendwann im Januar eintreten müsste, kastrieren lassen sollen. Susan Hill hat mir erst kürzlich erzählt, dass sie Tallulah kastrieren lassen wird, und das hat in mir den ausgeprägten Wunsch geweckt, diese wundervolle

Linie fortzuführen. Tallulahs Blutlinie scheint außergewöhnlich hübsche, anhängliche Katzen hervorzubringen, und darüber hinaus sollte auch die literarische Nachfolge in der Tradition der »Ottoline Morrell« bedacht werden. Ich möchte keinesfalls, dass Otto mehr als einmal Junge bekommt, aber ein einziges Mal vielleicht? Jedes Mal, wenn ich ein Heim für Kätzchen gesucht habe, haben sich mehr Interessenten gemeldet, als es Katzen zu vergeben gab, sodass ich ganz sicher bin, genug verantwortungsvolle Adoptiveltern zu finden. Darüber hinaus würde ich selbst natürlich ein oder vielleicht sogar zwei der Jungen behalten. Ich habe mir schon immer gewünscht, Tiere um mich herum zu haben, die ihren Nachwuchs behalten dürfen, aber bislang war dies nie machbar. Diesem tief verwurzelten Wunsch entspringt vermutlich auch der pubertäre Drang, bei jeder sich bietenden Gelegenheit den Bauern zu spielen. Darüber hinaus bin ich neugierig, wie Kätzchen sich entwickeln mögen, die von Geburt an auf uns geprägt sind und in dem Haus aufwachsen, in dem sie auch geboren wurden.

Michael und ich führen diesbezüglich endlose Diskussionen.

»Hast du mal darüber nachgedacht, was der arme alte Septi davon halten würde?«, fragt er mich und beweist damit wieder einmal seine Loyalität zu seinem betagten Weggefährten.

»Das wird schon. Bei Otto hat es doch auch geklappt, allen Unkenrufen zum Trotz.«

»Hm ... mag sein. Aber gleich ein ganzer Wurf, das ist etwas völlig anderes. Und überhaupt, wer soll sich tagsüber um die Tiere kümmern?«

»Niemand, und das ist auch gar nicht nötig«, bettle ich. »Otto wird eine großartige Mutter werden, du wirst sehen.«

»Hey, was ist aus dem Konjunktiv geworden? Was ist mit ›wäre‹? Für mich klingt das schon ganz so, als hättest du bereits entschieden.« Er verdreht gequält die Augen.

»Nein, nein. Das müssen wir gemeinsam entscheiden. Zusammen mit den Jungs.«

Nach und nach stellt sich heraus, dass ich Michael eigentlich gar nicht groß zu überreden brauche, und John und Damian finden die Vorstellung, um es einmal in ihrer eigenen gewählten Ausdrucksweise zu formulieren, »geil«.

Das heißt: grünes Licht für das Projekt Katzennachwuchs.

Weihnachten bricht an, und es ist frisch und frostig weiß, aber Schnee fällt keiner. Heutzutage schneit es nur noch sehr selten an Weihnachten, erst recht im Süden Englands. Trotzdem lieben Michael und ich das Weihnachtsfest. Ich liebe es, wenn alle zusammenkommen und die Jungen einige Zeit bleiben. Überall liegen Schlafsäcke. Himmlisch. Wenn man Vollzeit berufstätig ist, ist es nicht ganz einfach, immer alles perfekt durchzuorganisieren, und ich habe es mir längst abgewöhnt, Weihnachtsplätzchen zu backen. Aber ich liebe es, Karten zu verschicken und zu bekommen und den Baum zu kaufen und zu schmücken, wobei wir traditionell zum ersten Mal im Jahr unsere Platten mit Weihnachtsliedern vom King's College Cambridge abspielen – niemals vor Heiligabend!

Seit ein paar Jahren beschränkt sich unser Baumschmuck auf dezente Lichterketten mit kleinen weißen Lämpchen und dazu ausschließlich silberne Dekoration, was ebenso schlicht wie edel aussieht. In diesem Jahr kommen neue mit kleinen Spiegelfacetten beklebte Kugeln hinzu, um die wir unseren Baumschmuck ergänzt haben. An Heiligabend, nachdem die Jungen ausgeschlafen und ihre Schlafsäcke fortgeräumt haben, wollen wir zum Gottesdienst aufbrechen und lassen die Katzen ins Wohnzimmer. Otto läuft Amok.

Sie hat es weder auf die Spielzeugmäuse noch auf die Katzenbälle abgesehen, die wir für sie und Septi gekauft haben, und auch nicht auf die Katzenminze (obgleich ihr die gut gefallen hat – es geht doch nichts über einen kleinen Weihnachtsrausch). Vielmehr fällt die Sonne durch die Terrassentüren auf die Spiegelfacetten der neuen Christbaumkugeln. Als die sich im Luftzug sachte drehen, werfen sie Myriaden von Lichtreflexen an die Zimmerdecke, die Eichenbalken an der Decke, die Sessel, die Vorhänge, die Wände und auf den Fußboden. Otto weiß gar nicht, wohin sie als Erstes springen soll. Sie tanzt quer durch das Zimmer, immer im Kreis herum wie ein kleiner Derwisch, und versucht dabei, mit den Pfoten die Lichtreflexe einzufangen. Septi hockt derweil reglos auf der Armlehne des Sofas. Er guckt leicht missbilligend, beobachtet Otto aber trotzdem, so wie wir alle.

»Frohe Weihnachten, meine süßen Stubentiger«, murmle ich.

Zwei Tage später fällt Schnee, was mich mit kindlicher Freude erfüllt, da es fast einer weißen Weihnacht gleichkommt. Knapp zehn Zentimeter bleiben liegen, genug, um die Landschaft ringsum bis zur Unkenntlichkeit zu verändern, was vermutlich auch für die Gerüche gilt.

Michael und ich lassen die Katzen hinaus, um zu sehen, wie sie auf den Schnee reagieren. Septi kennt das alles natürlich schon und scheint für die weiße Pracht nicht allzu viel übrig zu haben. Er geht aus der Hintertür, aber nur bis zur Treppe, hebt den Kopf, schnuppert in der Luft, macht dann kehrt und kommt zurück ins Haus. Otto ihrerseits ist völlig perplex. Sie sieht richtig wütend aus, als wäre sie außer sich, dass jemand ihren Garten gestohlen und so radikal verändert hat. Nachdem sie noch schwungvoll aus dem Haus gelaufen ist, macht sie abrupt halt und blickt sich verdattert um.

Jetzt fühlt sie auch die Kälte des Schnees an den Pfoten. Sie hebt abwechselnd beide Vorderpfoten und leckt sie hektisch. Dann schüttelt sie mehrfach alle vier Pfoten nacheinander. Sie senkt den Kopf, schnuppert am Schnee und niest ärgerlich. Sie gibt ein ganz leises Miauen von sich, das klingt wie eine gedämpfte Frage. Schließlich kommt sie zurück ins Haus, möchte aber schon kurz darauf wieder hinausgelassen werden. Diesmal läuft sie ein wenig umher, doch vermutlich schmerzt die Kälte an den Pfoten, sodass sie in die Wärme zurückkehrt und sich einer umfassenden Putzorgie hingibt. Vielleicht will sie die Angelegenheit auch mit dem älteren, erfahreneren Septi besprechen. Als der Schnee draußen in der Kälte aushärtet, können wir Ottos kleine Pfotenabdrücke erkennen, die bis zur Mitte des Gartens reichen und von dort zum Haus zurückführen.

Am nächsten Tag ist die ganze Pracht weggeschmolzen. Was wohl Otto davon hält?

Kapitel 12
Neujahr

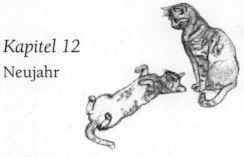

Der Januar bricht an und bringt im Gepäck eisigen Wind, Regen und heftigen Frost mit, wobei Letzterer sämtlichen Irischen Fuchsien den Garaus macht, die wir optimistisch zum Überwintern draußen gelassen haben. Wir hatten gehofft, sie wären tief genug verwurzelt, um den Winter im Freien zu überstehen, aber es hat nicht sollen sein. Schnee gibt es allerdings nicht mehr viel, und das bisschen bleibt nicht lange liegen.

Mir geht immer das Herz auf, wenn der eine oder andere Wetterprophet so zuverlässig wie die Uhr am oder um den sechsundzwanzigsten Dezember herum meint: »Nun, jetzt werden die Tage wieder länger.« Weniger toll ist, dass sie am oder um den sechsundzwanzigsten Juni eines jeden Jahres ebenso zuverlässig vorhersagen, dass die Nächte wieder länger werden, was mir jedes Mal wieder die Laune verdirbt. Die Aussicht auf das Ende des Sommers, zumal im Juni, wenn er gerade mal angefangen hat, finde ich schlicht deprimierend. Ende Januar sind die Tage schon merklich länger, und die tapferen Blumenzwiebeln schicken ihre ersten Triebe an die Erdoberfläche. Die Veränderung liegt in der Luft, und man kann sie nicht nur sehen, sondern auch riechen.

Der Frühling naht, und auch Otto verändert sich. Sie ist

unruhig und verlangt immer wieder mit anhaltendem Miauen, hinausgelassen zu werden. Sie läuft Septi ständig hinterher, und ich habe mehrmals beobachtet, wie sie sich an ihm reibt. Der alte Kater scheint eher verdutzt von ihren Annäherungsversuchen zu sein. Sie geht auf ihn zu, reibt zur Begrüßung den Kopf an seinem und legt sich dann vor ihm auf den Rücken, um ihn zum Spielen aufzufordern. Dann rollt sie sich verführerisch vor ihm hin und her in einer eindeutigen Aufforderung. Septi hockt sehr gerade da, die Vorderpfoten dicht beieinander, und blickt streng auf sie hinab. Er kann so wunderbar missbilligend gucken, dass er mich zum Lachen bringt.

Otto umwirbt Septi immer nachdrücklicher. Eines Abends, kurz nachdem wir von der Arbeit heimgekommen sind, verlangt sie unüberhörbar, dass man sie nach draußen lässt. Septi zieht es vor, im Haus zu bleiben. Es ist dunkel, doch das Licht aus der Küche erhellt den vorderen Teil des Gartens, und wir sehen, wie sie den Kopf in einer Art und Weise hebt, wie ich es an ihr noch nie gesehen habe, um gleich darauf ein anhaltendes und erstaunlich lautes, klagendes »Miau« von sich zu geben. An diesem Abend bleibt sie längere Zeit draußen. Viel später hören wir aus dem entferntesten Winkel des Gartens höchst sonderbare Geräusche. Es lässt sich nur wie ein ansteigendes Jaulen beschreiben, das in ein kehliges, raues Heulen übergeht. Der Ruf, um vieles lauter als alles, was ein Mensch von sich geben könnte, erinnert mich an die komplexe Skala von Lauten, die ein heranwachsender Junge von sich zu geben vermag, wenn er im Stimmbruch ist und doch noch Sopran singen kann. Sogar ich mit meinen begrenzten

Kenntnissen der Katzensprache verstehe sofort den Sinn dieses Rufes. Es ist der durchdringende Lockruf eines paarungsbereiten Tieres. Es klingt primitiv und ist beinahe schockierend in seiner Lautstärke und Intensität.

Michael und ich schauen uns an. »Ich habe gehört, dass es in der Gegend nur noch so wenige nicht kastrierte Kater gibt, dass eine Katze meilenweit laufen muss, um einen Partner zu finden«, bemerke ich.

»Keine Bange, Marilyn. Das Geschrei hat jeder Kater im Umkreis von fünf Meilen gehört, das kannst du mir glauben.«

Septi hört es natürlich ebenfalls. Er hebt den Kopf, und seine Nase zuckt. Er wirkt nervös.

Ich mache mir Sorgen um mein kleines Mädchen. Wir rufen sie, und schließlich kommt sie herein. An diesem Abend lassen wir sie nicht wieder nach draußen.

Als wir am darauffolgenden Abend das Haus betreten, lassen sich die Katzen, die sonst sofort herbeigelaufen kommen, um uns zu begrüßen, nicht blicken. Dabei weiß ich genau, dass alle beide im Haus waren, als wir am Morgen gefahren sind. Ich gehe ins Wohnzimmer und weiter ins Esszimmer, und dort, unter dem Tisch, sehe ich, wie unser lieber alter Septi Otto besteigt und sich abmüht, sich mit ihr zu paaren. Ganz offensichtlich gelingt es ihm nicht, und Otto wirft ihm über die Schulter hinweg einen, gelinde gesagt, fragenden Blick zu. Wollte ich den Ausdruck auf ihrem Gesicht auf einen Menschen übertragen, würde ich ihn mit »War das alles?« beschreiben.

Als Septi uns bemerkt, lässt er von Otto ab und geht offensichtlich verlegen aus dem Zimmer. Mir tun sie beide leid. Ich frage mich, wie oft er es schon probiert haben mag, oder war das sein erster Versuch vorhin, als wir hereingekommen sind? Wie bei so vielen Fragen in Bezug auf Tiere werden wir wohl auch das nie erfahren.

Wie nicht anders zu erwarten, verlangt Otto wieder ebenso laut wie nachdrücklich, hinausgelassen zu werden. Als wir die Tür öffnen, schießt sie durch die Tür wie ein Windhund aus seiner Startbox, und wir blicken ihr nach, bis sie von der Dunkelheit verschluckt wird. Kurz darauf hören wir (so wie vermutlich auch die meisten unserer Nachbarn) ihre schamlosen Rufe nach einem Kater. Obgleich ihr Revier weit über die Grenzen unseres Gartens hinausreicht, scheint sie diesen bei der Suche nach einem geeigneten Partner nicht verlassen zu wollen, vielleicht, weil sie sich hier am sichersten fühlt. Der am weitesten entfernte Punkt, von dem aus sie bislang ihr Verlangen hinausgeschrien hat, ist somit die hinterste Ecke des Gartens, drüben beim Geräteschuppen.

Ein weiterer Abend verstreicht, begleitet von Ottos klagender und zuweilen heiserer Nachtmusik. Als ich schließlich zu dem Schluss komme, dass wir den Lärm unseren Nachbarn nicht länger zumuten können, gelingt es uns, sie zurück ins Haus zu locken.

Donnerstag, 25. Februar

Ich wache sehr früh am Morgen auf. Es ist noch dunkel und regnet, also alles in allem ein wenig verlockender Tag. Ich lasse die Katzen nach draußen, damit sie ihr Geschäft erledigen können, was vor allem bei Septi nötig ist, da er sich weigert, die Katzentoilette zu benutzen. Bei Otto ist es genau andersherum, sie »macht« nicht im Freien, und so stellt das Katzenklo ein unfehlbares Lockmittel dar, um sie am Abend ins Haus zu holen.

Als ich die Tür öffne, macht Septi einen Schritt nach draußen und bleibt dann wie elektrisiert stehen. Er gibt das tiefste, lauteste und aggressivste Knurren von sich, das ich je von ihm gehört habe. Immer noch grollend, dreht er sich um und schnuppert an den beiden Türpfosten. Sein Fell sträubt sich, und er blickt aus großen Augen zu mir auf. Ich habe das Gefühl, dass er mich um Hilfe anfleht, weiß aber nicht, was ich tun soll. Ich erwidere seinen Blick und zucke hilflos die Schultern, worauf er kehrtmacht und entschlossen ins Haus zurückmarschiert. Er kommt an Otto vorbei, scheint diese jedoch nicht zu berühren. Sie läuft raus und springt zum Rasen, ohne die Türpfosten eines Blickes zu würdigen. Dann bleibt auch sie wie angewurzelt stehen und kommt zurück, um wie zuvor schon Septi nacheinander an beiden Pfosten zu schnuppern. Nun fängt sie an, einen von ihnen mit halb geschlossenen Augen abzulecken. Da wir zur Arbeit fahren müssen, packe ich sie am Nackenfell und hole sie zurück ins Haus.

Bei unserer Rückkehr am Abend öffne ich ein wenig nervös die Hintertür, um den armen Septi hinauszulassen, und wieder reagiert er ebenso aggressiv wie ängstlich auf die Markierungen an den Türpfosten. Schließlich erledigt er sein Geschäft hastig im Kies unmittelbar vor der Tür, obwohl er normalerweise nicht im Traum daran denken würde, sich so nah am Haus zu erleichtern. Hinterher flitzt er gleich wieder hinein. Wir haben Otto noch so lange im Haus behalten, doch jetzt lassen wir sie raus. Michael und ich gehen wieder hinein und beobachten sie durch das Fenster. Sie tollt übermütig über den Rasen und bleibt dann abrupt stehen. Dann steht sie da wie versteinert. Wir folgen ihrem Blick und entdecken in einiger Entfernung einen großen, flauschigen roten Kater. Seine Größe lässt vermuten, dass es sich um ein unkastriertes Exemplar handelt. Er hockt reglos da und mustert sie aufmerksam.

»Er hat Stil, Michael, das muss man ihm lassen, aber eigentlich wollte ich keinen roten Kater.«

»Er ist wunderschön – ein Prachtkerl. Komm schon, sieh ihn dir doch an.«

»Er ist zu groß für sie. Sie ist doch noch so klein und wird Kätzchen bekommen, die viel zu groß sind. O nein, o nein, o nein«, jammere ich.

Michael stöhnt angesichts meiner Reaktion.

Otto ihrerseits ist in Flirtlaune und rollt sich vor ihrem Auserwählten im Gras. Er beobachtet sie immer noch – bewundernd? Dann erhebt er sich, geht langsam auf sie zu, und als wären sie sich der heimlichen Beobachter bewusst, ziehen sich die beiden tief in den Schatten zurück, wo wir sie nicht mehr sehen können. Plötzlich ist es sehr still.

Zwei Stunden vergehen, in denen draußen nichts Bemerkenswertes zu hören ist, dann bereitet ein Laut, der mir unwillkürlich eine Gänsehaut verursacht, der Beschaulichkeit ein Ende. Ich habe zwar schon davon gehört, dass Katzen nach der Paarung seltsam schreien sollen, aber mit etwas derart Markerschütterndem habe ich nicht gerechnet.

»Mein Baby«, rufe ich voller Sorge.

»War das wirklich Otto?«, fragt Michael verblüfft.

»Ganz bestimmt. Eine wirklich verrückte Art, einen Eisprung auszulösen, nicht wahr? Stacheln am Penis des Katers kratzen sie, wenn er sich zurückzieht, und das setzt den Befruchtungsprozess in Gang. Es heißt, die Schmerzen würden jenen ähneln, die manche Frauen bei der Geburt spüren. Aber die Natur lässt einen schnell vergessen, sodass man sich von dieser Erfahrung nicht davon abhalten lässt, es wieder zu tun.«

Ziemlich genau eine halbe Stunde später hören wir einen zweiten Schrei. Wir gehen ans Küchenfenster und sehen ganz in der Nähe denselben imposanten roten Kater majestätisch neben Otto sitzen, die ihrerseits einen etwas zerzausten und verunsicherten Eindruck macht.

»Mo, er lächelt.«

»Das ist wieder typisch Mann. So ein Quatsch.«

»Und ob! Sieh doch genau hin!«, beharrt Michael.

Ich schaue genauer hin. Tatsächlich, er lächelt. Ich habe vorher noch nie eine Katze lächeln sehen – vielleicht lächelt er ja immer. Er trägt ein rotes Halsband mit einer deutlich sichtbaren Marke, was mich ein wenig beruhigt. Er hat ein Zuhause und liegt jemandem am Herzen. Otto hat sich also nicht mit einem Streuner gepaart.

Nach einer Weile steht Otto auf, schüttelt sich, kommt zum

Haus und verlangt Einlass. Wir öffnen ihr. Sie ist schrecklich schmutzig, und ihr Fell steht nach allen Seiten ab. Als ich mich bücke, um sie zu streicheln, fühle ich, dass das Fell im Nacken pitschnass ist. Ihr Kater hat sie also zu ihrer beider Schutz festgehalten.

Sie lässt sich vor dem Kaminfeuer nieder und beginnt mit einer nicht enden wollenden Putzorgie, wobei sie sich mehrfach fast zwanghaft die Vulva leckt. Septi kommt herein, beobachtet sie einen Moment reglos und geht wieder hinaus.

Am nächsten Tag ist Michael schon früh auf und lässt Otto gleich nach draußen. »Sieh ihn dir an. Er sieht aus wie der König der Löwen, so gewaltig und stolz«, ruft er aus der Küche. Ich schaue aus dem Fenster und sehe, wie Otto sich träge auf dem Boden wälzt, nur ein paar Schritte entfernt von dem majestätischen flauschigen roten Kater vom Vorabend, der sie – immer noch lächelnd – aus respektvollem, sicherem Abstand beobachtet. Wir öffnen die Tür und rufen sie herein, da wir zur Arbeit fahren müssen, und sie kommt sofort ins Haus zurückgelaufen.

Am Abend geht sie wieder hinaus, und wir hören ihr Rufen. Wir schauen hinaus, können aber weder etwas sehen noch etwas anderes hören als ihre Rufe. Sie bleibt sehr lange draußen und kommt erst nach wiederholtem Betteln meinerseits wieder herein.

Am nächsten Abend das gleiche Spiel, sodass Septi für eine knappe Woche aus freien Stücken zum Gefangenen wird und sich nur so lange im Freien aufhält wie unbedingt nötig.

Den roten Kater bekommen wir jedoch in all diesen Tagen nicht mehr zu sehen. Er hat sie erhört und ist dann auf Nimmerwiedersehen verschwunden.

Kapitel 13
Frühling

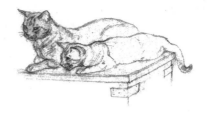

Der März geht zu Ende, stürmisch, windig und regnerisch. Sporadischer Sonnenschein zieht in Wellen über den Garten, und jedes Mal, wenn die wandernden Lichtstrahlen auf die Narzissen und Osterglocken fallen, die ersten Frühlingsblumen in England, verwandelt sich ihr sattes Gelb in pures Gold. In unserem Garten folgt dieser kleinen tapferen Vorhut rasch das tiefe Lila der Krokusse und Anemonen und hierauf wiederum das schöne satte Blau der Vergissmeinnicht, das Pink und Weiß der ersten Klematis und das leuchtende Dunkelblau der zuletzt blühenden Frühlingsblumen, der Glockenblumen. Der Frühling ist eine so schöne und vor Leben sprühende Jahreszeit und geht so bald vorbei. Viel zu bald.

Wir halten bei Otto Ausschau nach Anzeichen einer Trächtigkeit, aber sofern sich an ihrem Umfang etwas ändert, dann so unmerklich, dass wir es nicht bemerken. In Kürze steht eine Impfauffrischung an, und so beschließe ich, mit ihr zum Tierarzt zu fahren, um feststellen zu lassen, ob sie trächtig ist. Sollte das der Fall sein, werde ich die Impfung auf einen späteren Zeitpunkt verschieben.

Ende März habe ich dann einen Termin und werde in der Praxis einem jungen Mann zugeteilt, der sich sichtlich unwohl fühlt im Umgang mit Katzen, sodass ich mich entsprechend nervös in den Untersuchungsraum begebe.

Nach der Untersuchung kann auch er nicht sagen, ob Otto nun trächtig ist oder nicht, und muss sich mit einem anderen Tierarzt beraten, ob im Fall der Fälle eine Impfung schädlich wäre. Ich versichere den beiden, dass ich mir ziemlich sicher bin hinsichtlich der Trächtigkeit, vor allem, weil sie seit ihrer Nachtmusik im Februar nicht mehr rollig geworden ist. Daraufhin meint der ältere der beiden Veterinäre, wir sollten mit der Impfung bis nach der Geburt warten. Der junge Mann sagt, dass wir einen Ultraschall machen müssen, wenn ich Gewissheit haben möchte, was er jedoch kaum für nötig hält, handelt es sich doch bei Otto »nur um eine gewöhnliche Hauskatze«.

Als ich die Praxis verlasse, murmle ich wütend vor mich hin: »Für dich mag sie ja nur eine gewöhnliche Hauskatze sein, aber mir ist sie das Liebste auf der Welt.«

Am zehnten April kommen John und Kathy mit Delilah zu Besuch. Wir verbringen nach menschlichen Vorstellungen ein wunderbares Wochenende miteinander. Was die Katzen betrifft, wird es jedoch ein noch größerer Reinfall als beim letzten Mal. Otto fühlt sich von Delilah, ihrer jüngeren Schwester, extrem gestört, obwohl die inzwischen kastriert ist und ihr somit nicht mehr den Rang ablaufen kann.

Bei Otto zeigt sich inzwischen eine minimale Schwellung am Bauch, und es fällt ihr sichtlich schwerer, oben auf Türen zu springen und zu balancieren, sodass wir ziemlich sicher von einer fortschreitenden Trächtigkeit ausgehen. Außerdem ist mir aufgefallen, dass ihre Zitzen größer und dunkler geworden sind, ein weiteres Indiz für hormonelle Umwälzungen. Sie liegt fast das ganze Wochenende oben auf der Anrichte im Esszimmer und faucht von dort aus die arme Delilah an, die sich unwiderstehlich angezogen fühlt von der Xanthippe oben auf dem Möbel, der sie nicht das Geringste getan hat. Septi liegt bei Otto, und es scheint fast so, als wäre er in die Rolle des Beschützers geschlüpft. Aber wenigstens verzichtet er darauf, den hübschen Besuch anzugiften. Was mich betrifft, entschuldige ich mich in einem fort für Ottos schlechtes Benehmen. Doch Kathy und John verzeihen unserer Diva großmütig, da sie für ihren Zustand durchaus Verständnis haben.

Nachdem John und Kathy wieder abgereist sind, beobachte ich die Veränderungen an Otto aufmerksamer. Ich mache mir große Sorgen, dass sie sich selbst oder ihren ungeborenen Kindern schaden könnte, da sie draußen noch genauso ungestüm umhertollt wie eh und je. Mir ist bewusst, dass professionelle Katzenzüchter ihre trächtigen Zuchtkatzen niemals ins Freie lassen würden angesichts der Gefahren, die dort lauern. Ich spreche mit Michael darüber. Doch wir kommen zu dem Schluss, dass sie sich, wenn sie erst Mutter geworden ist, ohnehin stark wird einschränken müssen. Darum soll sie bis dahin noch uneingeschränkt ihre Freiheit genießen. Und so darf sie weiter täglich ins Freie, allerdings begrenzt sie den Radius ihrer Ausflüge mit fortschreitender Trächtigkeit von selbst auf die nähere Umgebung. Zu unserer großen Erleichterung verliert sie auch den Spaß am Dachwandeln und ähnlich riskanten Unterfangen. Auch scheint sie zu Septi auf Distanz zu gehen. Jedenfalls verbringen die beiden immer weniger Zeit gemeinsam.

Ich weiß, dass die Trächtigkeitsdauer bei Katzen zwischen einundsechzig und siebzig Tagen liegt und dass es durchschnittlich fünfundsechzig Tage sind, also rechne ich nach. Wenn ich von fünfundsechzig Tagen ausgehe, wäre der errechnete Geburtstermin der dreißigste April, was für mich insofern bedeutungsvoll ist, als das nicht nur mein eigener Geburtstag ist, sondern vor allem der Todestag meines geliebten Vaters. Ich muss gestehen, dass dieser Zufall mir ein wenig zusetzt.

Tage vergehen, und Otto geht unübersehbar in die Breite. Obwohl sie ständig Hunger hat, nehmen die Welpen in ihrem Bauch so viel Platz ein, dass sie immer nur kleine Portionen fressen kann und wir ihr rund um die Uhr frisches Futter zur Verfügung stellen. Es ist schon erstaunlich, welche Mengen eine so kleine Katze verschlingen kann. Septi geht sehr zärtlich mit ihr um und wahrt einen gewissen Abstand, als spürte und respektierte er, dass sie jetzt Raum für sich braucht. Er schnuppert ständig an ihrer Kehrseite, die ihm vermutlich einiges über die hormonellen Veränderungen in ihr verrät. Otto miaut zuweilen leise vor sich hin, und ich vermute, dass sie sich unwohl fühlt, vielleicht hält sie aber auch Zwiesprache mit ihren Kindern. Seit Tagen scharrt sie nun schon an der Bettwäsche im Wäscheschrank herum, springt auf den Kleiderschrank und versucht ganz allgemein, sich in jeden Schrank des Hauses zu zwängen. Der Instinkt, ein Nest zu bauen, ist offensichtlich stark ausgeprägt.

Ich nehme mir für die Woche, in der ich mit der Geburt rechne, frei, damit ich Otto beistehen kann. Einziger Knackpunkt meiner sorgfältigen Planung ist, dass es zu meinem Aufgabenbereich gehört, zweimal jährlich größere Präsentationen außerhalb von London zu organisieren, an denen auch mehrere leitende Angestellte der Firma teilnehmen. Ein Datum zu finden, das allen Kollegen passt, ist jedes Mal ein logistischer Albtraum, und derzeit wird der Veranstaltungszeitraum für die größere der beiden Präsentationen heiß diskutiert. Als die Woche, in der die Katzengeburt ansteht, näher rückt, wird das Datum der Präsentation erneut geändert, und zu meinem Schrecken sind jetzt der sieben- und achtundzwanzigste April vorgesehen.

»Ich halte das nicht aus«, beklage ich mich daheim bei Michael.

»Dann sag ihnen, weshalb der Termin dir nicht passt«.

»Natürlich, klar. Das macht sich sicher gut, wenn wir keinen gemeinsamen Nenner finden und die Präsentation ausfällt, weil meine Katze Junge bekommt!«

Er lacht, wird aber gleich wieder ernst, als ich fortfahre:

»Du wirst dir freinehmen müssen. Die Präsentation liegt einfach zu dicht am errechneten Termin, und wir können sie in dieser Zeit unmöglich sich selbst überlassen.«

Und Michael, der ein wahrer Schatz ist und mich zuweilen sogar ziemlich verwöhnt, trifft tatsächlich entsprechende Vorbereitungen, wenn er sich dabei auch nicht ganz wohl fühlt. So ist das Haus in diesen Tagen erfüllt von unzufriedenen Seufzern. Michael fragt immer wieder beinahe panisch: »Was soll ich denn tun, wenn sie tatsächlich ihre Jungen wirft, wenn ich mit ihr allein bin? Muss ich Wasser abkochen? Und wenn ja, was mache ich anschließend damit?«

Ich beruhige ihn, dass heißes Wasser nur bei Menschen gebraucht wird und er ganz sicher keins benötigen wird. Im Übrigen bin ich fest entschlossen, da zu sein, wenn es losgeht.

Ich habe einen großen Karton aufgestellt und auf die Seite gelegt, mit Zeitungspapier ausgekleidet und dieses mit einem alten, weichen Laken bedeckt. Diese »Wurfkiste« steht nun am Fußende unseres Bettes. Ich habe mich dafür entschieden, nachdem Otto am häufigsten in unserem Schlafzimmer nach einem geeigneten Nest zu suchen scheint, vielleicht, weil Septi sich nur äußerst selten hier blicken lässt. Den alten Kater beäugt sie inzwischen etwas misstrauisch.

Dienstag, 27. April

Als ich an diesem Morgen aufwache, bete ich, dass ich von der Präsentation zurück sein werde, bevor Otto ihre Jungen bekommt, werde ich doch in letzter Zeit immer häufiger von Ängsten geplagt, es könnte doch etwas schiefgehen und Otto zu Schaden kommen. Plötzlich bin ich ganz sicher, dass es in den kommenden vierundzwanzig Stunden passieren wird. Ich lade Projektor, Leinwand, Laptop und meine Unterlagen in den Wagen und gehe noch ein letztes Mal zurück ins Haus. Ich streichle Otto zärtlich. Ihr Bauch ist jetzt dick und schwer, und sie macht einen erschöpften Eindruck. Bevor ich gehe, hebt sie den Kopf und stupst mich mit der Nase an.

»Ach, mein Schätzchen. Ich

wünschte, ich könnte dir erklären, was mit dir los ist. Sagt dein Instinkt dir, was mit dir vorgeht, oder nicht? Es wird alles gut gehen. Du bist eine große, tapfere Katze, und ich bin bald zurück, um mich um dich zu kümmern.« Sie blinzelt und wendet den Kopf ab.

Kapitel 14

Um fünf Uhr zwanzig am achtundzwanzigsten April klingelt mein Handy, und ich schrecke sofort in meinem Hotelzimmer weit weg im Westen des Landes aus tiefem Schlaf hoch.

»Es ist so weit«, höre ich Michael flüstern.

»Warum flüsterst du? Was ist passiert?«, schreie ich ins Telefon.

»Also, im Augenblick sieht sie nicht allzu glücklich aus. Ich glaube, sie hat ein totes Kätzchen geboren.«

»Erzähl mir, was bei euch los ist. Bitte!«

»Also, gegen fünf Uhr kam der erste Welpe. Ich habe tief und fest geschlafen und ein lautes Quieken gehört. Darauf hat Otto miaut und ist unruhig herumgelaufen. Als ich die Augen aufgemacht habe, lag ein kleines schwarzes Häufchen auf dem Teppich, inmitten einer glitschigen Masse. Das schwarze Häufchen hat kläglich gejammert, und das hat Otto Angst gemacht, sodass sie vor dem Kleinen weggelaufen ist.«

»Und jetzt?«, frage ich mit klopfendem Herzen. In diesem Moment bricht die Verbindung ab. Ich schlage mit dem Handy gegen den Nachttisch, aber das scheint auch nicht zu helfen. Ich greife nach dem Hörer des Hoteltelefons und wähle erst die neun und dann unsere Nummer. Erleichtert höre ich, dass die Verbindung zustande kommt und es bei uns daheim läutet.

»Sie hat noch ein zweites Kätzchen geboren, doch das bewegt sich nicht«, sagt Michael, kaum dass er abgenommen hat.

»Wie sieht es aus?«

»Ich will nicht zu nah rangehen, um sie nicht zu verunsichern«, entgegnet er. »Schaut aus, als hätte es eine Art Beutel um den Kopf. Es ist rot«, fügt er hinzu.

Fieberhaft versuche ich, mich zu erinnern, was in den Büchern darüber stand, wie man die Eihaut entfernen, das Kätzchen mit einem Handtuch abreiben und es anschließend hin und her schwenken soll, allerdings vorsichtig, da die Kleinen glitschig sind.

»Versuch, ihr das Kleine vor die Nase zu legen«, dränge ich ihn. »Leg es ihr einfach vor.«

»Sie leckt es ja schon. Unermüdlich.«

»Das ist gut. Sehr gut. Bewegt es sich jetzt?«

»Bleib dran, ich lege den Hörer hin und sehe es mir genauer an.«

Er ist eine Ewigkeit weg, und ich runzle die Stirn und lausche angespannt. Dann höre ich ein kräftiges, schrilles Quieken. Ein durchdringender Protestlaut. Michael kehrt ans Telefon zurück. »Er ist kräftig, rot und langhaarig, und Otto hat den Sack entfernt. Er ist zu ihr hingekrochen und hat eine Zitze gefunden. Er saugt... Das kleine Schwarze saugt ebenfalls. Sie sind beide wohlauf!«

Ich kichere glücklich, aber dann sagt er. »Oh-oh. Sie ist aufgestanden, lässt die beiden liegen und hockt sich hin. Sie presst.«

Lange Pause. Ich umklammere mit angehaltenem Atem den Hörer und bete. Dann höre ich:

»Hey, gut gemacht. Sie hat noch eins geboren. Braves Mädchen, Otto. Braves Mädchen.« Etwas später berichtet Michael, dass sie bei diesem dritten (und letzten, wie sich zeigen soll) Baby vorgeht wie eine erfahrene Mama. Erst entfernt sie die Eihaut, dann frisst sie genüsslich die Plazenta und leckt ihr Neugeborenes, bis es piepsend zum Leben erwacht. Der letzte Welpe ist schildpattfarben und sieht Otto sehr ähnlich, allerdings mit weißem Eyeliner und ohne weiße Socken und Brust.

»Michael, du bist mein Held, weil du zum richtigen Zeitpunkt da warst und das alles gemanagt hast. Ich verspreche, dass ich mit Lichtgeschwindigkeit nach Hause komme, sobald ich mich loseisen kann«, sage ich mit einem glücklichen Seufzer.

Bei der Präsentation haben Paul und Sue, unsere Kunden, volles Verständnis dafür, dass ich in Anbetracht der Ereignisse daheim etwas unkonzentriert bin. Irgendwie stehen wir die Sache durch, obwohl ich überall winzige Schnurrhaare sehe und glaube, das Piepsen neugeborener Kätzchen zu hören.

Von Michael erfahre ich später, dass Otto in den ersten Stunden ganz und gar nicht glücklich war mit ihrer neuen Mutterrolle. Nachdem sie das kleine schwarze Kätzchen mitten auf dem Schlafzimmerteppich zur Welt gebracht hatte, fing dieses an, durchdringend zu miauen, vermutlich um Otto dazu zu bewegen, ihren Mutterpflichten nachzukommen. Das anhaltende Jammern hatte dann wohl auch Michael geweckt, während es Otto in Panik versetzte, sodass sie Michael, als der nach unten ging, um Eimer und Lappen zu holen, lieber begleitete, als allein bei ihrem Kind zurückzubleiben.

»Sie starrte immer wieder miauend zu mir auf. Es war wie ein Hilferuf. Schließlich sagte ich zu ihr: ›Komm schon, Otto. Du hast Pflichten. Lauf zu deinem Kleinen‹, und das hat sie dann auch fast sofort getan.«

Zurück bei ihrem winzigen schwarzen Nachwuchs, machte sie sich daran, das Fellknäuel grob zu putzen, bis sich dessen Lebensgeister wieder regten. Das Kätzchen ist so winzig, dass es sich kaum rühren kann, aber angespornt von seiner Mutter gelang es ihm, sich mit den Vorderpfoten bis zu ihrem Bauch zu ziehen, wo es erstaunlich rasch eine Zitze fand und anfing zu saugen. Dieses winzige Wesen mit den fest verschlossenen Augen und eng am Kopf anliegenden Ohren (es ist de facto blind und taub) verfügte über einen so feinen Geruchssinn, dass es ebenso wie seine Geschwister gerade mal zwölf Stunden nach der Geburt jeden Menschen anfauchen sollte, der sich näher als einen Meter an die Wurfkiste heranwagte. Seine Instinkte funktionierten also tadellos, und es nahm geräuschvoll schmatzend seine erste Mahlzeit ein.

Nachdem Otto und ihre Jungen zur Ruhe gekommen sind, fühlt Michael sich berufen, das Haus zu verlassen, um sich für ein paar Stunden seiner Arbeit zu widmen. Mir hinterlässt er eine entsprechende Nachricht auf der Mailbox.

Ich bin etwa eine Stunde, nachdem Michael das Haus verlassen hat, wieder daheim und schließe leise auf. Septi hat sich auf seinem Lieblingssessel eingerollt, offenbar gleichgültig gegenüber dem bedeutungsvollen Ereignis einen Stock höher. Er öffnet träge ein Auge und schließt es gleich wieder. Ich tätschle ihm den Kopf und schleiche auf Zehenspitzen nach oben. Als ich unser Schlafzimmer betrete, sehe ich direkt vor mir eine leere Futterschüssel und eine Untertasse mit Wasser. Ich schaue nach links, wo ich den Karton aufgestellt habe, bevor ich zu meiner Präsentation gefahren bin, und dort im Halbdunkel ruht die wunderschöne Otto. Sie liegt zusammengerollt auf der Seite, drei entzückende schlafende Kätzchen an ihrer Seite. Sie schlägt die Augen auf, steht auf und kommt auf mich zu. Gurrend begrüßt sie mich und fordert mich dann unmissverständlich auf, mir ihre Kinder anzusehen. Sie schaut mich an, kommt zu mir, reibt sich an meinem Bein, miaut, geht zu ihren Kindern und kommt dann zu mir zurück, ein Szenario, das sie mehrmals in Folge wiederholt.

»Otto, du hast wirklich allen Grund, stolz auf dich und deine Kinder zu sein. Sie sind zuckersüß«, versichere ich ihr. Und das sind sie auf ihre blinde, hilflose, verletzliche Art und Weise! Als ich am Dienstag weggefahren bin, war Otto noch allein, und jetzt, gerade mal einen Tag später, ist sie Oberhaupt einer ganzen Kinderschar. Ich hole ihr noch mehr Futter, das sie gierig verschlingt. Offensichtlich möchte sie ihre

Babys nicht allein lassen, um nach unten zu gehen, und so nehme ich mir vor, darauf zu achten, hier oben ständig Futter für sie bereitzuhalten.

Während sie frisst, lege ich die Kätzchen vorsichtig beiseite und wechsle das Laken in der Wurfkiste. Anschließend lege ich die Kleinen zurück auf ein sauberes weißes Tuch. »So, Otto, sauber und akkurat gefaltet. Wie in einem richtigen Krankenhaus.«

Ich sitze über eine Stunde bei ihr neben der Wurfkiste, ganz verzaubert von dem Wunder des Lebens. Zufrieden lässt sie die Kleinen saugen. Das schwarze Kätzchen liegt hinten am Schluss, das schildpattfarbene in der Mitte und das rote ganz vorn. Schließlich schlafen sie ein, und Otto dreht sich in der Kiste auf den Rücken, ihr Gesicht drückt extreme Zufriedenheit aus, aber sie wirkt trotz allem erschöpft, was ja auch nicht weiter verwunderlich ist. Ich bleibe noch eine ganze Weile still bei ihnen sitzen.

Abgesehen von dem einen Mal beim Säubern der Kiste habe ich die Kätzchen noch nicht angefasst, da ich nicht sicher bin, wie Otto darauf reagieren würde. Als ich der Versuchung schließlich nicht länger widerstehen kann, zeigt sich Otto in diesem Punkt über die Maßen großzügig. Sie beobachtet mich zwar aufmerksam, jedoch entspannt und voller Vertrauen. Ich schwöre, dass sie ebenso stolz auf ihre Sprösslinge ist wie um deren Sicherheit bedacht. Ich hebe alle drei Kätzchen nacheinander auf, und sie alle öffnen den Mund und protestieren mit nachdrücklichem Fauchen, die einzige Abwehr, über die diese winzigen verwundbaren Wesen verfügen. Während ich den Protest ignoriere, schaue ich mir den

Nachwuchs sehr genau an und stelle fest, dass sämtliche Pfötchen mitsamt der Ballen und Krallen perfekt entwickelt sind.

Ich betrachte die fest verschlossenen Augen und zugeklappten Ohren und berühre ganz sacht die abstehenden, beinahe militärisch anmutenden Schnurrhaare. Otto hat bei allen dreien die Nabelschnur bis auf einen etwa zwei Zentimeter langen Rest abgekaut, also genau richtig; der Rest wird vertrocknen und irgendwann von allein abfallen. Ich staune über die Instinkte, die sie veranlassen, alles richtig zu machen zum Wohle ihrer Welpen.

Als Michael heimkommt, erzählt er mir, dass er etwa eine halbe Stunde nach der Geburt, als die Kätzchen noch ganz feucht waren vom Fruchtwasser, ein Video von ihnen und ihrer Mutter gedreht hat, das ich mir später ansehe. Fast ist es, als wäre ich dabei gewesen. Der liebe Michael redet an einer Stelle des Bandes ebenso stolz wie aufgeregt auf Otto ein: »Brav, Otto, liebe Otto. Was für einen anstrengenden Tag du hinter dir hast. Du bist ja so schlau. Das hast du gut gemacht. Warte nur, bis Marilyn heimkommt. Ich kann es gar nicht erwarten, ihr Gesicht zu sehen, wenn sie erkennt, was du geleistet hast.«

Bei dieser Passage der Aufzeichnung schießen mir Tränen in die Augen. O ja, Otto; allerdings, Michael.

Wohl wissend, dass meine Katze kurz davorsteht, zu werfen oder möglicherweise bereits geworfen hat, schickt mir Julie aus dem Büro folgende Mail:

Von: Julie
An: Marilyn
Betreff: Katzennachwuchs

Hast du schon ein Zuhause für alle Kätzchen? Eine unserer Katzen ist letzte Woche tödlich verunglückt. Es war sehr traurig, der Kater war erst ein Jahr alt, wies aber keine äußeren Verletzungen auf (er wurde angefahren), es muss schnell gegangen sein. Wir haben ihn im Garten beerdigt.
Julie

Von: Marilyn
An: Julie
Betreff: RE: Katzennachwuchs

Wie furchtbar, Julie! Du Arme. Ich wünschte, ich könnte dir eins unserer Babys versprechen, aber wir haben einen so kleinen Wurf, nur drei Kätzchen, und wir haben sieben Interessenten. Ich werde sofort Susan mailen und fragen, ob sie vielleicht welche hat.
Marilyn

Ich schicke Susan eine Mail und frage an wegen Julie. Ich freue mich riesig zu hören, dass sie Tallulah kürzlich hat kastrieren lassen, allerdings erst, nachdem diese triumphierend einen letzten, für ihre Verhältnisse kleinen Wurf zur Welt gebracht hat: drei Schildpatt-Mädchen und einen roten Kater. Es macht mich traurig, dass die wunderbare Tallulah keinen Nachwuchs mehr bekommen wird, nachdem sie so zahlreiche wunderschöne Kätzchen zur Welt gebracht hat. »Jetzt liegt es an dir und Otto, die Blutlinie zu erhalten«, neckt mich Susan.

Für zwei der Welpen hat sie bereits ein neues Heim gefunden, aber eins der Mädchen, das Delilah sehr ähnlich sehe, sowie der rote Kater sind noch zu haben. Sofort gebe ich die Neuigkeit an Julie weiter.

Von: Julie
An: Marilyn
Betreff: Kätzchen

Ich schicke ihr sofort eine Mail: Ein roter
Kater ist genau das, was ich
gesucht habe. Herzlichen Dank!
Julie

Und so kommt es, dass Julie ihren roten Kater im Mai persönlich bei Susan abholt und nach Oxford heimholt. Bei dieser Gelegenheit nimmt sie seine Schwester gleich mit. Jasmin, eine damalige Arbeitskollegin, möchte sie aufnehmen, und so bringt Julie das Katzenmädchen am nächsten Tag zwecks Übergabe mit ins Büro. Es ist umwerfend und wird von Jasmin auf den Namen Millie getauft. Besagte Millie wird eines

Tages über fünf Meilen weit von London fortlaufen auf der Suche nach einem paarungsbereiten Kater und schließlich von einer anderen Familie aufgenommen werden, die sich um sie und ihren heiß begehrten Nachwuchs kümmert.

Inzwischen wird augenzwinkernd berichtet, dass unkastrierte Kater in den Straßen der Hauptstadt so selten geworden sind, dass rollige Katzen sich schwertun, einen Partner zu finden, und da der Paarungstrieb bei Katzen so stark ausgeprägt ist, hat dieser wohl auch Millie bewogen, solche immensen Risiken auf sich zu nehmen.

Eines Tages haben wir einen Elektriker aus North London im Haus, und während er Septi freundlich krault, erzählt er: »Ich habe auch so einen wunderbaren alten Herrn daheim. Er hat allerlei Unsinn im Kopf, und ich weiß bei ihm nie genau, was er gerade so treibt.«

»Dann ist er auch so ein alter Veteran Marke Hauskatze wie der alte Septi?«

»Nun, nicht wirklich. Er hat Birmakatzen-Blut. Ein Prachtkerl, der beinahe reinrassig aussieht, aber seit einem Ausflug ist er nicht mehr der Alte.« Er starrt mit leichtem Stirnrunzeln auf den Teppich, sodass ich nervös nachfrage, was denn passiert sei.

»Nun ja, es ist nicht ganz so schlimm, wie ich ursprünglich dachte, also ist es vielleicht ganz okay.« Er lächelte schüchtern zu mir auf.

»Na los, erzählen Sie schon!« Ich lache aufmunternd.

»Damals war er etwa drei Jahre alt. Also, eines Tages verschwand er spurlos. Er war schon früher ab und an einen Tag weg gewesen, aber jedes Mal wiedergekommen. Mehrmals hatte er sich auch geprügelt, das konnte man sehen, doch er besaß eine sehr starke Bindung an sein Zuhause. Wie auch immer, dieses eine Mal kam er nicht zurück.«

»Wie schrecklich. Und was haben Sie unternommen?«

»Ich habe ihn jeden Abend in der Nachbarschaft gesucht, habe ihn gerufen, sein Lieblingsfutter draußen vor die Tür gestellt und so weiter. Aber irgendwann habe ich es dann einfach aufgegeben.« Traurig schüttelte er den Kopf. »Er war etwa einen Monat fort, als ich eines Morgens ganz früh seine Stimme hörte. Ich nahm zumindest an, dass er es sei, auch wenn ich nicht hundertprozentig sicher sein konnte. Sein Miauen klang irgendwie heller. Er rief nach mir, und er konnte richtig laut miauen, das sage ich Ihnen. Ich rannte also nach unten, riss die Tür auf und konnte mein Glück gar nicht fassen. Da war er, unversehrt und wohlauf und schaute mich an, als könnte er kein Wässerchen trüben, als wäre er nur einen Tag fort gewesen.«

»Das ist doch großartig. Warum sagen Sie dann, er sei nicht mehr der Alte?«

»Nun, nachdem wir das Begrüßungszeremoniell hinter uns gebracht hatten, richtete ich mich wieder auf und blickte ihm nach, wie er wie gewöhnlich mit steil aufragendem Schwanz nach oben lief. Und da sah ich, dass sie nicht mehr da waren.«

Er wirkte plötzlich verlegen, und so fragte ich kichernd nach: »Sie meinen, er war kastriert worden?«

»Genau«, entgegnete er. »Das ist doch ein starkes Stück, oder? Ich meine, da geht Ihr Kater eines Tages aus dem Haus und kommt einen Monat später als Eunuch mit hoher Stimme und geziertem Gehabe zurück.«

Wir unterhalten uns noch eine Weile und sind uns einig, dass sein Kater in der Nacht seines Verschwindens vermutlich ein Höllenspektakel veranstaltet hat, wie das öfter vorkommt, wenn ein Kater sein Revier verteidigt, sodass jemand sich berufen fühlte, ihn dem Tierschutzverein zu übergeben, der systematisch alle Fund- und Abgabetiere kastriert, um die Zahl der streunenden und verwilderten Katzen einzudämmen. Bei seinem Verschwinden trug er ein Halsband mit Plakette um den Hals, das bei seiner Rückkehr fehlte. Es wäre ganz interessant gewesen, sich die Version des Katers anzuhören. Oder auch nicht, wer weiß.

Kapitel 15

Ottoline, geliebtes Mitglied des Haushaltes von Moon Cottage, brachte also im Alter von exakt einem Jahr und zwanzig Tagen am dreiundsechzigsten Tag nach ihrer Paarung mit dem lächelnden roten Kater drei Welpen zur Welt (einen schwarzen, einen schildpattfarbenen und einen roten) und erwies sich als wundervolle, fürsorgliche Mutter.

Wir beobachten die Familie fasziniert und huldigen der frisch gebackenen Mutter und ihren Babys, wann immer wir daheim sind. Otto ist eine ausgesprochen großzügige Mutter und gestattet uns vertrauensvoll, ihre Kinder hochzunehmen und zu knuddeln, wenngleich sie bei jedem Quieken oder Fauchen, das die Kätzchen unweigerlich von sich geben, begleitet vom Klingeln des Glöckchens an ihrem Halsband auftaucht, um sich davon zu überzeugen, dass den Kleinen kein Leid geschieht. Sie zeigt jedoch keinerlei Anzeichen von Nervosität, wenn ihre Kinder von einem liebevollen Bewunderer gehätschelt werden.

Zwei Tage nach der Geburt der Kätzchen habe ich Geburtstag, und Michael und ich stoßen im Garten mit einer Flasche Sekt auf meinen Ehrentag an. Es ist ein heißer, sonniger Tag, und die Kätzchen schlafen im Obergeschoss, aber Otto und Septi gesellen sich zu uns. Soweit wir wissen, ist Septi noch nicht wieder oben gewesen. Wir können also nicht genau sagen, ob ihm bewusst ist, dass jetzt mit ihm selbst fünf Katzen im Haus sind, auch wenn die Kleinen verräterische Laute von sich geben, jedes Mal wenn wir uns mit ihnen beschäftigen. Als Otto an ihr vorbeigeht, schnuppert er wie gewöhnlich an ihrem Hinterteil, vermutlich, um sich über ihr Befinden zu informieren. Was ihm ihr Geruch verrät, ist aufgrund seiner unergründlichen Miene schwer zu beurteilen, aber schon allein der Milchgeruch, den sie verströmt, müsste ihm einiges verraten. Als Otto eine Minute später an ihr vorbeigeht, leckt sie ihm flüchtig, aber freundschaftlich über die Nase.

»Das war's, alter Freund. Sie hat jetzt andere Prioritäten«, neckt ihn Michael.

Es ist ein wunderbar warmer Tag, und wir genießen den kurzen Zwangsurlaub, den der Nachwuchs uns auferlegt hat. Ich blickte auf den inzwischen liegenden und, wie ich im grellen Sonnenlicht feststelle, leicht mottenzerfressenen Septi, der sich hechelnd auf den Steinen der Terrasse niedergelassen hat.

»John meinte gestern Abend, die Kätzchen würden Septi den Rest geben«, vertraue ich Michael an.

In diesem Augenblick ertönt eine wunderschöne Sequenz von Vogelstimmen, die mich etwas verspätet auf einen Gedanken bringen. Ich schneide eine

Grimasse. »Hey, Septi, hör gut hin. Jetzt, wo wir mit dir fünf Katzen im Haus haben, wirst du ein solches Konzert vielleicht sobald nicht mehr zu hören bekommen. Nutze die Gelegenheit, bevor es zu spät ist.« Flüchtig plagt mich das schlechte Gewissen wegen der Anstiftung zum Vogelmord, aber dann zuckte ich philosophisch mit den Schultern und gehe nach oben, um nach den Kätzchen zu sehen. Ihre pflichtbewusste Mama ist bei ihnen. Tatsächlich hat Otto eine geschickte Technik entwickelt. Sie verbringt sehr viel Zeit mit dem Füttern und Putzen ihrer Kinder, gönnt sich aber auch immer wieder Auszeiten, indem sie die Hege und Pflege des Nachwuchses strikt begrenzt. Allerdings bleibt sie regelmäßig fast die ganze Nacht bei ihren Kindern in der Wurfkiste in unserem Schlafzimmer, und es kommt nur selten vor, dass sich das Bimmeln ihres Glöckchens weiter entfernt als bis zur gegenüberliegenden Seite des Zimmers, wo Futter und Wasser für sie bereitstehen.

Sobald feststand, dass Otto trächtig war, hatte ich den Kollegen im Büro erzählt, dass wir Nachwuchs erwarten, und daraufhin hatten gleich sieben Mitarbeiter Interesse an einem Kätzchen bekundet. Wir haben Eve den Vorzug gegeben, ihres Zeichens Freundin, Nachbarin und Katzensitterin, die schon sehr früh gefragt hat, ob sie eins der Kätzchen für ihre Tochter Jenny haben könne. Eine Bitte, der wir gern entsprachen.

Heute Abend sind sie gekommen, um sich die Kätzchen anzusehen, und Jennys glückliche Ausrufe hallen durch das Haus, als sie die Welpen nacheinander hochnimmt. Den roten Kater hat Michael für uns reserviert, weil er eine lächelnde

Katze haben möchte und hofft, dass das kleine flauschige Fellknäuel in diesem und noch einigen weiteren Punkten seinem Erzeuger nacheifert.

Bangen Herzens erkundige ich mich, welches Kätzchen Jenny denn am besten gefalle, aber sie kann sich noch nicht entscheiden, und so muss ich mich noch etwas gedulden.

Wir müssen unsere von langer Hand geplante Reise nach Irland ausfallen lassen, um für unseren Familienzuwachs da zu sein.

Am elften Tag nach der Geburt sind die Augen des roten Katers vollständig geöffnet. Sie haben noch dieses tiefe Azurblau, das bei Katzenkindern üblich ist. Die Augen des schildpattfarbenen Kätzchens sind einen Spaltbreit geöffnet, während die Augen des kleinen schwarzen noch vollständig geschlossen sind. Die Ohren sind bei allen drei nach wie vor angelegt und fangen erst an, sich langsam aufzurichten, aber die Katzenkinder hören schon deutlich mehr. Alle drei sind in der Lage, sich mit den Vorderpfoten vorwärtszuziehen und mit den Hinterbeinchen nach vorn zu schieben. Bevor wir zur Arbeit fahren, verbarrikadieren wir den Eingang der Wurfkiste mit Bücherstapeln, damit sie nicht herauskrabbeln, während Otto nach wie vor kommen und gehen kann, wie es ihr gefällt, obgleich diese Vorsichtsmaßnahme eigentlich überflüssig ist, da die Kleinen noch gar nicht wirklich in der Lage wären, ihr sicheres Nest zu verlassen. Sie befinden sich immer noch mitten in jener neonatalen Phase völliger Abhängigkeit von ihrer Mutter.

Am vierzehnten Tag sind auch bei den beiden anderen Kätzchen die Augen geöffnet, und alle drei fangen an, aus der Kiste herauszukrabbeln. Nun beginnt die Übergangsphase, in der sie zwar noch in hohem Maße von der Mutter abhängig sind, jedoch auch andere Reize außerhalb ihrer begrenzten Welt suchen.

Nun lässt sich auch Septi zum ersten Mal seit der Geburt in unserem Schlafzimmer blicken und mustert die drei lange. Er wirkt ganz versunken in die Betrachtung, und Otto lässt ihn keine Sekunde aus den Augen. Eins der Kätzchen beginnt, neugierig in seine Richtung zu kriechen, woraufhin Otto ihrem Nachwuchs ebenso entschlossen wie lautlos den Weg versperrt. Sekunden verstreichen, dann wendet Septi sich ab und kehrt zurück in sein Reich im Erdgeschoss. Ich habe so das Gefühl, dass es nicht das erste Mal war, dass er sich den Nachwuchs angeschaut hat, und als er geht, drückt seine ganze Körperhaltung nicht unbedingt reine Freude aus.

Wir anderen hingegen sind ganz verrückt nach den Kleinen. Damian und John sind beide daheim, und ich kann immer riechen, wenn sie sich mit den Kätzchen beschäftigt haben, da deren Köpfchen hinterher nach dem einen oder anderen Designer-Aftershave duften. Das verleitet mich zu der Annahme, die beiden großen Softies verabschieden und begrüßen die Babys mit einem Kuss. Allerdings ahnen die zwei nicht, dass ich davon weiß. Oliver verbringt ebenfalls ein langes Wochenende bei uns und kann sich kaum von der Wurfkiste losreißen. Ich bin entzückt und keineswegs überrascht, dass Jungen von den späten Teenagerjahren bis zum Alter von Mitte zwanzig dem unwiderstehlichen Charme winziger flauschiger, furchtbar neugieriger und selten hübscher Kätzchen ebenso hoffnungslos verfallen sind wie wir selbst.

Die Katzenkinder sind inzwischen drei Wochen alt und bewegen sich immer energischer, wobei sie keine Spur von Furcht zeigen bei der Erkundung ihrer Geschwister und anderer Gegenstände ihrer nächsten Umgebung. Allerdings bekunden sie noch keinerlei Interesse daran, das Zimmer zu verlassen. Wenn sie wach sind, verbringen sie ihre Zeit mit Spielen, und hin und wieder kommt es vor, dass sie sich dabei gegenseitig stärker wehtun als beabsichtigt, woraufhin sie mit lautem Quieken protestieren. Dies ist ein wichtiger Bestandteil der Sozialisierungsphase. Die Kätzchen beißen oder kratzen, wenn ihnen von einem Geschwisterchen zu arg wehgetan wird, und so lernen sie nach und nach ihre Grenzen kennen. Sie sehen immer besser. Wenn wir ihnen jedoch einen Stift oder Finger vor das Gesicht halten, können sie diesen offensichtlich noch nicht klar erkennen, und ihre Augen »irren« von einer Seite zur anderen. Das Gehör hingegen ist deutlich gesteigert und der Geruchsinn so ausgeprägt wie eh und je.

Michael, die Jungs und ich spielen bei jeder sich bietenden Gelegenheit mit den Kätzchen; wir betrachten es beinahe als heilige Pflicht, da wir wissen, wie wichtig die Prägung auf den Menschen in dieser Entwicklungsphase ist. Wenn junge Katzen in dieser Phase nicht genug Kontakt zu Menschen haben, kann es sein, dass sie als erwachsene Tiere dem Menschen gegenüber eine gewisse Scheu an den Tag legen. »Die wichtigste Phase für die Sozialisierung liegt zwischen der zweiten und der siebten Woche. Wenngleich eine Prägung auch hiernach noch erfolgen kann, wird sie niemals so erfolgreich sein wie in dieser frühen Phase.«[*]

Ich bin immer noch ganz gespannt, weil Jenny sich noch nicht entschieden hat, welches der übrig gebliebenen Kätzchen (den roten Kater behalten wir ja) sie haben möchte. Grundsätzlich ist es ja richtig, dass sie sich mit der Entscheidung Zeit lässt, aber ich würde es doch gern wissen. Die beiden Kater sind schwarz und rot, das einzige weibliche Kätzchen ist ein Schildpatt-Tiger wie die Mama.

Gegen Ende Mai teilen Eve und Jenny uns schließlich mit, dass sie gern das schwarze Kätzchen hätten, auch wenn es ein Kater ist. Er soll Beetle heißen, und sie sind glücklich und zufrieden mit ihrer Wahl.

Jetzt können wir uns endlich der drängenden Aufgabe widmen, unseren eigenen beiden Kätzchen Namen zu geben, woraus sich endlose Diskussionen ergeben, nachdem wir vorab entschieden haben, Susan Hills Tradition fortzuführen und auch für Ottos Nachkommen Namen aus der Literatur auszuwählen. Letztlich einigen wir uns auf »Titus« (nach Titus Groan, einer unserer Lieblingsfiguren) für das rote Kätzchen

---

[*] (*Veterinary Notes for Cat Owners*, Herausgeber: Trevor Turner, Ebury Verlag, 1994)

und auf »Fannie« für das Schildpatt-Mädchen, zu Ehren Fannie Flaggs, einer Autorin mit viel Tiefe, die mir in einer schwierigen Phase geholfen hat, wieder an das Gute im Menschen zu glauben.

Obgleich die Namen von mir vorgeschlagen werden, fällt die Entscheidung gemeinschaftlich. Um ehrlich zu sein, muss ich gestehen, dass John Vorbehalte hat, den Namen Fannie laut zu rufen.* Ich kann das gar nicht verstehen; Fannie ist ein so hübscher Name. Junge Männer sind schon sonderbar, aber immerhin ergibt er sich ohne Murren in sein Schicksal.

Und so heißen wir in der Reihenfolge ihrer Geburt Beetle, Titus und Fannie auf dieser Welt auf das Herzlichste willkommen.

---

* »Fanny« bedeutet im Englischen auch so viel wie »Popo«. Anm. des Übersetzers

Kapitel 16

Bei Septi kommt es in letzter Zeit immer mal wieder vor, dass er für einige Zeit nicht ganz auf der Höhe ist. Als alter Herumtreiber hat er nie eine Katzentoilette benutzt. Als Septi jedoch kürzlich in Johns Zimmer, wo er jede Nacht schläft, bei einem »Malheur« in flagranti erwischt wurde, haben wir unten eine zweite Katzentoilette nur für ihn aufgestellt – verständlicherweise wollte John diese nicht in seinem Zimmer haben. Der Versuch war nicht wirklich erfolgreich, und nachdem John jetzt nachts seine Schlafzimmertür geschlossen hält, bekundet Septi seinen Unmut hierüber dadurch, dass er die Benimmregeln von Menschen und Katzen gleichermaßen missachtet und sporadisch sein kleines und großes Geschäft unmittelbar vor Johns Tür verrichtet. Für John wird das immer dann ganz besonders unangenehm, wenn er nachts im Halbschlaf selbst die Toilette aufsucht.

Tagsüber kommt Septi nur sehr selten nach oben, um die Kätzchen oder Otto zu besuchen. Stattdessen verbringt er die meiste Zeit auf einer Decke auf der Ottomane unten neben der Heizung, obgleich die zu dieser Jahreszeit gar keine Wärme abstrahlt. Auch ist mir aufgefallen, dass er sich des Öfteren verschätzt und abstürzt, wenn er vom Esszimmertisch auf das Klavier springt. Ich frage mich, ob sich bei ihm nun doch die ersten gefürchteten Altersgebrechen bemerkbar machen. Auch seine Augen scheinen neuerdings leicht getrübt zu sein. Er ist mindestens achtzehn Jahre alt, vielleicht auch neunzehn, es wäre also durchaus denkbar, dass es sich um altersbedingte Erscheinungen handelt.

Trotzdem frage ich mich, ob es nicht doch auch daran liegt, dass er seiner alten Freundschaft mit Otto nachtrauert, die die meiste Zeit bei ihrem Nachwuchs verbringt. Seit der Geburt haben wir wiederholt dezente Flirtversuche von Septis Seite beobachtet, und es kommt auch vor, dass die beiden wie in alten Zeiten draußen im Garten Fangen spielen. Aber auch wenn sie hin und wieder mit ihm herumtollt, ist Otto nie so ganz bei der Sache, und es kommt regelmäßig vor, dass sie das Spiel abrupt abbricht und ins Haus zurückkehrt.

In dem Maße, in dem die Kätzchen älter werden, reduziert Otto jedoch auch merklich die Zeit, die sie bei ihnen verbringt, und sie widmet sich wieder mehr dem Spiel mit Septi. Mit fünf Wochen sind die Kleinen bereits geschickte Kletterer und erklimmen mit besonderer Begeisterung menschliche Beine, wenn auch ganz allgemein alles erklettert wird, was den Boden berührt und in die Höhe ragt. Ihre Krallen sind nadelspitz, und noch haben sie nicht gelernt, wie eine erwachsene Katze (wenn man Glück hat) »höflich« die Krallen einzufahren, wenn sie auf nackter Haut unterwegs ist. Wir gehen also alle mit einem feinen Netz langer roter Kratzer zur Arbeit, die Katzenliebhaber auf den ersten Blick als blutige Spuren diverser frecher Kätzchen wiedererkennen.

Untereinander spielen sie ebenfalls immer wilder, und Protestlaute werden lauter und häufiger. Sie rasen in so halsbrecherischem Tempo durch unser Schlafzimmer, dass einem allein vom Zusehen ganz schwindelig wird.

Eines Tages beobachten Michael und ich sie beim Herumtollen, als Otto hinzukommt und halbherzig mitmacht. »Weißt du, ich glaube, sie ist eifersüchtig, weil wir den Kleinen so viel Aufmerksamkeit schenken«, meint Michael schließlich.

»Ja, das glaube ich auch, andererseits ist sie selbst noch ein halbes Kind. Sie ist gerade erst ein Jahr alt geworden und möchte spielen, aber ihr Instinkt sagt ihr, dass sie jetzt Verantwortung trägt und sich entsprechend zu verhalten hat. Arme Otto. Sie sitzt zwischen zwei Stühlen.«

Tatsächlich hat Otto sich über die Maßen vernünftig und pflichtbewusst verhalten. Sie hat ihre Kleinen stets bestens versorgt, sie ausreichend gefüttert und tadellos sauber gehalten. Wie es alle Katzenmütter tun, hat sie sorgfältig ihre Hinterlassenschaften entfernt bis zu dem Zeitpunkt, da sie angefangen haben, kleine Mengen Trockenfutter zu sich zu nehmen. Von da an herrschten neue Regeln, und sie überließ es ihnen, den Sinn einer Katzentoilette zu ergründen. Fannie und Beetle haben es schnell kapiert, derweil Titus offenbar die Theorie begriffen hat, sich aber noch schwertut mit der praktischen Umsetzung. Mal benutzt er sie, mal nicht, aber immerhin ist eine Entwicklung zum Positiven zu beobachten. Ich muss an das denken, was Menscheneltern mir im Zusammenhang mit dem Abstillen erzählt haben: Solange das Baby nur Milch bekommt, riecht der Stuhl nicht unangenehm, das kommt erst, sobald etwas anderes als Milch gefüttert wird.

Die Kätzchen entwachsen also bereits dem Babyalter – so bald. Otto säugt sie nur noch etwa dreimal täglich und bleibt auch über Nacht nicht mehr bei ihnen, wenngleich sie nachts immer mal wieder nach ihnen schaut. Trotzdem haben sie das Schlafzimmer noch nie verlassen, um sie zu suchen. Wenn sie kommt, um sie zu säugen, bleibt sie in der Tür stehen und ruft sie mit einem ganz speziellen Miau-Laut, der ihren Jungen vorbehalten ist. Fannie, die Michael nur »Mamas Liebling« nennt, reagiert immer sofort und läuft folgsam zu ihrer zunehmend strengen Mutter. Beetle und Titus lassen sich je nach Laune nicht immer gleich stören. Otto legt sich hin, um die Kleinen trinken zu lassen, allerdings immer nur wenige Minuten am Stück. Die Katzenkinder haben inzwischen ausgesprochen spitze Zähnchen, was für ihre Mama sicher nicht angenehm ist.

In den ersten zwei Wochen haben sie an verschiedenen Zitzen getrunken, aber inzwischen hat jeder seinen Stammplatz. Beetle trinkt an der vordersten Zitze, Titus an der mittleren und Fannie an der hintersten. In einem großen Wurf verhindert ein solcher Stammplatz einen ständigen Konkurrenzkampf unter den Geschwistern. Beetle und Titus sind inzwischen größer und flauschiger als Fannie und haben auch deutlich größere Pfoten, aber Fannie ist von den dreien die Lebhafteste. Dabei ist sie die Zarteste und sieht sehr mädchenhaft aus. Sie ähnelt ihrer Mutter in verblüffender Weise, beinahe wie ein Klon. Beetle seinerseits ist von Kopf bis Fuß tiefschwarz und weist am ganzen Körper nicht ein weißes Haar auf. Er hat eine schwarze Nase und schwarze Ballen unter den Pfötchen, und bei genauem Hinsehen erkennt man in seinem glänzenden schwarzen Fell Streifen von noch dunklerem Schwarz. Er ist ein bildhübscher kleiner Kater. Titus ist von hellroter Färbung mit weißer Brust, weißem Bauch, weißen Söckchen und langen, steifen weißen Schnurrhaaren – viel länger als bei den beiden anderen. Fannie und Beetle haben beide das kleine o-förmige Maul ihrer Mutter, während Titus zu Michaels großer Freude das breite Lächeln seines Vaters geerbt hat. Sie haben immer noch die babyblauen Augen, wenngleich diese aussehen, als würde sich ihre Farbe bald ändern. Die Ohren stehen inzwischen spitz und steif von ihren Köpfchen ab, so wie sich das gehört.

Trotz dieser äußerlichen Veränderungen ist mir noch nicht voll bewusst, wie rasant die Kleinen sich entwickeln, bis etwas geschieht, das mir die Augen öffnet.

Es ist früh am Morgen, und die Kleinen sind jetzt gut sechs Wochen alt. Ich sitze mit dem Rücken zur Tür an meinem Schreibtisch im Schlafzimmer und lese in einem Buch, als ich Ottos speziellen Lockruf höre. Ohne mich umzudrehen, gehe ich davon aus, dass ihre Kinder zu ihr laufen und sie sie gleich säugen wird. Ich höre ein weiteres »Miau«, diesmal in anderer Stimmlage, das ich jedoch ebenfalls ignoriere. Bis ich dann einen dritten Ruf höre und mir plötzlich aufgeht, dass dieser von außerhalb des Zimmers kommt, was sehr ungewöhnlich

ist. Leise stehe ich von meinem Stuhl auf, durchquere den Raum, und als ich vorsichtig die fast angelehnte Tür zum Flur öffne, bietet sich mir ein bemerkenswerter Anblick: Otto liegt mir zugewandt mit dem Rücken an der Tür des gegenüberliegenden Schlafzimmers, und zwischen ihr und mir hocken ihre drei Kinder. Die Kleinen sitzen sichtlich angespannt und sehr gerade in einem Halbkreis um sie herum, die Vorderpfoten akkurat nebeneinander. Die drei legen abwechselnd das Köpfchen schräg und beobachten ihre Mutter hochkonzentriert. Otto gibt die typischen leisen Laute von sich, die eine Katze produziert, wenn sie einen Vogel entdeckt hat, und als ich genauer hinschaue, sehe ich zu meinem Entsetzen, dass sie zwischen den ausgestreckten Vorderpfoten eine kleine Feldmaus hin- und herrollt, die, vermutlich aus Todesangst, in eine Art Starre verfallen ist. Als ich die Treppe hinunterschaue, fällt mein Blick auf Septi, der das Ganze mit der ungerührten Aufmerksamkeit eines abgeklärten Schiedsrichters auf dem Centre Court verfolgt.

»Hey, das ist nicht der richtige Moment für eine Lektion im Töten. Nicht hier, nicht jetzt und nicht so«, protestiere ich. Ich befördere die Maus, die sich inzwischen kaum noch rührt und ihrer Größe nach zu urteilen nicht viel älter zu sein scheint als die Kätzchen, in einen leeren Zahnputzbecher, trage sie auf die andere Straßenseite und setze sie dort vorsichtig auf einem eingezäunten, verwilderten Grundstück aus, auf dem sich Otto und Septi nur selten herumtreiben. Das Tierchen rührt sich nicht, sodass ich befürchte, es ist vor Angst gestorben, obgleich der kleine Körper noch warm ist.

Als ich wieder im Haus bin und Michael von der Lektion auf dem Treppenabsatz berichte, die ich abgebrochen habe, sagte er: »Dann war das also der Grund für das ganze Theater. Ich glaube, Septi hat die Maus für Otto gefangen als eine Art Freundschaftsgeschenk.«

»Es stimmt, dass Otto und Septi sich wieder angenähert haben und wieder mehr Zeit zusammen verbringen, und da mag der alte Knabe sich gedacht haben, damit könne er bei ihr punkten. Vielleicht hat sie die Maus ja auch bei ihm bestellt?«, überlege ich laut.

Ironischerweise trifft kurz nach diesem Zwischenfall folgende E-Mail ein:

```
Von: Beth
An: Marilyn
Betreff: Vögel


Oisin und Malachy haben getötet! Sie haben
heute Morgen eine Amsel gefangen und durch
die Katzenklappe ins Haus gebracht. Der
arme Vogel konnte sich befreien und flat-
terte in Panik in meinem Schlafzimmer um-
her, bis er hinter dem Vorhang in der Falle
```

saß. Ich habe derweil die Haustür geöffnet und ein Sweatshirt über Oisin geworfen. Der Vogel ist dann zur Tür hinausgeflogen. Malachy sprang hinterher und erwischte ihn ein zweites Mal. Schließlich gelang es mir, sie von ihrer Beute wegzuscheuchen und den Vogel in einen Karton zu setzen. Ich brachte ihn weg, damit er in Frieden sterben konnte. Igitt.
Die beiden halten sich jetzt natürlich für die Größten, während ich Vogelmist von meinem Schlafzimmerfenster und den Vorhängen wischen durfte.
Beth

Am Tag nach dem Jagdunterricht verbrachten Otto und Septi Stunden mit ihrem komplizierten Verfolgungsspiel draußen im Garten. Septi war immer ein geschickter Kletterer, aber Otto hängt ihn mit Leichtigkeit ab, weshalb das Spiel für gewöhnlich dann endet, wenn Otto in dem Gewirr von Rosenranken untertaucht, die über der Palisadenwand dornige Tunnel bilden. Septi zieht es in einem solchen Fall in der Regel vor, die Verfolgung abzubrechen. An besagtem Tag beobachte ich jedoch, wie Otto hinter Septi herjagt, durch beide Seiten des Tunnels aus Rosenranken, um das Gewächshaus herum, über den Komposthaufen und am Fahrradschuppen vorbei, von wo aus sie seinerzeit den Kater herbeigerufen hatte, von dort zurück unter den Lorbeerbusch und hinaus auf den Rasen inmitten der Lupinenbeete. Als ich kurze Zeit später hinausgehe, sehe ich, dass Jägerin und Gejagter die Rollen vertauscht haben. Der alte Kater ist immer noch geschickter als sie, wenn es darum geht, sich zu verstecken, und ich beobachte, wie er erst unten an der Treppe abwartet, bevor er zu den Lavendelbüschen kriecht und sich zwischen sie kauert, um ihr aufzulauern und sie aus seinem Versteck heraus zu überraschen. Sie spielen eine Ewigkeit, bevor sie sich schließlich auf die kühlen Steinplatten fallen lassen und erschöpft dort liegen bleiben mit dem ihnen eigenen lautlosen Lachen.

Ich bin ja so glücklich, dass die innige Beziehung, die sich vor ihrer Trächtigkeit zwischen den beiden entwickelt hat, ihnen erhalten geblieben ist.

Kapitel 17
Mittsommer-Tag – Montag, 21. Juni

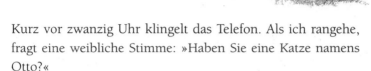

Kurz vor zwanzig Uhr klingelt das Telefon. Als ich rangehe, fragt eine weibliche Stimme: »Haben Sie eine Katze namens Otto?«

Nach einer kurzen Pause am anderen Ende der Leitung verbessert sich die Sprecherin: »Das heißt, richtiger wäre die Formulierung: *Hatten* Sie eine Katze namens Otto?«

Meine Welt gerät aus den Fugen. Mir wird ganz übel vor Angst.

Unmittelbar nachdem sie den zweiten Satz ausgesprochen hat, höre ich mich selbst wie aus weiter Ferne sinnlos rufen: »Nein. Nein. Nein. Nein. Nein.« Mühsam beherrscht fahre ich fort: »Was ist passiert?«

»Sie wurde überfahren.«

»Von wo rufen Sie an?«, frage ich gepresst.

»Ich stehe draußen vor Ihrer Haustür«, entgegnet sie.

Ich rufe durch das Fenster nach Michael, aber der hat meine aufgeregte Stimme bereits gehört, und wie üblich bei Menschen, die sich sehr nahe stehen, hat diese ihm bereits verraten, dass etwas Furchtbares passiert sein muss. Gemeinsam öffnen wir die Tür, und auf der Schwelle steht ein junger Mann mit einem schwarzen Müllsack auf dem Arm.

»Ich bringe sie herein, damit Sie sie im Garten begraben

können«, sagt er und fügt gleich darauf hinzu: »Die Frau, die Sie angerufen hat, musste weg.«

Wir durchqueren das Wohnzimmer, wo Septi auf dem Sofa schläft, und gehen von dort hinaus in den Garten.

»Ich muss sie noch einmal sehen«, sage ich mit belegter Stimme.

»Es hat sie ziemlich übel erwischt«, warnt mich der junge Mann.

Michael und ich wickeln sie vorsichtig aus ihrem prosaischen Leichentuch.

Sie ist ganz warm und weich, und als ich die Nase in ihrem Fell vergrabe, bin ich schier überwältigt von ihrem ganz eigenen süßlichen Geruch. Maul und Nase sind zertrümmert, aber hiervon abgesehen sind keine äußerlichen Verletzungen zu erkennen. Sie ist ganz schlaff. Ich könnte schwören, dass sie atmet.

Ich hebe den Kopf und schaue Michael an. Er hat Tränen in den Augen. »O Otto. Arme Otto, warum?«, flüstert er mit erstickter Stimme.

»Sind Sie ganz sicher, dass sie tot ist?«, frage ich flehentlich. »Für mich sieht sie aus, als wäre sie nur bewusstlos.«

»Ich versichere Ihnen, dass sie tot ist«, entgegnet der junge Mann.

Ganz sacht lege ich sie auf den Boden und taste ihren Brustkorb ab auf der Suche nach einem Herzschlag. Ich kann einfach nicht fassen, dass dieses Leben so plötzlich ausgelöscht worden sein soll. Während ich sie abtaste und beobachte, in der wahnwitzigen Hoffnung auf irgendein Lebenszeichen, fällt mir auf, dass aus einer Zitze Milch läuft. Oben warten drei kleine Kätzchen auf ihre Mutter. Ich nehme sie auf den Arm und vergrabe das Gesicht in ihrem Fell.

»Otto, du bist die wunderbarste Katze auf der ganzen Welt. Du bist so klug und schön. Wie sollen wir denn ohne dich zurechtkommen? Irgendeiner von uns? Warum, warum, warum hast du nicht besser auf dich aufgepasst? Otto, komm zurück.«

Ich streichle zärtlich ihren flachen leblosen Körper, als könnte ich ihr kraft meines Willens neues Leben einhauchen, aber tatsächlich nehme ich Abschied. Ich kraule ihre spitzen Ohren, so wie sie es besonders gern gehabt hat, streichle ihr weiches, glänzendes und noch warmes Fell und bilde mir ein, ihr leises Schnurren zu hören. Ich berühre alle vier weißen Socken in Erinnerung der übermütigen Tänze, die sie getanzt hat, und schließlich lege ich sie mir um die Schultern, ihr Kopf an meiner Halsbeuge, in der Hoffnung, sie würde mir vielleicht noch ein letztes Mal den Hals lecken. »Du hast dich nicht verabschiedet.«

Michael geht ins Haus, um John zu berichten, was geschehen ist. John kommt gleich darauf heraus, da er persönlich das Grab ausheben möchte. Er macht sich daran, unter dem Rhododendronbusch, unter dem sie so oft mit Septi Verstecken gespielt hat, ein Loch zu graben. Während er mit der Entschlossenheit eines Häftlings, der weiß, dass dies seine erste und letzte Chance ist, zu entkommen, den Spaten schwingt, sehe ich, wie Tränen von seinem Kinn tropfen. Später behauptet er, es sei Schweiß gewesen, aber ich fühle eine Woge der Liebe für ihn wegen seines Schmerzes, und auch für Michael, der sich bemüht, für uns alle stark zu sein, und den der Tod unserer kleinen Katze doch so völlig aus der Fassung bringt. Als John die letzte Schaufel Erde auf dem tiefen Grab verteilt, sprechen Michael und ich leise ein Gebet, um Otto aus der Welt der Lebenden in jene der Verstorbenen zu entlassen.

Der junge Mann bleibt noch auf einen Drink, und wir unterhalten uns über Otto. »Sie war eine außergewöhnlich schöne Katze.«

Ich kann es nicht ertragen. Ich ertrage es nicht, dass sie einmal *war* und nicht mehr *ist*. Plötzlich geht mir durch den Kopf, dass ich ein abgrundtief schlechter Mensch sein muss, um eine so grausame Strafe verdient zu haben. Das ist allerdings ein sehr egozentrischer Gedanke, da andere von Ottos Tod ebenso berührt sind wie ich, trotzdem verfolgt er mich.

Wir köpfen noch eine Flasche. Der junge Mann erzählt mir, dass die Frau, die angerufen hat, vom Katzenschutzbund sei und gemeint habe, jeder, der an unserer Straße wohne und Katzen halte, solle sich auf seinen Geisteszustand hin untersuchen lassen. Wie tröstlich. Andererseits hat sie vielleicht gar nicht so unrecht. Die Frau hatte den jungen Mann angerufen, weil er auf einem der Hausboote auf dem Kanal ganz in der Nähe lebt, und sie dachte, die Katze gehöre ihm. Beklommen öffnete er ihr die Tür, um dann jedoch festzustellen, dass es gar nicht seine Katze war. Ich frage ihn, wo genau es passiert sei. Er antwortete, dass Otto nur fünf Meter von unserer Haustür gefunden wurde, auf der gegenüberliegenden Straßenseite, direkt vor dem Nachbarhaus. Unmöglich festzustellen, in welche Richtung sie gerade unterwegs war, aber sie muss bei hoher Geschwindigkeit von einem Auto erfasst worden und in den Rinnstein geschleudert worden sein.

»Katzen sind unglaublich zerbrechlich, wissen Sie. Es braucht nicht viel, um sie zu töten, und wenn sie angefahren werden, war es das.«

Der Fahrer war einfach weitergefahren, wobei er die Kollision möglicherweise gar nicht bemerkt hatte. Kurz darauf verabschiedet sich der junge Mann, aber seine Anteilnahme hat mich tief berührt, und ich bedaure ihn dafür, dass er uns in einem so schlimmen Moment ertragen musste.

Michaels Bruder John ist über das Wochenende zu Besuch. Er war bei einem Freund und platzt bei seiner Rückkehr mitten in unsere Trauerveranstaltung. Als Priester hat er Erfahrung darin, Hinterbliebene zu trösten, und er ist kaum durch die Tür, als wir ihn auch schon in den Garten führen und ihm immer wieder in allen Einzelheiten berichten, was sich zugetragen hat. Michael zeigt ihm, wo die Vorbesitzer ihre Hunde begraben haben, und anschließend bringt er ihn zu Ottos frischem Grab auf der anderen Rasenseite. »Aha«, murmelt John, »Die Katzen auf der einen Seite und das Fußvolk, Pardon, die Hunde, auf der anderen.«

Gott segne ihn für seine Gabe, uns sogar in dieser Situation noch zum Lachen zu bringen.

Kapitel 18

Später am Abend vermissen wir Septi und machen uns auf die Suche nach ihm. Wir sehen überall nach und entdecken ihn schließlich auf dem verwilderten Grundstück auf der anderen Seite der verhassten Hauptstraße, die Otto das Leben gekostet hat.

»Michael, ich bin sicher, er sucht nach ihr.«

»Glaubst du? Meinst du nicht, er hat gesehen, wie wir sie begraben haben?«

»Ich denke, das hat er nicht wirklich mitbekommen. Als wir durchs Haus gegangen sind, war sie in der Mülltüte; er wird sie also möglicherweise nicht einmal gewittert haben.« Schließlich gelingt es uns, Septi dazu zu bewegen, ins Haus zu kommen, und wir sperren ab.

Die Stunden ziehen sich endlos hin.

Während der Nacht melden sich die Kätzchen abwechselnd in regelmäßigen Abständen. Ich gehe davon aus, dass sie nach Otto rufen, da ich diese Laute noch nie von ihnen gehört habe, schon gar nicht immer wiederkehrend. Ich höre, wie sie mehrmals aufstehen und Futter- und Wassernapf aufsuchen. Sie alle fressen nun schon seit Wochen feste Nahrung, und sie haben noch Glück im Unglück, dass sie in den ersten siebeneinhalb Wochen ihres Lebens eine Mutter hatten, die sie versorgt und ihnen sogar eine Lektion im Jagen erteilt hat, sodass sie gewappnet sind für ein eigenständiges Dasein. Noch vor wenigen Wochen hätte das völlig anders ausgesehen. Trotzdem tut es uns in der Seele weh, mit anzuhören, wie schmerzlich sie in dieser ersten Nacht ihre Mutter vermissen.

Am nächsten Morgen ist Septi schrecklich unruhig, sodass Michael ihn schon sehr früh aus dem Haus lässt. Ich stehe wenig später auf, und als ich das Bad betrete, höre ich ein Geräusch, das meine Neugier weckt. Ich öffne das Fenster, und der Anblick, der sich mir bietet, bricht mir das Herz.

Draußen vor dem Badezimmerfenster, in einer schmalen Gasse zur Hauptstraße, steht eine hohe Wassertonne, und auf dieser Regenwassertonne sitzt Septi. Er hält den Kopf vom Haus abgewandt und starrt stattdessen die Straße hinunter in Richtung Ampel, wobei er unablässig sein seltsam ersticktes »Miau« von sich gibt. Nachdem ich ihn oft genug beobachtet habe, glaube ich, dass Miauen ihm sehr schwerfällt. Trotzdem scheint es, als wollte er gar nicht mehr aufhören. Er ruft nach Otto. Ich bin mir ganz sicher.

Armer Septi. Niemand weiß, wie wir ihm beibringen sollen, dass sein geliebtes Mädchen, seine Spielkameradin, seine Freundin, das verführerische elfenhafte Wesen, das Sonne und Freude in sein altes Herz gezaubert hat, nicht zurückkommen wird, ganz egal, wie lange er ruft. Ich breche in Tränen aus, woraufhin Michael angelaufen kommt und mich umarmt. Hilflos und unfähig zu sprechen, zeige ich nach draußen. Michael schaut hinaus und nickt mitfühlend. Er geht sofort nach unten und zur Tür hinaus. Er nimmt Septi auf den Arm und redet zärtlich auf ihn ein, während er ihn ins Haus zurückträgt.

Während dieser ganzen traurigen Ereignisse bahnt sich eine neue Phase an. Als ich gerade unglücklich versuche, uns ein passables Frühstück zuzubereiten, bevor ich zur Arbeit aufbreche, höre ich einen dumpfen Schlag, gefolgt von scharrenden Geräuschen. Als ich ins Wohnzimmer hinübergehe, sehe ich die kleine Fannie um die unterste Treppenstufe biegen, gefolgt von einem weiteren gedämpften Laut. Gleich darauf taucht auch Titus in meinem Blickfeld auf. Ich schaue die Treppe hinauf und entdecke zwei Stufen höher Beetle, der sich gerade von einer Stufe zur nächsten hangelt.

Wenngleich die Treppe aufgrund des beträchtlichen Alters unseres Hauses an sich nicht sehr hoch ist, alles in allem sind es nur zehn Stufen, ist sie ausgesprochen steil. Irgendwann im siebzehnten Jahrhundert war dies einmal das Haus eines Landarbeiters, mit einem Heuboden im Obergeschoss. Bisher hat besagte Treppe die Kätzchen davon abgehalten, ihre Umwelt weiter zu erkunden als bis zum oberen Treppenabsatz, aber vielleicht denken sie ja, ihre Mutter habe für sie eine weitere Lektion vorgesehen, und wenn sie nur genug Wagemut an den Tag legten, würden sie sie zur Belohnung schon bald wiedersehen.

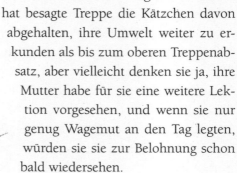

Ich kann mir ein Stöhnen nicht verkneifen. »Und was jetzt?«

»Ich würde vorschlagen, solange wir weg sind, sperrst du sie im Schlafzimmer ein, und wenn wir zurückkommen, dürfen sie sich dann im ganzen Haus frei bewegen. Was meinst du?« Und so halten wir es am ersten Tag nach Ottos Tod.

Als wir am Abend zurückkommen, lassen wir Septi nach draußen und öffnen die Schlafzimmertür, um zu sehen, was die Kleinen machen. Septi bezieht wieder seinen Posten auf der Regentonne und ruft nach seiner Liebsten. In all den Jahren, die wir nun schon hier leben, hat er noch nie dort gesessen und miaut. Es tut weh, ihn rufen zu hören, aber Michael meint, wir sollten ihn gewähren lassen.

»Er hat ebenso das Recht zu trauern wie wir anderen auch.«
»Aber er ruft doch nach ihr, oder?«
»Egal.«

Septi ruft fast zehn Tage nach Otto, bis er schließlich entmutigt aufgibt. Er verbringt wieder viel Zeit draußen. Es ist heiß, und das Haus haben die Kätzchen für sich erobert.

Diese legen die ausufernde Lebensfreude extremer Jugend an den Tag, die in Anbetracht der Umstände herzlos anmutet. Sie springen ausgelassen über das Mobiliar, kugeln sich als ineinander verkeilte Fellknäuel über den Fußboden, verteilen Katzenstreu überall, fangen an, die Vorhänge hinaufzuklettern, und entdecken den Kaminsims für sich. Eine völlig neue Welt tut sich ihnen auf. Ich bin sicher, dass sie Otto vermissen, aber gesunde Jungtiere besitzen einen ausgeprägten Überlebensinstinkt, auf den sie ihre ganze Energie verwenden.

Seltsam, dass ich noch tagelang in der Ferne das leise Bimmeln von Ottos Glöckchen hören kann. Sie besucht mich in meinen Träumen... ihre Augen groß wie dunkle Blüten.

Kapitel 19

Der erste Arbeitstag nach dem Unglück ist ganz okay, und mein Chef, die gute Seele, schafft es sogar, mich zum Lachen zu bringen mit seiner Reaktion auf meine Wiedergabe des Anrufs, bei dem die Frau vom Katzenschutzbund so brutal von der Gegenwarts- in die Vergangenheitsform umgeschwenkt war in Zusammenhang mit der Eigentümerschaft an einer Katze namens Otto. »Ah! Eine leidenschaftliche Anhängerin der Lehre aufrichtiger, tief empfundener Anteilnahme!«, meint er trocken.

Freunde und Kollegen haben Verständnis für meine Trauer, und mir ist klar, dass es unvernünftig ist, übel zunehmen, wenn jemand sagt, ich hätte ja immerhin die Kätzchen als Ersatz.

Ja, ich habe die Kätzchen, aber nichts und niemand kann mir Otto ersetzen. Der Tod eines geliebten Wesens ist ein Auslöschen, das über die reine Existenz dieses Wesens hinausgeht. Der Tod tötet auch etwas im Innersten jener, die zurückbleiben. Mir fällt dazu eine Bemerkung Poppys, eines von Anne Tylers Charakteren, zu seiner längst verstorbenen Ehefrau ein:

»Die Leute stellen sich das so vor, dass man einen geliebten Menschen vermisst wie jemand, der das Rauchen drangibt, seine Zigaretten«, sagt er. »Der erste Tag ist die Hölle, aber schon am zweiten Tag ist es leichter, und so setzt sich das fort; es wird immer leichter und leichter, je länger man durchhält. Tatsächlich aber sehnt man sich nach dem Verstorbenen wie ein Verdurstender nach einem Schluck Wasser. Der Verlust wird mit jedem Tag schmerzlicher.«[*]

Da mir jedoch bewusst ist, dass Trauer um ein Tier jeden, der sie selbst noch nicht erlebt hat, peinlich berührt, beschließe ich (zu Recht oder zu Unrecht), »erwachsen« mit der Sache umzugehen und mit niemandem darüber zu sprechen.

Dieser Maulkorb, den ich mir höchstselbst verpasst habe, könnte vielleicht (und nur vielleicht) die Erklärung dafür sein, dass ich mich einige Tage später, als ich in einem wunderschönen Garten eines erhabenen Landsitzes im tiefsten Wiltshire an einer unübertrefflich eleganten Tafel sitze, ganz plötzlich sehr schlecht oder doch zumindest fragwürdig benehme. Es ist ein wunderbar warmer Sommertag, und besagte lange Tafel steht im hochwillkommenen Schatten einer kleinen Baumgruppe. Die angenehme friedliche Atmosphäre wird noch verstärkt durch den steten Strom freundlicher Konversation und das sporadische Gelächter unter den Gästen, die sich reichlich von den erlesenen Weinen nachschenken lassen, die ein tadellos gewandeter Sommelier kredenzt. Eine opulente Lunchpartie, zu der ich im Rahmen meiner beruflichen Tätigkeit geladen wurde.

Unsere überaus freundliche Gastgeberin ist in Höchstform,

---

[*] (»Back When We Were Grown-Ups« von Anne Tyler, Vintage 2002)

und mir wurde die Ehre zuteil, an ihrer Seite sitzen zu dürfen. Ich bin sehr angetan von ihrem imposanten Irischen Wolfshund namens Gideon, dem schönsten Vertreter seiner Rasse, der mir bislang untergekommen ist. Das Mittagessen über stupst er all jene, die an seinem Tischende sitzen, sanft mit seiner warmen, nassen Nase an und überragt uns, obwohl er mit allen vier Pfoten fest auf dem Boden steht. Unsere Gastgeberin vertraut uns an, dass der Tierarzt erst in der vergangenen Woche da gewesen sei, um Sperma von Gideon zu sammeln und zur späteren Verwendung einzufrieren.

»Zweimal innerhalb von nur einer Stunde«, prahlt sie, was ihr Applaus und bewundernde Ausrufe einbringt (seitens jener in Hörweite und zur Verwunderung jener, die weiter unten am Tisch sitzen) hinsichtlich Gideons Leistungsfähigkeit. Hintergrund der ganzen Aktion ist, dass der schöne Gideon nicht mehr der Jüngste ist und sie verhindern möchte, dass er aus dem Leben scheidet, ohne Nachwuchs gezeugt zu haben. Dank der Fortschritte auf dem Gebiet der künstlichen Besamung bestehe nun die Möglichkeit, irgendwann in der Zukunft einen Welpen von ihm großzuziehen.

Wohl weil der Tag so wunderbar ist, das Essen himmlisch, die Gesellschaft anregend und sie selbst ungeheuer sympathisch, fange ich unverzeihlicherweise an, von Otto zu erzählen, woraufhin mir prompt Tränen in die Augen schießen. Die gute Seele springt von ihrem Platz am Kopfende des Tisches auf und beugt sich über mich. Sie legt tröstend die Arme um mich und ruft: »O Marilyn, bitte. Sie können etwas von Gideons Sperma haben.«

Lachend lehne ich das großzügige Angebot ab, kann mir

aber nicht verkneifen anzumerken: »Noch nie hat jemand versucht, einen anderen Menschen mit solcher Großzügigkeit und solch lateralem Denken über einen herben Verlust hinwegzutrösten. Herzlichen Dank, auch an dich, Gideon.« Er legt den Kopf schräg, enthält sich jedoch jeglichen Kommentars.

Dieses Mittagessen ist für mich ein Befreiungsschlag. Der Schmerz, den der Verlust eines vielgeliebten Tieres verursacht, kann ebenso quälend und dauerhaft sein wie jener, den der Verlust eines Menschen verursacht. Das mag zwar nicht immer so sein, aber wenn jemand sich in einer solchen Lage befindet und womöglich noch das Bedürfnis verspürt, darüber zu sprechen, kann es außerordentlich hilfreich sein, ihm Mitgefühl und Verständnis entgegenzubringen.

Ich habe einen Termin bei der örtlichen Tierklinik vereinbart, da es Zeit ist für die offizielle Geschlechtsbestimmung und die erste der beiden Impfungen der Grundimmunisierung. Ich unterhalte mich mit der Sprechstundenhilfe darüber, was für mich einen guten »Katzendoktor« ausmacht, als sich herausstellt, dass der junge Mann, der nicht in der Lage war, mir zu sagen, ob Otto trächtig sei oder nicht, sie in ihrer Patientenakte als »gefährlich« eingestuft hat. Dabei war sie doch die Harmlosigkeit in Person. Wir bekommen einen Termin bei Pat, die top sein soll im Umgang mit Katzen.

Nun gilt es, die Rasselbande erst einmal in die Klinik zu schaffen. Kein Problem, denke ich anfangs noch optimistisch. Ich habe erst kürzlich einen großen Transportkäfig erstanden, damit die Kleinen unterwegs sehen können, was um sie herum geschieht, in der Hoffnung, dass sie so weniger Angst haben als in einer der geschlossenen Transportkisten, in denen ich seinerzeit Otto und ihre diversen Halbgeschwister befördert habe. Ich setze die drei Kätzchen in den Käfig und trage diesen über die Hauptstraße, um ihn in den Wagen zu stellen. Von dem Augenblick an, da ich den Käfig ins Auto hieve, stimmen die drei ein fürchterliches Gejammer an. Fannie gibt als Erste ein ohrenbetäubendes Solo von sich. Ich starte den Motor und fahre auf die Straße. Jetzt stimmen auch Titus und Beetle lauthals mit ein, wobei sich die drei Katzenstimmen zu einer wirklich grauenhaften Kakofonie vereinen.

Als ich vom ersten Kreisverkehr abbiege in Richtung des zweiten, sehe ich aus den Augenwinkeln, wie ein kleiner schildpattfarbener Stubentiger sich zwischen den Seitenwänden des Käfigs hindurchzwängt und in den Fußraum springt, wo meine Füße abwechselnd Kupplung, Gas- und Bremspedal treten. Ich habe schreckliche Angst, dass sie unter eins der Pedale gerät und ich ihren zarten Körper zerquetsche, sodass ich zweimal um das Rondell herumfahre, ehe ich es wage, den Wagen halb auf dem Gehweg, halb auf der Straße, zum Stehen zu bringen. Inzwischen ist es auch Beetle gelungen, aus dem Käfig auszubrechen, und er marschiert laut klagend auf der Rückbank auf und ab. Nur Titus, der Kräftigste der drei, bleibt im Käfig, wobei er nicht weniger laut protestiert als seine beiden Geschwister. Verzweifelt befördere ich den Käfig nach hinten auf den Rücksitz und setze Beetle und Fannie wieder hinein. Ich fahre weiter, aber keine Viertelstunde später taucht Fannie erneut zwischen meinen Füßen auf. Ich schnappe sie mir beim Nackenfell und hebe sie auf meinen

Schoß, wo ich sie mit einer Hand festhalte, während ich mit der anderen lenke und schalte, so gut es geht. Schließlich ist es doch geschafft, und ich trage die drei ins Klinikgebäude. Als ich am Empfang stehe, bemerke ich Blutflecken auf meiner Jeans, dort, wo Fannie in Panik die Krallen in meinen Oberschenkeln vergraben hat. Aber das lässt sich jetzt nicht mehr ändern. Wir begeben uns ins Wartezimmer, wo andere Leute, die mit ihren Tieren ebenfalls auf den Doktor warten, pflichtschuldig Entzücken ob der Kätzchen bekunden. Ich lächle freundlich und versuche dabei, die Schmerzen in meinen Beinen zu ignorieren.

Endlich sind wir dran und betreten Pats Behandlungszimmer. Sie bestätigt sofort, dass die quiekende Fannie ein Mädchen ist, was ich bereits wusste, und der inzwischen verstummte Beetle ein Männlein, was ich ebenfalls nicht anders erwartet habe. Als sie Titus als weiblich deklariert, bin ich hingegen sprachlos. Ich äußere meine Zweifel, und Pat ruft einen Kollegen herbei, der ihr Urteil bestätigt. Sie geben beide zu, dass es sehr schwierig ist, bei so jungen Katzenwelpen eindeutig das Geschlecht zu bestimmen, aber als sie mir schließlich den eindeutigen Beweis erbringen, gebe ich mich geschlagen.

»Hilfe. Wir haben sie als Titus angemeldet, und das ist ja eindeutig ein männlicher Name.«

»Dann ändern wir das. Nennen Sie mir einen Mädchennamen.«

»Aber sie ist inzwischen für uns alle Titus.«

»Ist doch auch egal. Dann ist sie eben ein weiblicher Titus. Okay, Titus?«, fragt Pat und streichelt Titus zärtlich. Und so bleibt es dabei: Titus ist und bleibt Titus.

Alle drei bekommen eine Spritze, was mal mehr, mal weniger Protest auslöst. Fannie schreit am lautesten, Titus am leisesten, und Beetle liegt irgendwo dazwischen. Ansonsten werden sie für gesund erklärt, mit allem versehen, was zu einem gesunden Kätzchen gehört.

Mir graut ein wenig vor der Heimfahrt, und die Sprechstundenhilfe besorgt mir freundlicherweise einen mit kleinen Löchern versehenen Müllbeutel, den ich dankbar an den Seiten über den Käfig ziehe, eine Vorsichtsmaßnahme, die sich bezahlt macht, als Fannie erneut ausbüchst, aber diesmal in der Tüte gefangen ist und nicht in den Fußraum gelangen kann. Wieder daheim, wird mir ganz übel bei dem Gedanken, dass sie leicht aus dem Käfig hätten entwischen können, als ich sie über die Straße getragen habe. Ich parke den Wagen unmittelbar vor unserer Haustür und ziehe den Müllbeutel ganz fest zu, während ich den Käfig hineintrage.

Nachdem die Kleinen geimpft sind, steht die nächste Zerreißprobe an. Nicht mehr lange, und Eve und Jenny (und vielleicht auch John und Matthew) werden kommen, um Beetle abzuholen. Eve hat einen Freitag vorgeschlagen, damit Jenny ein ganzes Wochenende hat, um sich gleich nach seiner Ankunft im neuen Zuhause mit Beetle anzufreunden. Beetle ist ein Glückspilz, er kommt nämlich in ein Heim, wo man ihn mit Liebe überschütten wird und das dem Katzenparadies ziemlich nahe

kommt. Eve und John leben mit ihrer Familie gleich neben einer Schleuse. John ist Schleusenwärter, und das Haus befindet sich mitten auf dem Land, weit entfernt von der nächsten stark befahrenen Straße. Sie wohnen inmitten von Feldern, Wäldern und Baggerseen, sodass sich für Beetle unerschöpfliche Jagdmöglichkeiten auftun werden. Im Übrigen scheint es so, als würden bei den Katzen die männlichen Tiere immer fortgeschickt oder auch freiwillig gehen, sodass Beetle, wenn wir ihn behalten hätten, vermutlich so oder so eines Tages verschwunden wäre.

Aber auch dieses Wissen macht den Schmerz nicht erträglicher, und so blicke ich dem vereinbarten Freitag schweren Herzens entgegen. Eve und Jenny haben sich für zwanzig Uhr angekündigt, und bei mir wird es ausgerechnet an diesem Tag besonders spät, weil der Freitagabendverkehr aus der Hauptstadt raus mal wieder zum Erliegen kommt, sodass ich kaum das Haus betreten habe, als Eve und Jenny auch schon pünktlich eintreffen. Ich komme gerade noch dazu, ihn zu schnappen und in die Transportkiste zu verfrachten, da sind sie auch schon wieder weg.

Hinterher setze ich mich hin und sage leise in Richtung der geschlossenen Haustür. »Auf Wiedersehen, Beetle. Sei ein guter Junge und vergiss nicht, ab und an zu schreiben.«

Kapitel 20

Ich beobachte die beiden übrig gebliebenen Geschwister und halte Ausschau nach Anzeichen dafür, dass sie Beetle vermissen, aber nichts an ihrem Verhalten deutet daraufhin, dass sie unter der Trennung leiden. Stattdessen spielen sie eher noch wilder, als sie es zu dritt getan haben. Als ich Eve später frage, wie Beetle sich eingewöhnt hat, berichtet sie, dass sie sich kaputtgelacht haben über seine Kapriolen und er entweder wild umherspringt oder aber schläft wie ein Baby. Da er die zweite Spritze der Grundimmunisierung jedoch noch nicht bekommen hat, darf er noch nicht ins Freie. Bei meiner nächsten Begegnung mit Eve meint diese lachend: »Wir sind uns einig, dass er völlig verrückt ist – aber dabei unglaublich süß.«

Im Laufe des vorwiegend trockenen und heißen Monats Juli bleibt Septi weiterhin für sich und verbringt die meiste Zeit im Garten oder sonstwo draußen. Er kommt ins Haus, um zu fressen und manchmal auch um zu schlafen, hat jedoch ansonsten seine einsamen Wanderungen wieder aufgenommen. Ich vermute, dass er immer noch Otto nachtrauert.

Wir haben inzwischen schweren Herzens beschlossen, unsere beiden Kleinen im Haus zu halten, da die Hauptstraße vor der Tür einfach zu gefährlich ist. Ich spreche mit einer befreundeten Tierärztin darüber, die schulterzuckend meint:

»Ich denke eigentlich, dass man Katzen trotz aller Gefahren ins Freie lassen sollte, muss aber zugeben, dass ein Jahr eine extrem kurze Lebensspanne ist. Ich muss dich jedoch warnen: Wenn du sie im Haus halten willst, darfst du keine Ausnahmen zulassen, damit sie nichts anderes kennenlernen. ›Ein bisschen draußen‹ geht nicht.« Ich werde von Zweifeln geplagt, während Michael fest entschlossen ist.

»Mo, wenn wir sie rauslassen, ist es nur eine Frage der Zeit. Wir müssen sie im Haus halten. Solange wir hier leben, bleibt uns nichts anderes übrig.«

Trotzdem denke ich stundenlang darüber nach und versuche verzweifelt, einen Ausweg aus dem Dilemma zu finden. Der Garten lässt sich nicht katzensicher machen, und keine Katze ist bereit, einen Gartenzaun als ernst zunehmende Begrenzung ihres Freiraums zu akzeptieren. Ich stoße im Internet auf eine Seite, die spezielle Katzenzäune anbietet, leider ist es eine amerikanische Webseite, und allein die Lieferung würde ein kleines Vermögen kosten. Für den Augenblick gebe ich mich geschlagen und finde mich damit ab, die Katzen zu internieren.

Septi scheint sein Sonderrecht auf Freigang zu genießen und schlendert hocherhobenen Schwanzes hinaus, wobei er manchmal einen unergründlichen Blick zurückwirft. Die Kleinen blicken ihm hinterher, vielleicht ein wenig verwundert, machen aber keine Anstalten, ihm zu folgen. Sie sind vollauf beschäftigt mit ihren eigenen Spielchen innerhalb des Hauses.

Titus und Fannie sind unzertrennlich. Sie schlafen zusammen, kämpfen miteinander, spielen zusammen, fressen aus einer Schüssel und putzen sich gegenseitig. Sie wachsen schnell heran, und ihre Augen sind längst nicht mehr babyblau. Fannie, die inzwischen zu einer Kopie ihrer Mutter geworden ist, hat das gleiche kleine, spitze, herzförmige Gesichtchen mit den mandelförmigen Geisha-Streifen um die Augen. Ihre Augen sind zwar nicht so bernsteinfarben wie Ottos, sondern mehr grünlich, aber das tut der verblüffenden Ähnlichkeit keinen Abbruch.

Titus ihrerseits entwickelt sich zu einer kleineren Ausgabe ihres Vaters mit extrem langen Schnurrhaaren und einem lächelnden Maul. Ihr getigertes gelbliches (oder korrekter rotes) Fell ist dick und flauschig, dazu hat sie eine weiße Brust und vier weiße Pfoten. Ihre Augenfarbe ist erstaunlich, entspricht sie doch exakt jener des Fells. Titus ist friedlicher und ruhiger als Fannie, legt sich gern auf den Rücken und schmust mit Gott und der Welt. John hat sie jedoch ganz besonders ins Herz geschlossen und verbringt möglichst viel Zeit bei ihm. Er liegt oft und lange still vor dem Fernseher, und das gefällt Titus. Sie legt sich dann ebenfalls reglos auf ihn und schaut mit ihm fern. Außerdem frisst sie mehr als Fannie und hat schon einen kleinen Kugelbauch.

Fannie ist viel mäkeliger, wenn es ums Fressen geht, probiert ein Häppchen hiervon und eins davon. Am liebsten frisst sie aus Septis Schüssel, und zwar, wenn er dabei ist. Erstaunlicherweise lässt er sie gewähren. Ich finde sie umwerfend niedlich, weil sie ihrer Mutter so ähnlich sieht. Sie hat auch Ottos Vorliebe für tropfende Wasserhähne geerbt. Fannie ist sehr zurückhaltend und nervös, und ich schätze, dass sie um vieles intelligenter ist als ihre Schwester, aber das ist nur eine reine Vermutung. Kurz vor dem Einschlafen leckt

sie meine Augenlider, und sie übernachtet immer in unserem Schlafzimmer. Nachts schlafen die beiden getrennt, obwohl sie tagsüber stets Seite an Seite dösen.

Anfang August hat sich Septis Beziehung zu den beiden leicht verändert, und es kommt sogar hin und wieder vor, dass er mit ihnen spielt. Vor allem Michael findet an diesem Spiel bemerkenswert, dass Septi es nun abbricht, sobald er merkt, dass wir ihn beobachten.

Die ausgeprägte Würde, die allen Katzen eigen ist, beeindruckt mich immer wieder. Manchmal erlaubt er, wenn auch nur für kurze Zeit, dem einen oder anderen der beiden Mädchen, sich zu ihm auf den Sessel zu legen. Versuchen hingegen beide zugleich, sich bei ihm niederzulassen, knurrt er unweigerlich unwillig wie ein brummiger alter Mann, erhebt sich steif, verlässt seinen Ruheplatz und fordert einen von uns Menschen auf, ihn in sein ureigenes Revier im Freien zu entlassen. Es ist schwer zu sagen, ob Septi die Kätzchen nur duldet oder ob er sie gernhat. In dieser Hinsicht werden wir nicht recht schlau aus ihm. Ich würde mir wünschen, dass er sich mit ihnen anfreundet so wie seinerzeit mit Otto, aber das ist vermutlich zu viel verlangt.

Mitte August kommen John und Kathy mit Delilah zu Besuch. Dies ist das erste Mal seit der Geburt unserer beiden Katzendamen, und ich hoffe das Beste, da die zwei ja noch sehr jung sind und eigentlich flexibel sein müssten.

Falsch. Fannie ist wie ihre Mutter und benimmt sich ebenso ablehnend wie Otto, indem sie die arme Delilah bei jeder Gelegenheit angiftet. Titus ist weitaus phlegmatischer, und sie und Delilah reiben sogar das eine oder andere Mal die Nasen aneinander. Wir kommen zu dem Schluss, dass Titus und Delilah die besten Freundinnen werden würden, wenn sie allein wären, während Kratzbürste Fannie nicht im Traum daran denkt, eine fremde Katze in ihrem Zuhause zu dulden.

Während Michael und ich versuchen zu verbergen, welchen unserer drei Vierbeiner wir am meisten lieben, zeigt Damian ganz offen, wen er bevorzugt. Es besteht nicht der Hauch eines Zweifels daran, dass Fannie sein Liebling ist. Damian ist es dann auch, der vor allem bei Fannie (Titus zeigt sich weniger interessiert) für Unterhaltung sorgt. Anfang August hat er auf einer Kirmes im Ort einen Goldfisch gewonnen, den er mitten in der Nacht ins Haus schmuggelt. Ich erfahre von diesem schuppigen Familienzuwachs erst, als ich meine große gelbe Rührschüssel in Damians Zimmer aufspüre, als Aquarium für seinen neuen Freund zweckentfremdet und nicht nur mit Wasser, sondern sogar mit einigen Kieselsteinen auf dem Grund »möbliert«. Mit entwaffnender Förmlichkeit stellt er mir seinen Fisch als »Bertie« vor. Ich weiß noch zu gut, wie viele Fische ich seinerzeit bei meinen Eltern angeschleppt habe, die meine Mutter dann im wöchentlichen Rhythmus entsorgen musste, sodass ich mir einen Kommentar erspare und mich darauf beschränke, Bertie willkommen zu heißen. Kurze Zeit später investiert Damian viel Geld in ein Aquarium komplett mit Deckel und Pumpe, damit Bertie es langfristig schön hat, eine Anschaffung, die wir alle mit einem erleichterten Aufatmen zur Kenntnis nehmen.

Seit Berties Einzug hat vor allem Fannie eine ganz spezielle Willkommenszeremonie entwickelt, die einige komplizierte Übungen umfasst. Nachdem sie Damian davon überzeugt hat, sie in sein Zimmer zu lassen (sie ist die Einzige, die jederzeit Zutritt hat), springt sie sogleich auf die Kommode, auf der Berties Aquarium steht. Der erste Teil der Begrüßung besteht darin, dass sie ebenso vorsichtig wie ausdauernd mit der Pfote seitlich gegen das Aquarium tippt. Dies hat unweigerlich eine elektrisierende und aus Fannies Sicht zweifellos auch willkommene Wirkung auf Bertie, der nun in einem solchen Affenzahn im Wasser seine Runden dreht, dass er dabei sogar Wellen erzeugt. Hierauf springt Fannie oben auf das Regal, das seinerseits hinter dem Aquarium auf der Kommode steht. Von dort aus beobachtet sie Bertie aufmerksam, wobei sie den Kopf von einer Seite auf die andere dreht. Schließlich beugt sie sich weit hinab, um besser sehen und ergründen zu können, ob vielleicht die leise Chance besteht, ihn zu überreden, sein Glasgefängnis zu verlassen und zu ihr herauszukommen. Sie ist ganz fasziniert von ihm und beobachtet ihn endlos.

Ende August kommt Annie zu Besuch und ist erwartungsgemäß ganz verzaubert von den Kleinen. Wir verbringen wieder einen feuchtfröhlichen Abend, und als wir am nächsten Morgen feststellen, dass wir beide ziemlich angeschlagen aussehen, biete ich Annie, die auf dem Wohnzimmersofa schlafen musste, da Damian und John beide zu Hause sind, an, sich in meinem Schlafzimmer anzuziehen und zu schminken. Wie vor einem Jahr, als Otto noch lebte, spielt Annie mit Fannie und Titus in unserem Schlafzimmer, und wie damals höre ich ihr glockenhelles Lachen, als sie sich leise mit den beiden unterhält.

Sie muss früh los, da sie daheim noch einiges zu erledigen hat. Damian erbietet sich zu meiner Überraschung zuvorkommend, die Himmelfahrt auf sich zu nehmen, um Annie nach Hause zu bringen. Da ahnen wir noch nicht, dass wir Damian hiernach mehrere Wochen nicht mehr zu Gesicht bekommen werden, da offenbar nicht nur Fannie sein Herz erobert hat.

Kapitel 21

Als der Sommer langsam in den Herbst übergeht, zeigen die beiden Katzenmädchen deutlichere Zuneigung für und Abhängigkeit von den zweibeinigen Familienmitgliedern, und wir müssen besonders beim Knuddeln vorsichtig sein, da beide verräterische Anzeichen von Eifersucht an den Tag legen.

Diese reichen von klagendem Miauen, während sie den Menschen, dem sie konkret Untreue vorwerfen, unverwandt anstarren (vor allem Fannie) bis zu einem vorwurfsvollen Abwenden und beleidigten Seufzen, das in einem hochnäsigen Davongehen gipfelt, wenn man versucht, sich wieder anzunähern (ein Verhalten, das wiederum vor allem Titus an den Tag legt, um ihren Menschen abzustrafen).

Als unser Urlaub naht, werde ich immer nervöser, je näher die Abreise nach Frankreich rückt. Wir haben beschlossen, die beiden nicht in die Katzenpension zu geben, aber obgleich John daheim sein wird, fürchte ich, die zwei Katzenmädchen könnten denken, wir kämen nicht zurück, so wie schon ihre Mutter und ihr Bruder.

Eve hat sich bereit erklärt, jeden Tag vorbeizuschauen, um die drei zu füttern und ihnen frisches Wasser zu geben. Erst am vergangenen Wochenende hat John seine Pflichten verges-

sen: Als wir heimkamen, war die Wasserschüssel leer, und ich bin gleich in Panik geraten.

Wir verbringen einen wundervollen Urlaub im Languedoc, obgleich ich unsere Katzenmädchen schrecklich vermisse. Außerdem werde ich von Erinnerungen an die wunderbare Otto gequält, die mir nicht mehr aus dem Kopf gehen. Zu meiner großen Erleichterung geht es den Katzen bei unserer Rückkehr bestens, und sie scheinen uns die lange Abwesenheit auch nicht weiter zu verübeln. Ihre Anhänglichkeit ist rührend, und ich komme zu dem Schluss, dass es für Katzen besser ist, zu Hause in gewohnter Umgebung allein zu bleiben, als in einer Katzenpension untergebracht zu werden. Im Nachhinein habe ich ein schlechtes Gewissen wegen meiner Zweifel an Johns Zuverlässigkeit.

Septi seinerseits zeigt uns die kalte Schulter. Er lässt sich weder streicheln noch knuddeln und lässt Michael und mich mehrere Tage lang nicht an sich heran. John und Eve erzählen uns, dass er mehrmals sein großes Geschäft auf dem Badezimmerteppich und draußen vor Johns Zimmertür verrichtet hat. Ich lege jetzt jeden Abend saugfähige Unterlagen für Welpen aus. Diese sind auf der Unterseite mit Plastik beschichtet und zudem mit einer Chemikalie imprägniert, die Tiere dazu verleiten, sie auch zu benutzen. Septi ist in der Regel so entgegenkommend, diese Unterlagen dem Teppich vorzuziehen,

wenn ich allerdings versuche, sie von Johns Tür zu entfernen (nach wie vor sein Lieblingsplatz), »macht« er weiter auf die Schwelle, sodass wir es bei den Unterlagen belassen müssen. Ich habe versucht, ein Katzenklo vor die Tür zu stellen, aber Septi verrichtet sein Geschäft stur neben statt in der Kiste. Ich habe mal gehört, dass es ein Hinweis auf seelischen Stress sei, wenn eine Katze ihre Toilette nicht mehr aufsucht und sich stattdessen an anderen Stellen entleert, und so frage ich mich, was den armen alten Knaben wohl quälen mag.

Als kräftige Windböen, begleitet von nicht minder heftigen Regengüssen, an Fenstern und Türen rütteln und die letzten Stauden im Garten umlegen, wird es endgültig Herbst, und Septi verbringt wieder zunehmend Zeit im Haus. Zu meiner Erleichterung scheint er inzwischen doch eine gewisse Beziehung zu den beiden Mädchen aufgebaut zu haben. Die meiste Zeit verbringt er offenbar mit Fannie. Ob er in ihr ihre Mutter wiedererkennt? Sie flirtet viel offenkundiger mit ihm und sucht ihn auch gezielt auf, im Gegensatz zu ihrer weitaus entspannteren Schwester, die es vorzieht, wenn andere *sie* aufsuchen. Und doch ist es gerade diese gelassene Zurückhaltung, die Titus bisweilen für Septi anziehender macht, da er sie als weniger bedrohlich empfindet, liegt sie doch oft viele Stunden am Stück schnurrend da. Hin und wieder sehe ich ihn zwischen den beiden Mädchen auf dem Sofa liegen, aber bisher habe ich bei den dreien noch nie auch nur ansatzweise jene freundschaftliche Nähe beobachtet, die er mit Otto geteilt hat.

Natürlich sehe ich nicht alles, was sich zwischen ihnen abspielt, und so wie ich Katzen kenne, ist es durchaus denkbar, dass zwischen ihnen viel mehr ist, als ich ahne. Meine drei sind sich selbst treu und hängen nicht alles an die große Glocke.

Etwa um diese Zeit erhalte ich eine E-Mail von meiner Freundin Sue, die seit Monaten den Verlust ihrer geliebten Devon-Rex-Katze Spottiswoode betrauert und wohl weiß, dass langfristig nur eine neue Devon Rex ihr über den Kummer hinweghelfen kann.

```
Von: Sue
An: Marilyn

Liebe Marilyn,
heute habe ich mir ein Devon-Rex-Kätzchen
angesehen. Ich bin den ganzen weiten Weg
bis zu einem Ort in der Nähe von Bedford
gefahren - alle anderen Züchter leben noch
weiter entfernt.
Er ist ein Si-Rex, das heißt, ein Devon Rex
mit einigen Merkmalen einer Blauen Siam-
katze. Er ist elf Wochen alt, und wenn er
auf seinem dicken kleinen Po sitzt, passt
er noch in eine hohle Hand. Er ist nicht
```

ganz reinrassig: Seine Mutter war eine
Burma-Katze, sein Vater ein Rex.
Ich muss gestehen, dass ich den Kleinen
gleich angezahlt habe, und nachdem ich
gesehen habe, wie er sich die Vorhänge
hinaufgehangelt hat, graut mir ein bisschen
vor dem, was mich am Monatsende erwartet.
Gott steh mir bei, wenn er sich nicht mit
den anderen daheim verträgt, aber bei der
Züchterin waren vier Hunde im Haus, dazu
diverse Onkel, Tanten und Geschwister.
Ich hoffe also, dass er eher verträglich
ist.
Nachdem ich einen Chatto und einen Cape
habe, wäre es logisch, ihn Bodley Head zu
nennen, doch das ist kein schöner Name
für eine Katze. Also werde ich ihn Max
Reinhardt nennen, der, wenn ich nicht irre,
durch Putnam Teil von Bodley Head wurde.
Max Reinhardt hat früher einmal einen meiner bevorzugten britischen Humoristen verlegt - Paul Jennings. Darum war ich schon
immer der Meinung, er müsse ein netter
Kerl gewesen sein! Den Nachnamen wird er
nur für Formblätter und den Steuerausgleich
brauchen, und ich finde, Max ist ein guter
Rufname für eine Katze.
Alles Liebe,
Sue

Da ich im Gegensatz zu Sue glückliche Besitzerin eines fahrbaren Untersatzes bin und zudem eine Schwäche dafür habe, kleine Kätzchen abzuholen, bitte ich Sue, mir zu erlauben, sie nach Bedford zu fahren, um ihren neuesten Familienzuwachs abzuholen. Sie hat eine aufregende Zeit vor sich, da sie ihre neue Devon Rex in einen etablierten Haushalt von drei Siam-/Burma-Katzen integrieren muss. Und doch ist Katzennachwuchs aus ebendiesen und noch diversen anderen Gründen eine wunderbare Ablenkung für alle, die sich in einer Trauerphase befinden.

```
Von: Sue
An: Marilyn
Betreff: Lagebericht


Bisheriger Unsinn:


• Ausflug in den Backofen (1 Mal)
• Ausflug in den Kühlschrank (2 Mal)
• Absturz vom Küchenblock mit dem Popo
  voran in die Whiskas-Schüssel (ein Riesen-
  schreck für Nora), leider nicht einher-
  gehend mit bzw. gefolgt von Sturz ins
  Spülbecken
• Sprung auf den heißen Heizkörper
  (einmal und nie wieder)
• Hat schon unzählige Male in Töpfen auf
  dem Herd gestanden
```

- Hat das Fax-Gerät umprogrammiert
- Ignoriert sämtliches extra angeschafftes Spielzeug und amüsiert sich stattdessen ohne Ende mit einem Stück blauer Paketschnur

Allerdings haben »wir« dieses unerwünschte Benehmen dadurch wiedergutgemacht, dass wir ausgesprochen verschmust sind und zwischendurch viel schlafen, um allen eine Atempause zu verschaffen. Haben es sogar geschafft, an Jonathan angekuschelt einzuschlafen, und Nora zeigt sich einigermaßen gnädig, wenn wir aus ihrer Futterschüssel naschen. Chatto war nicht sonderlich beeindruckt von der Androhung, es könnten noch viele Maxe mehr bei uns einziehen, und wenigstens schmollt sie jetzt nicht mehr ganz so offenkundig. Wir erschweren das Ganze ein wenig dadurch, dass wir unseren Arm (oder genauer: die Pfote) ein bisschen zu oft einsetzen, und noch haben wir uns mit den Hausbewohnern nicht so weit angefreundet, dass sich mit ihrem Schwanz Fangen spielen ließe. Fressen ist immer noch unsere Lieblingsbeschäftigung, und wir zeigen uns in diesem Punkt dankbar, indem wir alles Essbare herunterschlingen – einschließlich der Rationen anderer Leute, die

bei aller Toleranz wenig begeistert davon sind, wenn jemand in ihrem Essen herumstakst. Ich denke, du weißt, wen ich damit meine.
Sue

P. S. An dieser Stelle möchte ich anmerken, dass Max Reinhardt in jeder Beziehung ein Traumkater ist. Er ist so hübsch und frech, dass ich beschlossen habe, nur noch Devon Rex zu züchten.

Wir fahren mit den Kätzchen nach Schottland und bleiben eine Woche bei Michaels Bruder John. Die Woche in Schottland ist ein Traum, aber die lange Anreise ist weniger angenehm, und Michaels Verzweiflung lässt mich ernsthaft infrage stellen, ob es wirklich klug ist, mit zwei kleinen Katzen in den Urlaub zu fahren. Auf jeden Fall stellt es eine Ehe auf eine harte Probe, ganz unabhängig davon, wie sinnvoll es für die Katzen selbst sein mag.

Wieder daheim, stürzen wir uns in die umfassenden Vorbereitungen für das Weihnachtsfest und freuen uns schon auf die Feiertage, die John und Damian beide bei uns verbringen werden. Oliver muss leider arbeiten und bleibt darum bei seiner Mutter in Wales, sodass wir auf das Vergnügen seiner Gesellschaft werden verzichten müssen.

Septis »Problem«, das sich in den vergangenen Monaten immer wieder manifestiert hat, hat sich – wie ich hoffe, dauerhaft – gelegt. Er toleriert die Katzenmädchen weitgehend, und manchmal scheint es sogar, als genieße er ihre Gesellschaft. Seine Unsauberkeit war also möglicherweise nur ein vorübergehender Protest.

Kapitel 22
Dezember

Mein Exmann Geoffrey, mit dem wir beide gut befreundet sind, lädt uns zu sich in die Yorkshire Dales ein und schließt sogar die beiden Katzendamen in das großzügige Angebot mit ein. Er hat nie viel für Katzen übrig gehabt – ich weiß seine Großzügigkeit also umso mehr zu würdigen. Er lebt in einem geräumigen georgianischen Haus in Dales, in dem wir viele Jahre zusammen gewohnt haben, und ich kann mir lebhaft vorstellen, mit welcher Begeisterung Titus und Fannie es erkunden werden. Michael und ich beladen den Wagen und brechen guter Dinge auf wie schon zuvor bei unserer großen Expedition nach Schottland.

Es ist schon seltsam, wie selektiv die Erinnerung sein kann in dem, was sie speichert oder löscht. Irgendwie hat die Hektik der Vorweihnachtszeit die Erinnerung an die unerfreuliche Fahrt nach Schottland verdrängt, doch es dauert nicht lange, und die Erinnerung kehrt mit aller Gewalt zurück.

Wir biegen von der A1 nach Westen ab, um das Ute-Tal zu durchqueren, immer den Strom entlang, der sich seinen Weg an verschiedensten Hindernissen vorbei gesucht hat und sich, gespeist von einem unendlichen Wasservorrat aus den Pennine-Bergen, in endlosen Kurven und Windungen durch die Landschaft schlängelt. An dieser Stelle der Autofahrt wird mir klar, dass es nicht mehr lange dauern kann, bis die Katzen von der Reisekrankheit befallen werden, eine Komplikation, die ich hätte voraussehen müssen.

Meine eigene Freude auf mein altes Zuhause wird empfindlich getrübt von Michaels zunehmendem Entsetzen angesichts der Geruchsbelästigung und der Stopps alle paar Meilen zwecks Reinigung von Transportkiste und Katzen. Mir ist klar, dass sein hieraus resultierendes »Nein, diesmal ist es definitiv: Das war endgültig das letzte Mal. Niemals wieder« eine ernst zu nehmende Drohung darstellt.

Als wir an unserem Bestimmungsort eintreffen, ist es bereits dunkel, und wir parken auf der Rückseite von Park House. Wir werden von Geoffrey empfangen, der uns mit denselben Worten begrüßt wie alle Besucher, die sich seinem Haus von dieser Seite nähern. Ein Willkommensspruch, der uns bei vorausgegangenen Besuchen immer ein Schmunzeln entlockt hat: »Passt *bitte* auf, wo ihr hintretet, hier liegt überall Hundescheiße.«

Besucher, die ungewollt »Visitenkarten« an den Schuhen ins Haus tragen, sind ihm seit einer solchen Erfahrung einige Jahre zuvor ein Graus. Der schmale Pfad hinter dem Haus ist eine beliebte Abkürzung für Hundehalter sowie allein umherstreunende Hunde, die, wie Geoffrey steif und fest behauptet, den Hang direkt vor dem Fenster seines Lesezimmers zu ihrem Lieblingsklo erkoren haben. Es ist mir unsagbar peinlich, ihm mitteilen zu müssen, dass wir etwas viel Schlimmeres mitgebracht haben. Ich schleiche hinten um den Wagen herum und begrüße ihn mit einem dicken Kuss, während Michael vornerum geht und ihn in die Arme schließt. Dann schieben wir ihn mit sanfter Gewalt zurück ins Haus. Ich kehre sogleich zum Wagen zurück und versuche, diskret die gesammelten Papiertücher mit den Hinterlassenschaften unserer Katzen in einem Müllbeutel und anschließend im Abfalleimer zu entsorgen, ohne dass er mitbekommt, was ich da eigentlich tue.

Es ist ein bitterkalter Abend, und draußen friert es bereits kräftig, aber im Haus ist es kuschelig warm. Die Zentralheizung ist bis zum Anschlag aufgedreht, und im Wohnzimmer lodert ein großes Feuer im Kamin. Dankbar versinken wir im heimeligen Luxus des warmen Hauses und lassen die Katzen aus ihrem Käfig. Begeistert von der wiedererlangten Freiheit, springen sie sogleich übermütig umher. Endlich kein Übelkeit erregendes Schaukeln mehr, sondern stattdessen riesig Platz und unzählige neue Verstecke! Alles, was das Katzenherz begehrt.

Geoffrey meldet bescheiden die Bitte an, die Katzen mögen einige wenige Räume des Hauses nicht betreten, und ich versuche auch mein Bestes, um seine Wünsche zu respektieren, allerdings erweist sich das als unerwartet schwierig. Die Mahlzeiten entpuppen sich als größter Stolperstein, da die Katzen es von zu Hause her gewöhnt sind, bei uns zu sein. Ich bin jedoch ganz gerührt zu sehen, wie Geoffrey die beiden Racker immer mehr ins Herz schließt. Er war schon immer mehr ein Hundeliebhaber, und wir beide hatten vor Jahren eine sehr innige Beziehung zu unserem gelben Labrador Sam. So wie viele Hundeliebhaber, die noch nie eine Katze aus der Nähe erlebt haben, hat er immer behauptet, Katzen nicht leiden zu können. In seinen Augen waren es egozentrische, kratzbürstige, eigenwillige Tiere.

Die Liebe eines Hundes ist überwältigend für denjenigen, dem sie entgegengebracht wird, ganz gleich, ob man sie nun wünscht oder nicht. Hundeliebe ist bedingungslos, die selbstloseste Art der Liebe, die es gibt. Ich für meinen Teil denke, dass dies für einen bislang reinen Hundefreund keine gute Vorbereitung ist für die Welt der Katzen, für die Liebe einer Katze, ihren Stoizismus und ihre Loyalität – ganz zu schweigen von ihrer Sturheit. Außerdem natürlich für ihren Mut, ihre Anmut und ihren Humor, Eigenschaften, die typisch sind für diese Spezies. Und das versuche ich nun, ihm begreiflich zu machen. Aber fürs Erste reicht es, dass er Fannie und Titus belustigt und mit sichtlichem Vergnügen beobachtet. Es sind zwei sehr freundliche Katzen, und so wird die Aufmerksamkeit, die er ihnen schenkt, durch kleine Gesten der Zuneigung in ihrer ureigensten knappen Katzenart belohnt. Geoffrey ist zudem ganz begeistert von Fannies mädchenhafter Art, sich zu bewegen, sowie von Titus' direkterer Annäherung, die darin besteht, sich auf den Rücken zu werfen, um sich den Bauch kraulen zu lassen, oder einem einfach ohne viel Federlesens auf den Schoß zu springen.

Alles in allem ist es wie immer bei Geoffrey in Gayle ein ganz wunderbarer Urlaub. Michael und ich nutzen die Gelegenheit, um Freunde aus alten Tagen in der Nähe zu besuchen, die sich ein wenig verwundert zeigen, dass wir mit unseren beiden Katzen im Gepäck angereist sind. Da sie aber alle Katzenliebhaber sind, zeigen sie durchaus Verständnis für unseren Tick.

Beim Abschied erklärt Geoffrey großzügig, dass wir die Mädchen gern wieder mitbringen dürfen, doch ich weiß, auch ohne mit Michael darüber gesprochen zu haben, dass dies ihr letzter Ausflug war, da sie das Autofahren so gar nicht vertragen.

Die Heimreise erweist sich als ebenso unerfreulich wie die Hinfahrt. Etwas südlich von unserer Auffahrt hat sich auf der M1 eine Karambolage ereignet mit hieraus resultierendem endlos langem Stau, sodass wir mehrere Stunden festsitzen. Schließlich bleibt uns nichts anderes übrig, als gegen alle Regeln den protestierenden Gefangenen Freigang im Wageninneren zu gestatten, bis die Polizei die Unfallstelle geräumt und die Autobahn wieder für den Verkehr freigegeben hat. Diese Episode besiegelt nun endgültig den Entschluss, die Katzen nie wieder mit auf Reisen zu nehmen.

Kapitel 23
Neujahr

Wir kehren rechtzeitig zu Silvester und dem ganzen Drumherum nach Moon Cottage zurück. Spät nachts schlendern wir zur Kirche, wo zwar kein offizieller Gottesdienst stattfindet, sich jedoch ein gutes Dutzend Menschen eingefunden haben, um das neue Jahr im stillen Gebet willkommen zu heißen. Punkt Mitternacht beginnt das Feuerwerk, und der grüne und pinkfarbene Widerschein der Raketen und Funkenspiralen erhellt die dunklen Kirchenfenster. Überall um uns herum wird applaudiert und gelacht.

Wir verlassen die Kirche, wünschen allen ein glückliches neues Jahr und machen uns auf den Heimweg. Mit jedem, dem wir begegnen, tauschen wir mit echter Wärme und Zuneigung Neujahrsgrüße aus. Es ist ein ganz besonderer, feierlicher Moment.

Als wir uns dem Haus nähern, wird der Himmel über uns wieder und wieder in buntes Licht getaucht von unzähligen Raketen, und die Nacht ist erfüllt vom Lärm unterschiedlich lauter Feuerwerkskörper. Wir wechseln einen Blick und beschleunigen den Schritt. Zu spät fällt uns ein, welche Panik das Knallen bei Septi auslöst. Wir sperren auf und rufen nach ihm, aber er lässt sich nicht blicken. Fannie und kurz darauf auch Titus kommen, um uns zu begrüßen, anscheinend unberührt von dem Radau draußen. Septi bleibt jedoch verschwunden. Schließlich gelingt es uns doch noch, ihn aufzuspüren: Er kauert auf dem Polster eines Esszimmerstuhls, unter dem überhängenden Rand des Tischtuches. Seine Augen sind riesengroß, und er hockt da wie ein Häufchen Elend. Er hat die Stirn in Falten gelegt, und seine Wangen wirken aufgeblasen wie Hamsterbacken, wodurch seine Schnurrhaare stärker abstehen als gewöhnlich. Die Ohren sind entweder flach an den Kopf angelegt oder aber extrem gespitzt, und seine Nasenflügel zucken.

»O Septi, es ist alles gut, Junge. Ich versichere dir, es ist alles okay. Das Feuerwerk wird dir nicht wehtun.« Michael hält den alten Kater in den Armen, und ich komme herüber, um ihn ebenfalls zu streicheln. »Wenn ich diesem grässlichen Krach ein Ende bereiten könnte, Septi, würde ich es tun«, murmele ich.

Ich habe mir schon öfter Sorgen gemacht, weil seit zwei Jahren oder vielleicht auch länger in einer Nachbarstraße zu allen möglichen Gelegenheiten Raketen abgeschossen werden, beispielsweise zum Sieg der lokalen Fußballmannschaft, zu Geburtstagen, Jubiläen und weiß Gott was noch alles, sodass man sich nicht mehr darauf einstellen kann. Feuerwerk versetzt manchen – und damit meine ich durchaus nicht nur Tiere – in Angst und Schrecken, und ich denke, diejenigen, die sie abfeuern, sollten sich einmal vor Augen halten, wie beängstigend dieser Lärm für andere sein kann. Hiervon einmal abgesehen, gebe ich allerdings zu, dass es ganz okay ist, wie im vorliegenden Fall an Silvester Raketen abzuschießen.

Michael und die Jungen haben keinen Schimmer, was in Septis Jugend geschehen sein mag, das ihn derart traumatisiert hat. Vielleicht war er einmal zu dicht an einem Feuerwerkskörper, als der explodierte, und hat den Schreck nie verwunden. Denkbar wäre allerdings auch, dass manche Katzen und Hunde sowie auch Pferde, Rinder und Schafe und natürlich auch unzählige Tiere in freier Natur sich schlicht vor dem unangenehmen, bedrohlichen Knallen fürchten und diese Furcht ein ganzes Leben nicht ablegen.

Der Frühling bricht an, und mit ihm verändern sich die Mädchen merklich. Sie wachsen zu richtigen »Teenagern« heran. Fannie, die immer mädchenhafter wird und für gewöhnlich sehr genau darauf achtet, wo sie ihre Pfoten hinsetzt oder sich hinlegt, fängt an, alles Mögliche kaputt zu machen.

Als ich eines frühen Abends das Zimmer betrete, sehe ich gerade noch, wie sie meine Schreibtischlampe umwirft, wobei die Glühbirne zu Bruch geht. Während ich sie noch mit offenem Mund anstarre, schmeißt sie vor meinen Augen den Drucker herunter und zieht dabei sämtliche Kabel heraus. Manchmal rennt sie wie eine Wahnsinnige im Kreis, als wäre der Leibhaftige hinter ihr her – oder genauer: sie hinter dem Leibhaftigen.

Titus gibt sich erwachsener und verfolgt die Kapriolen ihrer Schwester missbilligend, wenngleich ich manchmal argwöhne, dass Titus nur deshalb nicht so wild umherspringt, weil sie hierfür schlicht zu dick und zu faul ist. Die beiden spielen allerdings immer noch leidenschaftlich gern Fangen, und diesmal scheint das Spiel gar kein Ende nehmen zu wollen. Es beginnt unten, dann poltern sie die Treppe hinauf, jagen sich durch den ganzen oberen Flur, flitzen unter Johns Bett, von dort in unser Zimmer und wieder die Treppe hinunter. Sie veranstalten bei dieser wilden Verfolgungsjagd ein Höllenspektakel, und hinterher sind sie beide ganz außer Atem.

Fannie hat außerdem begonnen, mit beiden Pfoten nach Bertie zu fischen, wenn das Aquarium nicht mit dem dazugehörigen Deckel gesichert ist. Manchmal balanciert sie auf dem Rand des Glasbeckens und taucht beide Vorderpfoten gleichzeitig ins Wasser. Es ist schon nervenaufreibend, diese Übung von außerhalb des Aquariums zu beobachten, aber Bertie muss es regelrecht in Todesangst versetzen, und deshalb muss es ein Ende haben, auch wenn nicht wirklich die Gefahr besteht, dass sie ihn tatsächlich erwischen könnte.

Titus hat ganz eindeutig eine Vorliebe für Männer, und wenn sie die Wahl hat, lässt sie sich unweigerlich auf einem Männerschoß nieder. Als Rotschopf steht sie vor allem auf dunkle Anzüge, marineblau oder besser noch schwarz, damit man hinterher auch die Spuren ihrer Zuneigung sieht. Sie erklimmt ganz selbstverständlich den Schoß jedes männlichen Wesens in unserem Haus, um dann nach einer Weile ganz langsam und vorsichtig an dessen Schulter hinaufzuklettern und schließlich, in der Armbeuge hockend, schnurrend den Kopf an der Wange ihres Auserwählten zu

reiben. Derzeit ist John ihr erklärter Favorit, dicht gefolgt von Michael.

Fannie liegt lieber neben Menschen als auf ihnen drauf, und für gewöhnlich entscheidet sie sich für mich oder für Damian, wenn der in der Nähe ist. Sie wartet regelmäßig morgens draußen vor der Badezimmertür, wenn sie hört, dass ich die Dusche anstelle. Sobald ich dann die Tür öffne, läuft sie sofort herein und springt auf meinen Schoß, um sich ihre morgendliche Kuscheleinheit abzuholen, die längst zu einem festen Ritual geworden ist. Offen gestanden schöpfe ich so viel Frieden und Ruhe aus diesen Schmuseeinheiten vor der Arbeit, dass es mir sehr schwerfallen würde, darauf zu verzichten. Kein Wunder, dass Krankenhauspatienten die Gesellschaft von Tieren als heilsam empfinden.

Septis Sauberkeitsproblem hält in dieser Zeit leider an, aber wir haben gelernt, über die verschmutzten Unterlagen vor Johns Zimmertür im Obergeschoss hinwegzusteigen, wenngleich es für John natürlich weitaus schlimmer ist als für uns andere. Am Samstag, dem ersten April, steht das Halbfinale im FA-Cup in Wembley an, Aston Villa gegen Bolton Wanderers, wobei Letzteres deshalb von Bedeutung ist, weil Geoffrey als ein Ehemaliger von Bolton natürlich glühender Anhänger dieser Mannschaft ist. Und so besorgen Michael und Geoffrey sich ohne mein Zutun Karten, und Geoffrey verbringt das besagte Wochenende bei uns. Da mir Geoffreys Ekel vor jedweden tierischen Hinterlassenschaften nur zu bekannt ist, blicke ich dem Wochenende hinsichtlich der Katzenfront mit gemischten Gefühlen entgegen, aber abgesehen von einem geringfügigen »Aufstoßen« (und dank meines frühen Aufstehens zwecks Beseitigung sämtlicher Spuren) kommt Septi noch einmal ungeschoren davon.

Es sagt eine Menge über Geoffreys neu erwachte Zuneigung zu den Kätzchen aus, dass er, obwohl Bolton im abschließenden Elfmeter-Schießen geschlagen wird, mit Michael heimkommt und sogar noch so gnädig ist anzumerken, dass unsere Mädchen die einzigen Katzen seien, die er leiden könne. Ich denke, das liegt vor allem daran, dass die beiden die ersten Katzen überhaupt sind, zu denen ihm der Kontakt anfangs förmlich aufgezwungen wurde.

Eine knappe Woche nach Geoffreys Abreise fällt mir auf, dass Septi kaum noch etwas frisst. Er schläft immer mehr und verbringt die meiste Zeit zusammengerollt auf Michaels Lieblingssessel. Ich versuche, ihn mit seinem Lieblingsfutter zu ködern. Septi hat schon immer gern »richtiges« Essen bevorzugt, während die Mädchen süchtig sind nach Trockenfutter von Hill's und sich nicht dazu verführen lassen, etwas anderes anzurühren, einmal abgesehen von einem geteilten Päckchen Nassfutter von Friskies täglich. Septi hingegen liebt Sardinen, Schinken, Lachs, Krabben und Dosenfutter von so ziemlich jeder Marke. Trockenfutter hingegen verschmäht er.

In dieser Zeit lässt er sich anfangs noch zu etwas Lachs oder einem Stück Schinken überreden, aber schon bald darauf lässt er auch diese Delikatessen stehen. Ich habe begonnen, ihn sehr genau zu beobachten, und zweimal habe ich gesehen, wie er beim Umdrehen ein kaum hörbares Miauen von sich gegeben hat. Ich mache mir Sorgen, möchte Michael jedoch vorerst noch nichts sagen.

Schließlich spreche ich das Thema aber doch an. »Michael, ich glaube, der alte Knabe hat Schmerzen. Ich habe beobachtet, wie er bei manchen Bewegungen stöhnt, und du weißt, dass er nicht wehleidig ist.«

»Bist du sicher? Nein ... dir geht es gut, oder, alter Junge?« Michael streichelt ihn sanft. Dann legt er ihm rechts und links die Hände auf den Brustkorb und drückt vorsichtig zu. Und da hören wir beide das eigentümliche Stöhnen, gefolgt von einem tiefen Seufzer. Ich sehe, wie sich Michaels Gesicht vor Trauer umwölkt, und ich verspüre um seinet- wie um Septis willen einen schmerzhaften Stich.

Es fällt mir weitaus schwerer, ein Tier leiden zu sehen als einen erwachsenen Menschen. Ich denke, ich empfinde so ähnlich wie Eltern, deren Kind verängstigt und mit Schmerzen im Krankenhaus liegt. Man fühlt sich schrecklich ohnmächtig, weil man dem Betreffenden weder erklären kann, was mit ihm passiert, noch seine Schmerzen zu lindern vermag.

Am nächsten Tag fahre ich zur Tierklinik, diesmal mit Septi in der Transportkiste. Da ich lange nicht mehr mit ihm beim Tierarzt war, weiß ich nicht, was mich erwartet. Umso trauriger stimmt mich sein zorniges Geheul, mit dem er seinen Unwillen und seine Furcht kundtut und das bis zu unserer Ankunft in der Praxis anhält.

Bei diesem ersten Termin sind wir bei James, der seine Sorge um Septi nicht verhehlen kann und ein Antibiotikum verschreibt, für den Fall, dass eine Infektion seine Beschwerden verursacht. Wieder daheim, frisst Septi anfangs etwas besser, und ich hoffe wider jede Vernunft, dass die Tabletten ihn kuriert haben. Es dauert jedoch nicht lange, bis er das Fressen erneut einstellt, und jetzt steht zweifelsfrei fest, dass er Probleme mit dem Magen hat.

Wir fahren noch mal zum Tierarzt und landen wieder bei James. Er untersucht Septi ebenso vorsichtig wie sorgfältig.

»Wie alt, sagten Sie, ist er?«

»Achtzehn oder neunzehn, ganz sicher sind wir da nicht.«

»Er hat ein langes Leben gehabt, wissen Sie.«

Ich warte, innerlich gewappnet.

James schaut mich an. Ich weiß, dass er überlegt, wie er sich ausdrücken soll. Es ist manchmal schwer, Tierarzt zu sein, weil man es ja nicht nur mit Tieren, sondern auch mit deren Besitzern zu tun hat.

Ich halte seinem Blick stand und fordere ihn leise auf: »Los, sagen Sie schon.«

»Ich denke, Sie wissen bereits, was ich sagen werde. Ich glaube, Ihr Kater hat Krebs, und zwar im fortgeschrittenen Stadium, allerdings...«, fährt er fort, als er sieht, wie mir die Tränen in die Augen schießen, »denke ich auch, dass er noch ein Weilchen ganz gut damit leben kann. Es gibt da auch etwas, das wir für ihn tun können. Sind Sie bereit, es zu versuchen?«

Ich nicke nur stumm.

Er kramt in einer riesigen Schublade hinter ihm, während ich Septi hilflos streichle, dann fördert er die unvermeidbare Spritze zutage und verabreicht Septi eine Riesendosis Steroide.

»Sie müssen sich darüber im Klaren sein, dass ihn das nicht heilen wird. Ich hoffe aber, dass es sein Leben etwas verlängert. Das Mittel könnte außerdem seinen Appetit anregen. Ich habe ihm eine sehr hohe Dosis Steroide gespritzt, doch Katzen vertragen auch erstaunliche Mengen dieses Präparates. Innerhalb der nächsten zweiundsiebzig Stunden wird sich zeigen, ob es etwas bringt oder nicht.«

Als ich nach meiner Rückkehr vom zweiten Tierarztbesuch John und Michael berichte, sind die beiden am Boden zerstört, und ich finde einfach keine Worte, um sie ein wenig aufzurichten. Tierliebe hat ihren Preis; sie ist früher oder später immer mit Schmerz verbunden.

Schon am darauffolgenden Tag frisst Septi wie seit Jahren

nicht mehr. Er probiert Hühnchen, Fisch und sogar etwas Schinken, und ich denke, er würde noch vieles andere hinunterschlingen, wenn wir ihn denn ließen.

Michael, der ewige Optimist, sieht grinsend zu, wie Septi noch eine Schale Futter verdrückt. Er meint, es sei ein Wunder und Septi käme wieder auf die Beine. Ich wünschte so sehr, es wäre so. Die Augen des alten Katers blitzen wieder, und zum ersten Mal seit Tagen behält er Futter bei sich. Es scheint tatsächlich so, als wären die Schmerzen verschwunden.

Aber James hatte mich bei meinem letzten Besuch in der Klinik gewarnt, dass er bei Septis nächstem Rückfall nicht mehr in der Lage sein würde, mir zu helfen. Ich würde instinktiv wissen, wann der richtige Zeitpunkt gekommen sei, um »zu handeln«. Ich bin mir da nicht so sicher.

```
Von: Marilyn
An: Sue


Was Septi betrifft, glaube ich, dass er
nicht mehr viel Zeit hat, und das Schlimme
ist, dass ich nicht weiß, wann und wie ich
das gefürchtete Ende einleiten soll.
Michael ist verzweifelt, immerhin hat er
ihn vor fast zwanzig Jahren als ganz junge
Katze bekommen.
Marilyn
```

Von: Sue
An: Marilyn

Wie furchtbar. Nachdem mein Spotty mit neunzehn Jahren gestorben ist, kann ich gut nachempfinden, wie ihr euch fühlt. Charlotte, meine erste Katze, hatte auch Krebs, und wir haben sie einschläfern lassen, als sie anfing, nur noch zu kauern, statt zu liegen, und nicht mehr gefressen hat. Trotzdem quält einen die Frage, ob man wirklich das Richtige getan hat. Es ist schrecklich, Gott spielen zu müssen. Mir hat geholfen, dass der Tierarzt zu uns gekommen ist und sie in ihrer gewohnten Umgebung einschlafen konnte. Ich habe sie bis zuletzt im Arm gehalten, sodass der Übergang für sie so schmerzlos war wie nur möglich. Du solltest also, wenn es so weit ist, den Tierarzt zu euch kommen lassen. Ich fühle mit euch.
Sue

Septi ist aufgrund der Unmengen Futter, die er hinunterschlingt, vorübergehend wieder zu Kräften gekommen, aber Huhn und gewöhnlichen Fisch verschmäht er inzwischen wieder. Er frisst nur noch kalten Schinken und heißen Speck, was zweifellos seltsam anmutet, doch ganz offensichtlich bekommt Schwein ihm am besten. Er ist trotz seines grenzenlosen Appetits spindeldürr, läuft jedoch im Haus herum und geht nach draußen, um all die wichtigen Dinge zu erledigen, die zu einem Katzendasein so dazugehören.

Michael, John und ich finden ihn unglaublich tapfer. Wir sind sicher, dass er Schmerzen hat, aber sein Durchhaltevermögen ist phänomenal. Er liegt abwechselnd auf dem Sofa und auf dem Sessel, und die Mädchen kommen zwar immer mal wieder in seine Nähe, halten jedoch offenbar respektvoll Abstand. Wenn sie durch das Zimmer laufen, schauen sie zwar zu ihm hoch, springen aber nie zu ihm hinauf.

Ich beobachte, dass John und Michael sich immer wieder Zeit nehmen, um sanft mit Septi zu sprechen, und die beiden tun mir schrecklich leid. Wenn sie nicht in der Nähe sind, rede ich ebenfalls mehr mit ihm als je zuvor, da Septi früher immer so eigenbrötlerisch war, dass es mir irgendwie impertinent erschienen wäre, ihn in dieser Art zu belästigen.

Als er weiter abnimmt und immer mehr Zeit verschläft, frage ich Michael, was ich in Sachen Tierarzt unternehmen soll. Er scherzt, dass Septi ein katholischer Kater sei und deshalb Euthanasie für ihn nicht infrage komme. Mir steigen Tränen in die Augen, als ich meinen Mann umarme, der sich schlicht weigert zu erkennen, dass es mit Septi zu Ende geht. Aber Scherz hin oder her, das macht es auch nicht einfacher zu entscheiden, wann und wie er erlöst werden soll.

Kapitel 24

Septi rührt sich kaum noch vom Sofa oder von Michaels Ledersessel fort. Er frisst nicht mehr, trinkt aber noch kleine Mengen Wasser. In der letzten Zeit hat er sein Geschäft fast nur noch im Wohnzimmer verrichtet, und mir ist aufgefallen, dass er beim Schlafen fast immer dem Raum den Rücken zugekehrt hat. Mein Vater, ein Arzt, hat stets gesagt, dass es ein wichtiger Hinweis sei, wenn ein Patient den Kopf ständig der Wand zugewandt hält.

Am Mittwoch vor Ostern fahre ich ins West Country, um Paul und Sue zu besuchen, und als ich abends zurückkomme, rührt Septi sich nicht. Da weiß ich, dass der Augenblick gekommen ist. Das Osterwochenende steht vor der Tür, und während der Feiertage wird es schwierig werden, einen Tierarzt zu bekommen. Außerdem kann ich ihn nicht noch länger leiden sehen. Es ist wirklich unerträglich.

Michael und ich unterhalten uns darüber, und mir wird klar, dass er es auch nicht länger aushält. Eines ist uns beiden klar: Septi wird so oder so sterben, ganz egal, was wir tun.

Am darauffolgenden Tag fahren Michael und John beide zur Arbeit. Ich bin oben, als John das Haus verlässt, und so höre ich nicht, wie er sich von Septi verabschiedet. Aber ich weiß, dass er dem geliebten Kater Lebewohl sagt, und kann mir denken, wie sehr es ihn schmerzt. Als Michael ebenfalls Anstalten macht zu gehen, bin ich zu feige, um dabeizubleiben, als er Abschied nimmt. Doch kurz darauf höre ich ihn bis ins Nebenzimmer, in das ich mich geflüchtet habe, schluchzen. Ich gehe zu ihm und bin erschüttert von seiner Trauer.

Nachdem die beiden weg sind, wird es im Haus totenstill. Ich bitte Septi um Vergebung, obwohl ich weiß, dass das zu viel verlangt ist. Ich rufe in der Tierklinik an, erkläre die Situation und bitte um einen Hausbesuch. Sie fragen, ob ich mir ganz sicher bin, dass es auch nötig ist, worauf ich ziemlich gereizt entgegne: »Ja. Ich bin absolut sicher.«

»Es kommt jemand raus, voraussichtlich innerhalb der nächsten zwei Stunden.«

Das wäre dann also spätestens gegen elf Uhr.

Es ist ein grauenhafter Tag. Ich sehe immer wieder nach Septi, obwohl ich fürchte, er könnte die negativen Schwingungen empfangen, die ich aussende, und meine niederträchtigen Pläne erahnen.

Um eins rufe ich erneut in der Tierklinik an, und es heißt, die Tierärztin hätte an diesem Vormittag zahlreiche Notfälle gehabt.

Um halb drei wähle ich ein drittes Mal die Nummer der Tierklinik. Immer noch keine konkreten Angaben, wann die Tierärztin nun endlich kommt.

Um Viertel nach drei klingelt es an der Tür, und als ich öffne, steht die Veterinärin mit der Tasche in der Hand auf der Schwelle. Inzwischen fällt mir das Sprechen schwer. Sie ist sehr nett und entschuldigt sich für ihr spätes Kommen. Sie sagt, sie hätte einen albtraumhaften Tag hinter sich und habe gerade erst einen Hund einschläfern müssen, der bei einem besonders schlimmen Unfall schwer verletzt worden sei.

Sie öffnet ihre Tasche, holt alle Utensilien heraus und erledigt das Notwendige sehr sanft und schnell. Unglücklicherweise verursacht die Nadel in seiner Beinvene Septi Schmerzen, sodass er miauend versucht, vor ihr wegzulaufen. Es tut mir in der Seele weh zuzusehen. Die Ärztin versucht, ihn festzuhalten, und ich gehe hinüber, um bei ihm zu sein. Sie gibt ihm eine zweite Spritze, und kurz darauf fühle ich durch die Hand auf seiner Seite, dass er aufhört zu atmen.

Der alte Kämpe, der Unbeugsame, ist tot.

Ich habe eine Kiste mit einem Laken vorbereitet, in die ich ihn legen möchte, und so stehe ich auf, um diese aus dem Nebenzimmer zu holen. Ich möchte ihn wegbringen, bevor die »Mädchen« ihn sehen.

»Nein, nein«, sagt die Tierärztin. »Tun Sie das nicht. Es ist sehr wichtig, dass sie ihn so sehen und begreifen, dass er tot ist, sonst werden sie nicht trauern, und das wäre nicht gut für sie. Legen Sie ihn in die Kiste, und dann rufen Sie die beiden. Lassen Sie sie an ihm schnuppern.«

Wir legen ihn also in die Kiste, und ich verzichte darauf, ihn mit dem Laken zuzudecken. Dann rufen wir Fannie und Titus. Sie nähern sich der Kiste, ganz vorsichtig und doch neugierig. Beide treten an seinen Kopf und schnuppern an seinen Ohren, seinen Augen und seiner Nase. Dann wechseln sie einen Blick und gehen gemeinsam davon, seltsam distanziert und doch scheinbar einig.

Ich unterhalte mich noch eine Weile mit der Tierärztin und bin außerordentlich dankbar für ihr Mitgefühl und ihr Verständnis. Sie geht, und als sie fort ist, wickle ich Septi in das Laken und trage ihn in seiner Kiste ins Gewächshaus. Ich zünde rechts und links der Kiste eine Kerze an, und dieserart aufgebahrt, wartet er auf Michaels Rückkehr. Ich weiß, dass er ärgerlich sein wird wegen der Kerzen, doch mir ist ebenso klar, dass er so oder so gereizt sein wird.

Wir beten für Septi und begraben ihn unter dem Birnbaum. Hinterher gesteht mir Michael: »Heute wäre ich zum ersten Mal, seit wir zusammen sind, lieber nicht nach Hause gekommen. Ich habe den ganzen Tag gewusst, dass Septi bei meiner Heimkehr nicht mehr bei uns sein würde.«

Dann meinte er, dass die Kerzen neben Septis »Sarg« ihm irgendwie geholfen hätten. Ich weiß genau, was er meint, und ich verdanke diesen Tipp meiner weisen Freundin Sue. Als mein Hund Sam, der an einer schlimmen Niereninfektion litt, eingeschläfert wurde, habe ich den Fehler gemacht, den Leichnam zum Verbrennen beim Tierarzt zu lassen. Meine letzte Erinnerung an Sam ist die, wie er in einem Müllsack unsanft über den gepflasterten Hof geschleift wird. (Dieses gleiche Bild habe ich in Zusammenhang mit dem Tod meiner Mutter vor Augen. Natürlich wurde sie nicht in einem Müllsack über einen gepflasterten Hof geschleift, doch der Bestatter brachte sie in einem schwarzen Leichensack, der genauso aussah wie ein Müllsack, hinaus, und ich musste achtgeben, dass mein armer, völlig aufgelöster Vater nicht mitbekam, wie man sie dieserart an seinem Arbeitszimmerfenster vorbei transportierte.)

Von: Sue
An: Marilyn

Ich wünschte, Menschen (die selbst keine Haustiere haben) würden jenen, die ein geliebtes Tier verloren haben, mehr Mitgefühl entgegenbringen. Die Tiere geben so viel und verlangen so wenig an Gegenleistung, dass man nur schwer beschreiben kann, was für eine Lücke sie hinterlassen, wenn sie von uns gehen. Ich weiß nicht, ob es richtig ist, das Folgende zu erwähnen, aber als Spotty starb, habe ich mir große Vorwürfe gemacht, weil ich nur einen alten Karton da hatte, um ihn hineinzulegen. Ich fühlte mich um vieles besser, nachdem ich eine brandneue Katzentransportkiste gekauft hatte. Ich bettete ihn auf einem sauberen Kissen und legte ein paar Blumen dazu. Hinterher fühlte ich mich viel besser, warum, weiß ich auch nicht, aber es war so.
Alles Gute,
Sue

Sue hat mir also nicht nur den entscheidenden Tipp gegeben hinsichtlich des letzten Tierarztbesuches, sondern außerdem dafür gesorgt, dass der gute alte Septi würdevoll bestattet wurde. Umso trauriger stimmte mich folgende Mail, die ich wenig später von ihr erhielt:

Von: Sue
An: Marilyn

Ich wollte dich nur wissen lassen, dass ich ebenfalls meine »Oma« verloren habe. Die arme alte Nora hat rapide abgebaut, und letzte Woche war ich ein letztes Mal mit ihr beim Tierarzt. Ich hatte mehr Glück als du, da er mich nach der Sedierung eine Weile mit ihr allein ließ, bis sie eingeschlafen war, und ihr dann erst die tödliche Injektion verabreichte. Sie hat also im Gegensatz zum armen alten Septi gar nichts mehr davon mitbekommen. Ich war sehr gerührt von seiner Sensibilität, und er schlug sogar vor, ich solle mich vor sie stellen, damit sie mich beim Einschlafen sehen könne. Ich wusste, dass es so kommen würde, war also darauf vorbereitet. Trotzdem ist es immer wieder furchtbar, mit einer leeren Transportkiste heimzugehen. Es ist komisch, so ohne sie. Die anderen scheinen sie nicht sonderlich zu vermissen, auch wenn ihr Verhalten untereinander sich seither verändert hat. Offensichtlich hat sie Max zu Lebzeiten beschützt, denn seit sie nicht mehr da ist, muss er einiges mehr einstecken. Das Leben geht weiter…
Sue

Unmittelbar nach Septis Tod verhalten die Katzenmädchen sich ausgesprochen seltsam. Die letzten drei Abende haben sie immer wieder in Ecken gelauert, um einen ganz plötzlich anzuspringen, und auch sonst toben sie wild durch das Haus. Michael und John ist es auch aufgefallen. Ich bin sicher, dass ihr Verhalten darauf zurückzuführen ist, dass Septi nicht mehr da ist. Vermutlich müssen sie nun Dampf ablassen, nachdem sie in den Wochen, in denen es ihm so schlecht ging, besonders artig waren.

Manchmal fühle ich mich angesichts ihres Verhaltens aber auch unbehaglich und frage mich, ob sie vielleicht Dinge sehen, die wir Menschen nicht sehen. Tierische Trauer wird mir immer ein Rätsel bleiben.

Ich schreibe eine E-Mail an meine Freundin Harriet, Mutter von zwei Söhnen, Josh und Robbie, und erzähle ihr, dass ich mich immer noch schuldig fühle, weil ich Septis Vertrauen in mich missbraucht habe, und die Katzen sich zudem sehr merkwürdig benehmen. Sie stürmen durch das Haus, und es sieht fast so aus, als liefen sie vor etwas davon. Harriet antwortet wie folgt:

```
Von: Harriet
An: Marilyn

Liebe Marilyn,
das mit Septi tut mir schrecklich leid,
aber ich denke, du schätzt ihn falsch ein.
Ich glaube, dass er bis zuletzt darauf
```

vertraut hat, dass du ihm auf der letzten Wegstrecke zur Seite stehst. Und wer sagt denn, dass man auf das, was uns nach dem Tod erwartet, nicht vertrauen sollte? Trotzdem ist es traurig, dass er nicht mehr da ist. Es überrascht mich im Übrigen nicht, dass die Katzen ihre neugewonnene Unabhängigkeit auf ihre Art feiern – immerhin haben sie jetzt viel mehr Bewegungsfreiheit. Es ist schon verblüffend, wie schnell das Umfeld sich anpasst, wenn ein bestimmter Status quo wegfällt. Du solltest mal Robbie sehen, wenn Josh nicht daheim ist! Das beflügelt sein Selbstbewusstsein, und er genießt es, in Abwesenheit seines Bruders den Boss herauszukehren.
Alles Liebe,
Harriet

Am Ende von »Charles: The Story of a Friendship« von Michael Joseph, ein wundervolles Buch über die ganz besondere Beziehung des Autors zu seiner Siam-Katze Charles während der Kriegsjahre, zitiert Joseph Carl Van Vechten, der über seine eigene Katze Feathers schreibt:

»Eine solche Freundschaft ist scheinbar ganz simpel, erfordert kaum mehr als die Nähe an sich, ein paar Taten, eine Berührung der kalten feuchten Nase, eine weiche Pfote an der Wange, eine Begrüßung an der Tür, ein paar Augenblicke des

Spielens, ein warmes weiches zusammengerolltes Fellbündel auf dem Schoß oder einen langen Blick. Auf diese Arten äußert sich die Sympathie zwischen Mensch und Tier, aber miteinander verwoben und zusammengenommen ergeben diese Momentaufnahmen eine emotionale Tiefe, die sogar die Zeit nur sehr schwer aufzulösen vermag.« (»Charles: The Story of a Friendship« von Michael Joseph, 1945)

Und so entleihe ich folgende Worte Michael Josephs Tribut an seinen geliebten Charles, um Otto und Septi von allen, die sie geliebt haben, zu sagen:

»Solange wir leben, werdet ihr nicht sterben.«

Danksagung

Ein herzliches Dankeschön an Sue Baker, Annie Brumsen, Jane Cholmeley, Elspeth Dougall, Margot Edwards, Susan Hill, Caroline Michael und Dr. Desmond Morris, die mir alle auf unterschiedliche Art und Weise beim Verfassen dieses Buches behilflich waren.

Darüber hinaus möchte ich meiner Lektorin Judith Longman danken, die mich mit sanftem Druck und liebenswertem Enthusiasmus in die Rituale einer Erstveröffentlichung eingeweiht hat, sowie all ihren Kollegen bei Hodder & Stoughton für ihre fantastische Unterstützung dieses Projektes.

Mein Dank geht außerdem an Peter Warner, der, während ich diese Zeilen schreibe, dieses Buch mit so wundervollen Zeichnungen illustriert.

An Damian, Oliver und vor allem John, die darin vorkommen und Teil des Ganzen sind. Die Katzen und ich haben ihnen viel zu verdanken.

An den lieben Michael, dessen eigenes Leben sich viel zu lange nur um dieses Buch gedreht hat und ohne dessen Unterstützung mein Projekt wohl nie wirklich umgesetzt worden wäre.

Meinen ganz besonderen Dank möchte ich zudem Geoffrey Moorhouse und Giles Gordon aussprechen, deren fester

Glaube an mein Vorhaben mich inspiriert, ermutigt und in meinem Willen bekräftigt hat, durchzuhalten und das Buch zu beenden. Von zwei so großartigen Schriftstellern begleitet zu werden, wenn auch nur für einen kurzen Zeitraum, hat mich zutiefst bewegt.

Marilyn Edwards
Neue Katzengeschichten von Moon Cottage

ROMAN

Aus dem Englischen von Cécile G. Lecaux

Weltbild

*Zum Gedenken an
Giles Alexander Esmé Gordon
(1940–2003)*

Kapitel 1
Sommer

Als ich den sperrigen Transportkäfig mit seinen unglücklichen Insassen über die Hauptstraße schleppe, tun mir die kläglichen Laute, die aus dem Inneren der Kiste dringen, in der Seele weh. Mühsam bugsiere ich die Transportbox mitsamt ihrem protestierenden Inhalt auf den Rücksitz meines Wagens.

»Wie oft muss ich euch noch sagen, dass es zu eurem eigenen Besten ist?«, schimpfe ich, während ich mich auf dem Fahrersitz anschnalle, was die beiden einjährigen Katzen jedoch mit im Mindesten zu beeindrucken scheint.

Tatsächlich wird meine Ermahnung mit noch lauterem Gezeter der Stubentiger im Fond quittiert, als der Wagen sich leicht schaukelnd in den dichten Verkehr einfädelt. Wir sind auf dem Weg in die Tierklinik zur jährlichen Auffrischungsimpfung gegen Katzenschnupfen und diverse andere Katzenkrankheiten.

Unsere Ankunft tun wir lauthals kund. Das heißt, zumindest einige von uns – genauer gesagt: zwei – sorgen dafür, dass unser Eintreffen nicht unbemerkt bleibt. Ich für meinen Teil verhalte mich im Gegensatz zu meiner Fracht eher still und lasse meine Stimmbänder ruhen. Als wir an der Reihe sind, hieve ich die Transportkiste mitsamt ihrem immer noch aus Leibeskräften jammernden Inhalt auf den Behandlungstisch, damit Tierärztin Kate die Katzenmädchen begutachten kann. Sie kennt die zwei bereits, aber heute hat sie das erste Mal Gelegenheit, sie eingehend zu untersuchen. Als sie die Tür der Transportkiste öffnet, verstummen beide Stubentiger abrupt, und sie hebt vorsichtig das Kätzchen heraus, das am weitesten vorn sitzt: die kleine rot getigerte Hauskatze mit den faszinierenden bernsteinfarbenen Augen, der weißen Brust und den vier weißen Söckchen.

»Wen haben wir denn hier?«

»Das ist Titus«, antworte ich.

»Du bist eine wahre Schönheit, aber was sehe ich da? Du hast ja einen richtigen Schürzenansatz.«

»Was um alles in der Welt ist eine Schürze?«, frage ich überrascht.

Kate lacht.

»So nennt man diese Fettrolle.« Sie bewegt mit einer Hand Titus' wabbeligen Unterbauch. Ich hatte bisher immer angenommen, dort wäre lediglich das Fell besonders dicht. »Rote Katzen bekommen ganz besonders gern solche Fettschürzen. Wenn sie älter werden, muss man sie sehr genau beobachten, da sie zu Übergewicht neigen.«

Titus, die bis dahin reglos auf dem Behandlungstisch gekauert hat, blickt nun mit einem beinahe verzückt anmutenden Ausdruck grenzenlosen Vertrauens zu Kate auf.

»Du bist eine ganz Ruhige, stimmt's, Schätzchen?«, murmelt sie.

Titus rollt sich auf den Rücken, um sich den pummeligen Bauch kraulen zu lassen.

»Sie hat einen Jungennamen. Wie kommt das?«

»Ah! Nun ja… Wir dachten anfangs, sie wäre ein Kater, und als sie dann hier in der Klinik als Katze geoutet wurde, hatten wir uns bereits zu sehr an den Namen gewöhnt. Darum haben wir es dabei belassen.« Schulterzuckend füge ich hinzu: »Wir haben sie nach Titus Groan benannt.«

»Ach so, nicht nach Titus Andronicus?«, entgegnet sie, und mir ist, als läge ein Anflug von Spott in ihrer Stimme. Da ich damit rechnen muss, dass auch der Name ihrer Schwester Verwunderung hervorrufen wird, beschließe ich, der unausweichlichen Frage zuvorzukommen.

»Beide sind nach Autoren oder Charakteren aus der Literatur benannt«, erkläre ich trotzig. »Die Frau, von der wir ihre Mutter bekommen haben, ist eine Autorin, die ich sehr bewundere, und da kam es uns ganz folgerichtig vor.«

Ich erwähne nicht, dass besagte Mutter der beiden Kätzchen bereits entsprechend vorbelastet war, als wir sie bekamen. Sie war auf den ziemlich hochfahrenden Namen Ottoline Morrell* getauft, was einen Kollegen von Kate hier in der Klinik seinerzeit derart aus der Fassung brachte, dass er sich strikt weigerte, ihren vollen Namen in die Patientenakte einzutragen. Dagegen ist Titus, auch wenn es ein Jungenname ist, noch harmlos.

Nachdem Kate Titus ausgiebig gekrault und von allen Seiten unter die Lupe genommen hat, schließt sie die Untersuchung ab, indem sie der rundlichen, schnurrenden Samtpfote ebenso schnell wie effizient eine Spritze verabreicht, was dieser gerade mal ein träges Blinzeln entlockt. Die Tierärztin setzt sie zurück in die Kiste und holt ihre viel kleinere Schwester heraus. Sie hält nun eine schildpattfarbene Katze in der Hand, bei der das Schwarz zwar dominiert, die jedoch silbergrau getigerte sowie vereinzelte rote Partien aufweist. Vorsichtig setzt sie das Katzenmädchen auf dem Behandlungstisch ab. Die Samtpfote kauert sich, zitternd und kläglich maunzend, auf die Gummimatte des Tisches. Kate nimmt sie wieder hoch, streichelt sie und redet beruhigend auf sie ein.

»Alles in Ordnung, Schätzchen, kein Grund zur Aufregung, alles ist gut.«

Nach einer Weile hört das Jammern auf, das Kätzchen fährt die Krallen wieder ein, die bis dahin tief im Stoff des weißen Kittels vergraben waren, und entspannt sich sichtlich. Sie spitzt aufmerksam die Ohren und schnuppert neugierig an Kates Ohr.

»Und wie heißt diese junge Dame, wenn ich fragen darf?«

»Das ist Fannie«, sage ich in die hierauf folgende erwar-

---

* Englische Aristokratin und Kunstmäzenin (1873–1938).

tungsvolle Stille hinein. »Nach der amerikanischen Autorin Fannie Flagg. Sie ist eine wundervolle Schriftstellerin, die einem den Glauben an das Gute im Menschen zurückgibt.«

»Mmmmm!«, entgegnet Kate neutral, woraus ich schließe, dass dies nicht der richtige Zeitpunkt ist für einen Vortrag über die fantastische Fannie Flagg.

Kate untersucht Ohren, Nase und Zähne des Kätzchens. »Du hast strahlend weiße Zähne, du kluges Mädchen. Da gibt es nichts zu beanstanden.« Und so wird auch Fannie für rundum gesund erklärt. Sie bekommt nun ebenfalls ihre Spritze und protestiert lautstark, als die Nadel in die Haut im Nacken sticht.

»So, schon vorbei. Kein Grund, sich so aufzuregen.« Kate massiert die Einstichstelle einen Moment und setzt Fannie dann zu ihrer Schwester in die Kiste.

Tröstend lecken die beiden sich gegenseitig die Nase.

»Wie alt sind die zwei noch gleich?«

»Sie sind letztes Jahr Ende April geboren, also ein gutes Jahr alt. Vierzehn Monate, um genau zu sein.«

»Wäre es dann nicht an der Zeit, sie kastrieren zu lassen? Normalerweise erfolgt der Eingriff im Alter von sechs bis acht Monaten.«

»Ich möchte, dass jede der beiden einen Wurf bekommt. Anschließend werden sie dann sofort kastriert.«

Wir diskutieren noch über die Risiken einer Trächtigkeit und Geburt im Vergleich zu jenen einer Kastration. Ich selbst habe mich leider immer vergeblich danach gesehnt, Kinder zu bekommen, und darum möchte ich meinen beiden Mädchen diese Frustration ersparen.

»Ich habe eine lange Liste von Freunden und Kollegen, die alle schon mal Katzen hatten und den Welpen ein wundervolles neues Zuhause bieten werden. Der Katzennachwuchs ist praktisch schon im Voraus vergeben, ich weiß also, dass alle gut untergebracht werden. Ich gehe die Sache verantwortungsvoll an und bin mir voll und ganz darüber im Klaren, worauf ich mich einlasse. Im Büro bin ich jetzt schon die inoffizielle Vermittlerin von liebevollen Adoptiveltern für Kätzchen in Not!«

Bei diesen Worten lächelt Kate, und ich fühle mich gleich besser.

»Außerdem würden wir selbst jeweils ein Kätzchen aus jedem Wurf behalten«, füge ich hinzu, auch wenn ich bei dieser Aussage von Gewissensbissen geplagt werde, da ich Michael, meinen langjährigen leidgeprüften Göttergatten, hierüber noch nicht abschließend informiert habe. Zwar hat er zugestimmt, dass wir ein Kätzchen behalten, ich bin mir aber nicht sicher, ob der Punkt »eines *pro Wurf*« bereits angesprochen wurde.

»Wenn Sie das wirklich umsetzen möchten, sollten Sie die Mädchen spätestens mit zweieinhalb, drei Jahren decken lassen.« Warnend fügt sie hinzu: »Wenn Sie sie nicht kastrieren lassen, sie aber auch keine Jungen bekommen, besteht eine hohe Wahrscheinlichkeit, dass sich früher oder später Erkrankungen der Fortpflanzungsorgane einstellen.«

Ich schlucke, beschließe jedoch, das Thema »Nachwuchs« nicht weiter zu vertiefen, da mir bewusst ist, dass ich noch eine weitere Hürde zu überwinden habe. Die ergibt sich dann auch prompt aus der nächsten Frage. Kate holt eine Wurmkur aus der Schublade.

»Die zwei sind doch Freigänger, oder? Wann sind sie das letzte Mal entwurmt worden?«

»Also, sie sind reine Hauskatzen, und entwurmt habe ich sie noch gar nicht.« Kate ist die Tierärztin, der seinerzeit die traurige Aufgabe zugefallen war, unseren alten, krebskranken Kater Septi zu erlösen, und bei dieser Gelegenheit hatte sie auch unsere beiden Katzenmädchen kennengelernt. Ich erinnere sie daran, dass Otto, die Mutter der zwei, auf der Straße direkt vor dem Moon Cottage überfahren wurde, als ihre gerade mal sieben Wochen alten Kinder noch nicht mehr von der Welt kennengelernt hatten als das Schlafzimmer, in dem sie geboren worden waren. Ottos Tod hatte uns das Herz gebrochen, ebenso wie unserem guten alten Septi. Uns war damals klar geworden, dass es, wenn wir die beiden hinausließen, nur eine Frage der Zeit wäre, bis sie das gleiche Schicksal erleiden würden wie ihre Mutter.

Kate nickt verständnisvoll, äußert aber dennoch ihre Überzeugung, dass man Katzen hinauslassen sollte, auch auf die Gefahr hin, dass dies eine kürzere Lebensspanne für sie bedeute.

»Einen solchen Schmerz würde ich nicht so bald wieder verkraften, zumal wir ja zwei Katzen innerhalb kürzester Zeit verloren haben«, erwidere ich selbstsüchtig. Fannie und Titus sind alles, was mir von Otto geblieben ist.

Nachdem sie mich davon überzeugt hat, dass die beiden Mädchen trotzdem eine Wurmkur brauchen, fragt sie lachend, wie meine zwei trächtig werden sollen, wenn sie nicht hinausdürfen. Ich gebe ehrlich zu, dass ich noch keinen Schimmer habe, wie ich das bewerkstelligen soll. Noch habe ich dieses

Problem nicht gelöst, aber ich verspreche, Kate auf dem Laufenden zu halten. Hierauf schnappe ich mir die Samtpfoten, die wie schon auf der Hinfahrt fürchterlich jammern, und befördere sie zurück ins traute Heim.

Kapitel 2

Unsere beiden Damen sind die unangefochtenen Alleinherrscherinnen über das Moon Cottage und seine sämtlichen Bewohner. Derzeit handelt es sich hierbei um Michael, seinen Sohn John, meine Wenigkeit, die Katzenchronistin, sowie sporadisch Johns Brüder Damian und Oliver.

Die Katzen werden langsam erwachsen und legen ihr kindliches Wesen nach und nach ab. Zwar spielen sie immer noch gern, ebenso miteinander wie mit ihren menschlichen Gefährten, doch ihre Aktivitäten unterscheiden sich bereits deutlich von ihrem früheren Klettern, Kraxeln, Kratzen, Beißen, Treten und Purzelbaumschlagen, wilde Spiele, die oft genug mit Kollateralschäden an der Einrichtung einhergingen und die Racker völlig auslaugten. Das Spiel fand regelmäßig ein abruptes Ende, indem die beiden völlig erschöpft einschliefen. Zufällige Beobachter, vor allem jene, deren Beine übel zerkratzt worden waren, nachdem sie den zwei Schlingeln als Kletterbaum gedient hatten, schüttelten nur betrübt den Kopf und kommentierten das wilde Treiben bestenfalls mit den Worten:

»Werden die beiden denn nie erwachsen?« Ich bin ziemlich sicher, dass in meiner Abwesenheit noch ganz andere Kommentare fielen, die Betroffenen nur zu höflich waren auszusprechen, was sie tatsächlich dachten.

Fakt ist, dass unsere Katzenmädchen ihren einstmals scheinbar unstillbaren Hunger nach Abenteuern verlieren und sich in ernste, geschickte, stromlinienförmige »Jagdmaschinen« verwandeln, wenngleich ihnen ein gewisser Übermut auch im Erwachsenenalter erhalten bleibt. Unter Katzen, die zusammen mit Mitgliedern ihrer eigenen Familie aufwachsen, speziell mit einem Geschwisterchen oder der Mutter, bleibt ein ausgeprägter Spieltrieb untereinander erhalten, der ihr ganzes Leben lang immer wieder hervorbricht, während Einzelkatzen diese Verspieltheit in der Regel ihrem Menschen gegenüber an den Tag legen. So oder so gibt es jedoch einen Punkt, an dem die Kindheit unwiderruflich vorbei ist. Die Verspieltheit tritt seltener zutage, und die Katzen sind nicht mehr ganz so leicht zum Spielen zu motivieren. Wenn die Ausgelassenheit des Kindesalters langsam verblasst, entwickeln heranwachsende Katzen scheinbar andere Eigenarten, um sich bemerkbar zu machen.

So werden wir drei in unserem Haushalt lebenden Menschen regelmäßig sehr früh morgens von Titus geweckt, die eine ganz besonders unangenehme Art entwickelt hat, uns in Sekundenschnelle aus dem Tiefschlaf zu reißen und in einen Zustand sofortiger Wachheit zu versetzen. Für gewöhnlich wählt sie morgens jeweils nur eine Person aus, der sie ihre Sonderbehandlung angedeihen lässt, aber an schlechten Tagen kommen wir alle nacheinander in den »Genuss«. Das Ritual ist folgendes: Gegen fünf Uhr früh (unser Wecker ist auf fünf Uhr dreißig gestellt, und um diese Zeit ist eine zusätzliche halbe Stunde Schlaf ein kostbares Gut) springt sie schwungvoll auf das Bett des von ihr auserwählten Opfers und marschiert über dieses hinweg bis zum Kopfende. Hier bezieht sie Position hinter dem Kissen, bis sie die für ihren ganz besonderen Gruß ideale Stellung eingenommen hat. Ebenso geschickt wie vorsichtig streckt sie nun die linke Vorderpfote aus (es ist immer die linke, auch wenn sie nicht in allem »Linkshänder« ist) und berührt ihren Menschen an der Oberlippe. So weit klingt das ja noch ganz niedlich, zumal die Berührung ausgesprochen sanft ist. Wenn man jedoch nicht gleich reagiert, fährt sie die Krallen aus und kratzt ihr Opfer mit der mittleren und längsten Kralle an der Oberlippe. An diesem Punkt des Rituals spürt man nur ein ganz leichtes Prickeln, ist man aber so dumm, einfach weiterschlafen zu wollen, erfolgt ein kräftiger, schmerzhafter Pfotenschlag, bei dem hin und wieder sogar Blut fließt. Das Gefühl einer Kralle, die sich in die Haut bohrt, ist auch für den hartnäckigsten Tiefschläfer nicht mehr zu ignorieren.

»Nicht... Titus. Hör auf! Hör auf damit! Lass das! Das tut weh.«

»Miau. Miau. Miau. Miau.«

Bin ich das Opfer, streichle ich sie kurz, um sie abzulenken, drehe mich dann auf die Seite und ziehe mir die Bettdecke über den Kopf. Langsam nicke ich wieder ein. Sie geduldet sich etwa fünf Minuten, aber wenn ich mich in falscher Sicherheit wiege, gerade wieder einschlafen will und mein Plumeau ein klein wenig lüpfe, um frische Luft hereinzulassen, schiebt sich die Pfote sofort durch die Öffnung und schlägt wieder zu. Kratz. Kratz. Kratz.

»Titus... Ich meine es ernst. Verdammt noch mal. Hör auf... Bittteeeeee. Du kannst keinen Hunger haben, unten steht was.« Michael stöhnt, genervt von dem Katzen-Mensch-Intermezzo, und mir wird klar, dass an Schlafen nicht mehr zu denken ist, zumal der blöde Wecker sowieso gleich klingelt. Der einzige Unterschied ist nur, dass Katzen keine »Schlummer-Taste« haben! John, Michael und ich haben sie zwar alle schon verflucht, geben aber auch zu, dass wir ihr bizarres Weckritual auch irgendwie süß finden, so nervig es auch sein mag, solange man ihm ausgesetzt ist.

Fannie ist weniger aufdringlich. Sie liebt ihre Menschen insgesamt etwas distanzierter. Sie kann ihren Menschen stundenlang aus der Ferne anstarren, manchmal sogar, während dieser schläft. Sie selbst schläft auf dem höchsten Bücherregal in unserem Schlafzimmer und muss, um dorthin zu gelangen, an Kleidern hinaufklettern, die an einem Haken an der Tür hängen. Von dort gelangt sie auf die obere Türkante, von wo aus sie dann schließlich und endlich auf das Regal springt. Manchmal schläft sie auf dem Rücken, alle viere von sich gestreckt, manchmal zusammengerollt mit einer Pfote über der Nase, meistens aber in Seitenlage. Auch mit ihr kommt es nachts zu Körperkontakt, allerdings nicht jede Nacht, und ich vermag auch nicht zu sagen, was genau diese Anwandlung auslöst. Sie schleicht dann über die Kissen, und gleich darauf spüre ich, wie sie mir zärtlich die Haare leckt. Manchmal leckt sie mir auch noch vorsichtig über die Augenlider, was aufgrund der rauen Beschaffenheit der winzigen Zunge unerträglich kitzelt. Dies geschieht ausschließlich dann, wenn die Nachttischlampe brennt; sobald das Licht ausgeschaltet wird, springt sie vom Bett. Offenbar ist das ihre Art von Zärtlichkeit, oder aber sie versteht es als Putzeinheit (unsere beiden Katzenmädchen putzen sich nur dann gegenseitig, wenn die andere auch wach ist). Hin und wieder wird Michael diese Sonderbehandlung ebenfalls zuteil, jedoch nur, solange er wach ist, und er schläft für gewöhnlich vor mir ein. Ihre Mutter hat das auch manchmal gemacht, aber Fannie war damals noch viel zu klein, um sich dieses Verhalten abgeguckt haben zu können. Seltsam, der Gedanke, dass eine solche Eigenart erblich sein soll!

*

Es ist wirklich verblüffend, dass zwei heranwachsende Katzen ein Haus so vollständig mit ihrer Präsenz und Persönlichkeit beherrschen können. Wenn wir morgens zum Frühstück nach unten gehen, werden wir so lautstark und nachhaltig empfangen, als wären wir ewig getrennt gewesen, obwohl wir alle im selben Zimmer geschlafen haben – vielleicht nicht die ganze Nacht, aber doch fast. Die Katzen kommen und gehen, wie es ihnen gefällt, und wir lassen auch nachts unsere Schlafzimmertür offen, damit sie sich frei bewegen können. John seinerseits zieht es in der Regel vor, seine Tür zu schließen, sodass sie meist nicht zu ihm gelangen können. Kurz bevor wir das Haus verlassen, um zur Arbeit zu fahren, drückt die Körpersprache unserer zwei Mädchen unübersehbar Trauer aus, kennen sie doch die Vorzeichen unseres bevorstehenden

Aufbruchs. Sie ziehen beide eine Schnute und starren, ohne mit der Wimper zu zucken, anhaltend vor sich hin. Meistens legen sie sich mit dem Rücken zur Tür auf unser Bett und würdigen uns keines Blickes, wenn wir uns von ihnen verabschieden. Vor allem Titus versteht es großartig zu schmollen; ich würde sogar so weit gehen zu behaupten, dass sie das Schmollen zur Kunstform erhoben hat.

Bei unserer Heimkehr bin ich dann immer wieder überrascht von der Wiedersehensfreude, die sie an den Tag legen, da unsere beiden verstorbenen Katzen unsere Rückkehr seinerzeit nur mit einem müde zuckenden Augenlid quittiert haben. Fannie kommt immer als Erste die Treppe heruntergeschossen, sobald sie den Schlüssel im Schloss hört, und wenn die Tür dann aufgeht, sitzt sie bereits auf einer der Boxen der Stereoanlage hinter der Tür – der höchste Punkt, von dem aus sie uns begrüßen kann – und gibt eine ganze Folge kurzer, abgehackter Miau-Laute von sich, die ausschließlich der Kommunikation mit uns Menschen vorbehalten sind. Diese Begrüßung wiederholt sie je nach Laune mit unterschiedlicher Intensität bei jedem von uns, und sie lässt sich bei dieser Gelegenheit auch von allen streicheln.

Titus ihrerseits schlendert betont langsam herbei, für gewöhnlich eine halbe Minute nach ihrer kleineren und agileren Schwester, und mir und Michael gegenüber beschränkt sich die Begrüßung darauf, sich zu zeigen. Wenn einer von uns sich herabbeugt, um sie zu streicheln, geht sie weg, fort von der dargebotenen Hand. Bei Johns Heimkehr hingegen miaut sie mehrmals hintereinander, und zwar mit ansteigender Lautstärke, so lange, bis er ihr seine Aufmerksamkeit schenkt. Sie hängt am meisten an John und benutzt ihm gegenüber ganz spezielle Laute.

Unsere Heimkehr ist auch die Zeit, zu der sie am ehesten zum Spielen mit uns Menschen aufgelegt sind. Papierkugeln und Schnüre, mit denen sie in den ersten Lebensmonaten leidenschaftlich gern gespielt haben, sind allerdings inzwischen out. Heute ziehen sie einen aktiveren Austausch vor, und gegenwärtig jagen sie am liebsten kleinen, leichten, durchlöcherten Plastikbällen mit einem Glöckchen darin hinterher, obgleich Michael als langjähriger ernsthafter Fußballfan missbilligt, dass sie immer wieder »schummeln«, indem sie die Bälle mit den Krallen greifen und über recht weite Entfernungen hinweg tragen. Ich für meinen Teil lege Rugby-Regeln zugrunde und sehe das Ganze großzügiger. Sie spielen jede Partie Pfoten-Ball nach ganz bestimmten Regeln, wobei eine Katze der anderen für einen bestimmten Zeitraum die Kugel ganz allein überlässt, bis es ihr selbst gestattet ist, sich zu beteiligen. Mich versetzt das jedes Mal wieder in Erstaunen. Kein Hund, jedenfalls keiner, der nicht entsprechend abgerichtet wäre, würde im Spiel einem anderen gegenüber eine solche Selbstdisziplin an den Tag legen. Titus und Fannie verlangen oft danach, dass wir Gegenstände für sie werfen, und bringen diese manchmal zurück, wenngleich sie meistens vom Menschen erwarten, dass der sie holt, und da man ein gut dressierter Mensch ist, tut man das schließlich auch. Meine Freundin Sue besitzt eine Devon Rex namens Max, die regelrecht apportiert, aber Devon Rex sind nun einmal ganz besondere Katzen und in ihrer ganzen Art Hunden ähnlicher. Sie bleiben ein Leben lang richtige Kindsköpfe.

Obgleich Titus und Fannie beide viel von ihrem kindlichen Spiel abgelegt haben, vertreiben sie sich nach wie vor gern die Zeit damit, sich gegenseitig zu belauern und anzugreifen. Es ist, als müssten sie immer noch die jeweils individuelle Schmerztoleranz des anderen testen, um herauszufinden, wo die Grenze zwischen Spiel und Ernst gezogen werden sollte. Ein weiteres Lieblingsspiel, das wohl bei allen reinen Hauskatzen hoch im Kurs steht, ist Fangen. Sie jagen sich abwechselnd die Treppe hinauf, unter den Betten her, wieder nach unten, mehrere Runden durch Wohnzimmer, Esszimmer und Küche und poltern dann zurück ins Obergeschoss. Die Regeln dieses Spiels sind schwer zu definieren, aber fest steht, dass sie immer wieder die Rollen wechseln und mal Jäger sind, mal Gejagter. Bei diesem Spiel geht es furchtbar laut zu, und es ist erstaunlich, wie polternd diese Samtpfoten sich bewegen können.

Fannie hat kürzlich angefangen, die Vorhänge hinaufzuklettern, etwas, wozu die pummelige Titus nicht in der Lage ist. Fannie hingegen ist nicht nur deutlich behänder als ihre Schwester, sondern wollte schon immer hoch hinaus. Ihre Mutter liebte ebenfalls Höhen und ist stets den Dachfirst entlangbalanciert, über die Rosenpergola spaziert und wollte auch sonst bei jeder Gelegenheit möglichst hoch hinaus. Fannie hat die gleiche Schildpatt-Farbe wie ihre Mutter und ein ganz ähnliches Temperament, wenngleich sie einen Tick nervöser und ängstlicher ist, als es ihre Mutter war. Fannies Ängstlichkeit ist merkwürdig, da unsere zwei Mädchen bislang ein absolut behütetes Leben innerhalb des Hauses geführt haben, in dem sie auch geboren wurden. Abgesehen vom Verlust ihrer Mutter, als sie beide knapp acht Wochen alt waren, ist ihnen nie etwas Schlimmes widerfahren.

Titus ihrerseits schmeichelt sich bei jedem Besucher ein, indem sie zuerst den Kopf an ihm reibt, um dem Betreffenden gleich darauf, mit oder ohne Aufforderung, auf den Schoß oder auf die Schulter zu klettern, wo sie sich ebenso leise wie unwiderstehlich schnurrend niederlässt. Außerdem dreht sie sich vor jedem auf den Rücken, um sich den flauschigen weißen Bauch kraulen zu lassen, und wenngleich Fannie dies auch hin und wieder tut, ist sie doch um vieles zurückhaltender als ihre Schwester. Titus zieht Männer vor, und in ihrem Fall trifft das Klischee zu: Je weniger jemand Katzen leiden mag, desto aufdringlicher zeigt sie sich. Ganz besonders liebt sie dunkle Hosen und marineblaue oder schwarze Anzüge, und wenngleich man sie als gewöhnliche Hauskatze einstufen kann, hat sie ein verhältnismäßig langes Kurzhaar im selben hellen rötlichen Gelbton wie ihr Vater, das hartnäckig an den Kleidern jener haftet, mit denen sie schäkert.

*

Es war ein schwüler Sommer mit nur wenigen wirklichen Sonnentagen, dabei sehr warm und trocken, und ich empfinde es als zunehmend lästig und unangenehm, bei geschlossener Tür am Herd zu stehen. Zwar kann ich alle Fenster im

Haus öffnen, nachdem wir sie mit zweckentfremdeten Rankhilfen aus dem Gartencenter gesichert haben, sodass wir und die Katzen frische Luft atmen können, ohne zu riskieren, wieder ein geliebtes Tier durch die gefährliche angrenzende Landstraße zu verlieren, aber das Problem mit der Tür habe ich noch nicht lösen können.

Wir besitzen etwa eintausenddreihundert Quadratmeter Garten hinter dem Haus, doch wie sehr ich mir auch den Kopf zerbrochen habe, mir ist keine brauchbare Lösung eingefallen, das Grundstück ausbruchsicher zu machen. Katzen sind erstaunlich findig, wenn es darum geht auszubüxen, und das müssen sie auch sein, weil sie bei extremem Jagdtrieb auch extrem verwundbar sind und ihr Einfallsreichtum ihnen oft genug das Leben rettet. Im Internet bin ich auf ein wirklich cleveres Zaunsystem gestoßen; leider stellte sich aber heraus, dass es sich um eine amerikanische Seite handelt und die Firma nicht nach Europa liefert. Andererseits wäre ich vermutlich auch gar nicht in der Lage gewesen, die horrenden Frachtkosten zu tragen.

Als Katzenliebhaberin, Autorin und Freundin Karin, eine der wenigen Frauen, auf die Titus regelrecht fliegt, von meinen Bestrebungen erfährt, alles zu tun, um die Katzen glücklich zu machen, erzählt sie mir von einem Haus irgendwo in San Diego, dessen Eigentümer fast in jedem Zimmer knapp unter den Decken kleine Katzen-Schlupflöcher durchgebrochen haben, sodass ihre Katzen über Rutschen, Rampen und an den Wänden angebrachte Stützen vom Erd- bis zum Dachgeschoss durch das Haus spazieren können. Auf diese Art und Weise sind sie niemals in einem Raum eingesperrt und brauchen nicht einmal den Boden zu berühren, um durch das gesamte Haus zu wandern. Abschließend fügt sie trocken hinzu: »Das Ganze könnte den Verkauf eures Hauses allerdings im Falle eines Falles ein klein wenig erschweren.« Mir wird bewusst, dass ich erst ganz am Anfang stehe und möglicherweise noch einen sehr weiten Weg vor mir habe.

In meinem Frust habe ich jedes Gartencenter und jeden Baumarkt in der Umgebung abgegrast und schließlich mithilfe von einen Meter achtzig hohen Palisaden-Gitterelementen ein schmales Gartenstück, das auf einer Seite von der Hauswand des Nachbarn begrenzt wird, in eine Art Auslauf von der Größe eines geräumigen Zimmers verwandelt, mit einem schmalen Tor zum eigentlichen Garten. Wir haben unseren hölzernen Gartentisch und die Stühle dort aufgestellt, dazu eine gefliese marokkanische Ablage und einen Katzenkratzbaum mit Liegeplattform. Zusätzlich habe ich das Ganze mit Fuchsien-Ampeln, Kästen mit lila Geranien sowie einer Bougainvillea im Pflanzkübel geschmückt, die uns an Frankreich erinnern soll. Endlich können wir die Hintertür offen lassen und draußen essen, und auch die Katzen können rein- und rausgehen, wie es ihnen passt.

Als der Augenblick gekommen ist, die Katzen das erste Mal hinauszulassen, bin ich furchtbar gespannt. Zögernd und sichtlich nervös überqueren sie die Türschwelle. Als sie etwa die Mitte der Rasenfläche erreicht haben, wirken sie schon mutiger. Ihre kleinen Nasen zucken unermüdlich, als ihnen eine Fülle neuer Gerüche entgegenschlägt, und ihre Ohren drehen sich im Takt der zahlreichen unbekannten Geräusche. Sie gewinnen rasch an Selbstvertrauen. Nur Minuten später sind beide auf die Katzenplattform gesprungen und von dort auf den kleinen marokkanischen Tisch, um durch das Gitter des Palisadenzauns Vögel, Bienen und Schmetterlinge zu beobachten. Hin und wieder verirren diese sich in unseren kleinen Innenhof, zur grenzenlosen Begeisterung der Katzen, wenngleich die Vögel sehr rasch begriffen haben, dass es für sie besser ist, sich fernzuhalten.

In den nächsten Wochen ist es eine Freude zu beobachten, wie sehr die beiden Katzen die Sonne genießen, so diese denn mal scheint, und sich mit leicht zuckender Schwanzspitze entspannt auf dem Tisch fläzen. Zu beobachten, und ich meine, aufmerksam zu beobachten, wie Katzen sich die Sonne auf den Pelz scheinen lassen, ist eine Offenbarung und eine Lektion in der wahren Kunst genussvoller Entspannung. Ich weiß allerdings, dass Katzen sich leicht die Ohren verbrennen, sodass ich anfangs noch besorgt bin, aber solange die Küchentür offen steht, kommen sie aus eigenem Antrieb ins Haus, wenn ihnen draußen zu warm wird. Ich meinerseits betrachte es als wahre Erlösung, endlich die Küchentür wieder öffnen zu können, um Gerüche und Hitze entweichen zu lassen.

Kapitel 3

In den vielen trockenen Tagen dieses langen Sommers verbringen die Katzen viel Zeit draußen in ihrem eigenen kleinen Garten. Anfangs unternehmen sie noch einige vergebliche Versuche auszubüxen, indem sie die Palisaden hinaufklettern und anschließend kopfüber am nach innen gespannten Maschendrahtzaun hängen, aber am Neigungswinkel des Überhangs scheinen sie glücklicherweise letztlich zu scheitern, sodass sie sich jedes Mal wieder unverrichteter Dinge fallen lassen. Inzwischen, nach mehreren Wochen, haben sie ihre Ausbruchsversuche aufgegeben, und wir sind uns ziemlich sicher, dass der Auslauf ausbruchsicher ist. Leider kommen regelmäßig Frösche herein. Da es im Garten einen Wassertank und mehrere Gießkannen gibt und die Geranienkästen und üppigen Fuchsien-Ampeln regelmäßig gegossen werden, zwängen die Frösche sich auf der Nahrungssuche immer wieder unten oder zwischen den Palisaden durch.

Inzwischen hat es schon zwei Monate nicht mehr geregnet, obwohl es oft bewölkt und schwül war, und so übernehmen Michael und ich abwechselnd das Bewässern des Gartens, wenn wir abends von der Arbeit kommen. Das Wässern scheint so eine Art Signal zum »Essenfassen« für die Frösche geworden zu sein. Sie hüpfen dann gleich herbei, um sich an

Schnecken gütlich zu tun, die aus vertrockneten Bodenfurchen an die feuchte Oberfläche kriechen. Schon bald stellt sich heraus, dass unsere beiden Mädchen so wie alle Katzen leidenschaftliche Jäger sind, und ohne jede Übung – einmal abgesehen von einer kurzen Begegnung mit einer halb toten winzigen Maus (zu mehr praktischer Anleitung ist ihre Mutter Otto vor ihrem plötzlichen Tod nicht mehr gekommen) – schleppen sie immer wieder Frösche in die Küche.

Michael und ich müssen regelmäßig schreiende Frösche aus irgendwelchen Ecken des Hauses retten. (Mich macht es immer wieder nervös, wenn ein Frosch »schreit«, wenn er von einem Raubtier wie einer Katze gepackt wird. Sie reißen dabei das Maul weit auf und geben richtig menschliche Laute von sich. Ich für meinen Teil hatte so etwas bis dato noch nie gehört, obwohl ich in meiner Kindheit zahlreiche Kaulquappen großgezogen habe.) Eines Morgens entdecke ich zu meiner Bestürzung einen steifen, kalten, leicht blutigen Frosch mit dem weißlichen Bauch nach oben in einem der Katzenklos. In der Annahme, er sei tot, bringe ich ihn hinaus in den Garten, entferne sorgfältig die weißen Körnchen, die an dem leblosen Körper haften, und lege ihn unter eine Pflanze mitten in einem Blumenbeet in sonniger Lage. Als ich eine halbe Stunde später zurückkomme, um ihn ordentlich zu bestatten, ist er verschwunden. Ist er wiederauferstanden, oder wurde er von einem Vogel gefressen?

*

Bevor der Sommer vorüber ist, möchten wir unbedingt noch eine längst überfällige Lunchparty für ausgesuchte Freunde und Kollegen veranstalten, und ich habe mir ein Gartenfest unter freiem Himmel vorgestellt, wo genug Platz ist, um zwei Esstische aneinanderzustellen, was in unserem kleinen Cottage doch ziemlich beengt wäre.

Wir einigen uns auf ein Datum, schicken die Einladungen raus und treffen erste Vorbereitungen. Für den großen Tag haben wir einen Samstag in der ersten Augusthälfte ausgewählt. Das Barometer bleibt stabil, das Wetter hält sich, und wir haben seit Tagen kein Wölkchen mehr am Himmel gesehen. Das Essen werde ich in letzter Minute zubereiten, damit alles möglichst frisch auf den Tisch kommt. Eine Köstlichkeit, ein Rezept von Nigella Lawson, deren exakte Vorstellungen davon, wie Essen schmecken sollte, ich wirklich faszinierend finde, lässt sich aber doch schon einen Tag im Voraus zubereiten. Das Ganze nennt sich bescheiden »Erdbeeren in dunklem Sirup«[*] und wird mit Balsamico zubereitet, was für eine wunderschöne intensive granatrote Farbe sorgt. Um es mit Nigellas eigenen Worten zu sagen: »Das Rot der Erdbeeren leuchtet so klar wie ein Bleiglasfenster. Und es schmeckt genauso, wie es aussieht: intensiv und doch leicht.« Das schimmernde Dessert in der großen Plastikschüssel in den Tiefen des Kühlschranks wird für mich langsam mitsamt seinem Inhalt zu so etwas wie einem heiligen Kelch, derweil ich mich abmühe, bei den Vorbereitungen für den großen Tag nicht den Überblick über das Chaos in der Küche zu verlieren.

---

[*] Aus: Nigella Lawson: How to Eat, Chatto & Windus, 1998.

Der Samstag bricht an, und als ich die Bettdecke zurückschlage und aufstehe, stelle ich erleichtert fest, dass trotz der frühen Stunde bereits die Sonne von einem tiefblauen Himmel herabscheint.

Gemeinsam schleppen Michael und ich das gesamte Mobiliar vom Esszimmer hinaus in den Garten, zur Verblüffung der Katzen, die eine große freie Fläche vorfinden, wo früher ein Wald von hölzernen Stuhl- und Tischbeinen war. Die beiden haben sich die letzten zwei Tage im Wohnzimmer etwas merkwürdig verhalten, angespannt und nervös, als hätte es eine Art Katzenalarm gegeben, und ich habe schon befürchtet, dass wieder irgendwo ein in die Ecke getriebener Frosch festsitzt, aber wir konnten auch nach mehrmaliger gründlicher Suche nichts finden. Als kurz vor Eintreffen der ersten Gäste mein persönlicher Stresspegel merklich ansteigt, ruft Michael nach mir.

»Hast du unter dem Klavier nachgeschaut? Die Katzen scheinen jedenfalls von etwas fasziniert zu sein, das sich dort versteckt.«

Das Klavier gehört zu den wenigen noch vorhandenen Möbeln im Zimmer, und die Katzenmädchen hocken davor und starren mit gespitzten Ohren auf das Möbel, wobei sie vor Anspannung kaum merklich beben, was für eine Konzentration spricht, wie ich sie bei ihnen selten erlebt habe.

»Michael, das ist jetzt nicht der richtige Zeitpunkt! Ich muss mich um das Essen kümmern. Das Klavier muss warten. Egal, was sich dorthin verirrt hat, es wird schon wieder verschwinden, ganz sicher.«

»Wahrscheinlich hast du recht«, entgegnet er phlegmatisch.

Ich hetze zurück in die Küche und widme mich wieder dem Essen. Ich glaube, ihn aus der Ferne sagen zu hören: »Komm schon, Titus, und du auch, Fannie. Das ist eure Chance. Ihr könnt doch sicher mehr als nur dasitzen und hinstarren.« Vielleicht habe ich mir das aber auch nur eingebildet.

Es klingelt an der Tür, und die ersten Gäste treffen ein. Wir führen sie durch das leere Esszimmer in den Garten, und schon bald ist dieser erfüllt von fröhlichem Korkenknallen und angeregtem Stimmengewirr. Die Party lässt sich gut an.

Die ersten beiden Gänge wurden serviert und anstandslos gegessen, und ich fange an, mich zu entspannen, auch wenn mir jedes Mal, wenn ich ins Haus gehe, auffällt, dass die beiden Katzen weiter dasitzen und das Klavier anstarren. Ich sorge mich ein wenig, dass einer unserer Gäste, den schon die Katzen nervös machen, möglicherweise noch panischer auf »Wildtiere« oder, genauer, Schädlinge reagieren könnte, was auch immer sich unter dem Klavier verbergen mag. Die Katzen sind jedenfalls alles andere als subtil. Sie könnten nicht auffälliger auf die Anwesenheit eines lebendigen Tieres unter dem Klavier hinweisen, wenn sie ein Schild mit der Aufschrift *Drachenalarm* herumtragen würden.

Dann schlägt die Stunde des rubinroten Desserts, und Michael, der mir weiteres Gerenne abnehmen möchte, hat sich erboten, den Nachtisch zu holen. Ich lehne mich zurück und genieße die ebenso entspannenden wie anregenden Unterhaltungen am Tisch, als ich aus dem Augenwinkel sehe, dass er die Erdbeeren in der verkratzten Plastikschüssel herausbringt anstatt in der eleganten Kristallschale mit Fuß, die ich extra bereitgestellt habe, damit die Kreation auch in ihrer ganzen Pracht und Farbenfülle zur Geltung kommt. Natürlich ist es meine Schuld, da ich ihn nicht darauf hingewiesen habe, dass das Dessert vor dem Auftragen umgefüllt werden soll. Woher sollte er das wissen? Trotzdem stoße ich bei dem Anblick einen spitzen Schrei aus.

»Nein, nein, nein. O Michael! Wie kannst du nur?«

Ich hetze in die Küche und kehre mit der Schale zurück, die ich für den Nachtisch vorgesehen habe. Nun versuchen Michael und ich mit unziemlicher Hast die Erdbeeren in ihrem köstlichen Sirup in die Kristallschale auf dem dünnen Glasstiel umzufüllen, als könnten wir hiermit wie durch Zauberei bei unseren Gästen die Erinnerung an den Anblick der alten Plastikschüssel auslöschen. Dann sehen wir beide entsetzt, wie das Gefäß sich ebenso langsam wie unaufhaltsam zur Seite neigt und der Inhalt sich in einer riesigen tiefroten Pfütze über die weiße Spitzentischdecke auf der langen Banketttafel ergießt. Ohne nachzudenken, befördere ich die Masse – immerhin handelt es sich dabei in der Menüfolge um meinen ganzen Stolz – zurück in die Kristallschale und fange an, das Dessert meinen ein wenig verdutzten Gästen zu servieren, als wäre nichts gewesen. Ich bin ebenso überrascht wie peinlich berührt, als sie sich so großmütig zeigen, meinen Mut mit einem Applaus zu belohnen.

Verlegen ob dieses unerwarteten Beifalls ziehe ich mich in die Küche zurück, um mich davon zu überzeugen, dass der Käse auch Zimmertemperatur hat, und die Kaffeemaschine anzuwerfen. Als ich das Esszimmer betrete, bietet sich mir ein denkwürdiger Anblick. Die beiden Katzen kauern im rechten Winkel zueinander und starren wie gebannt auf eine kleine braune Maus, die vor ihnen Männchen macht und ihren Blick erwidert. Alle drei sind wie erstarrt. Während ich sie noch beobachte, spüre ich plötzlich eine Hand auf meinem Arm und höre, wie eine tiefe, sanfte Stimme mit amerikanischem Akzent mir ins Ohr flüstert:

»Marilyn, ich glaube, unser kleiner Freund kann etwas Hilfe gebrauchen, meinst du nicht auch?« Hierauf geht Bob in die Knie und streckt die Hand nach der Maus aus. Angesichts dieser neuen Bedrohung erwacht der kleine Nager aus

seiner Starre und rettet sich unter eine Walisische Kommode, neben dem Klavier das einzige noch verbliebene Möbelstück im Raum.

»Keine Angst, die Katzen werden sie von dort vertreiben«, raunt Bob mir zu.

»Ich weiß, doch dann bringen sie sie um.«

»Stimmt. Aber wir machen ihnen einen Strich durch die Rechnung. Wir schnappen uns die Maus, sobald sie sie erwischt, aber noch bevor sie sie abgemurkst haben, versprochen.« Und dann gelingt es diesem hochgewachsenen sanften Mann wie durch ein Wunder, die Maus tatsächlich einzufangen.

»Wäre es nicht lustig, wenn wir sie rausbringen und auf den Tisch setzen? Nur um zu sehen, was sie alle für Gesichter machen?«, fragt er augenzwinkernd.

»Nein, Bob, bitte nicht. Die Kleine ist jetzt schon halb tot vor Angst. Das würde ihr den Rest geben.«

»Wahrscheinlich hast du recht«, entgegnet er lachend und erklärt sich mit einem philosophischen Schulterzucken bereit, die Maus auf der gegenüberliegenden Straßenseite in einem Gebüsch unten am Kanal auszusetzen.

Tatsächlich entspringen meine Vorbehalte weniger meiner Sorge um das Wohl der Maus als vielmehr der Befürchtung, dass nach der Panne mit dem Dessert, von der immer noch der klebrige Fleck auf dem einstmals weißen Tischtuch zeugt, ein zweiter Schock die Partylaune nachhaltig verderben könnte. Kurz darauf höre ich jedoch das sonore, warme Lachen von Bobbis Freundin Patti und Klaus' dröhnende Stimme.

»Eine *was*? Und was sagst du, wo sie sich versteckt hatte?«
Ich schätze also, die Wahrheit ist raus, aber wenigstens mussten sie ihren Tisch nicht mit »Bobs Maus«, wie ich sie von jetzt an nennen werde, teilen.

Ich schaue mir derweil unsere beiden Mädchen genauer an. Für mich war das ihre erste richtige Jagd, da ich aus einem mir selbst unerklärlichen Grund Frösche nicht dazuzähle: Für mich sind Frösche, was Katzen anbelangt, nun einmal nur Ersatz-Beute. Unsere zwei Stubentiger schauen aus wie richtige Katzen, und ihre Miene ist wie so oft unergründlich. Ich vermag nicht zu sagen, ob sie enttäuscht sind, ihre Beute nicht erlegt zu haben, oder ob das eigentliche Vergnügen für sie im Jagen an sich besteht.

Zweibeinige Jäger sehen diesen Punkt ja ebenfalls durchaus zwiespältig.

Kapitel 4
Herbst

Schließlich ist der lange, trockene Sommer endgültig vorbei und geht in einen recht stürmischen Herbst über. Anfangs begrüßen wir den überfälligen Regen noch voller Euphorie, diese weicht jedoch bald Ernüchterung, als die Unwetter gar kein Ende mehr nehmen. An einem windigen Freitagabend Mitte des Herbstes haben wir wie so oft die Hintertür offen stehen, den Katzen zuliebe, die sich, wenn es nicht gerade schüttet, auch bei Regen am liebsten draußen in ihrem kleinen Garten aufhalten. Dieser spezielle Abend ist jedoch der Auftakt einer zerstörerischen Folge heftiger Stürme mit sintflutartigen Regenfällen, die das ganze Land für Wochen in Atem halten werden. Wie wir im Nachhinein erfahren werden, verwüstet der Orkan in dieser Nacht überall in England ganze Landstriche. Michael, der unten im Erdgeschoss sitzt und die ganze Wucht des Windes zu spüren bekommt, hat bald die Nase gestrichen voll, steht auf und schlägt die Tür zu.

Oben in unserem Schlafzimmer sitze ich derweil, völlig unberührt von den entfesselten Elementen und herabströmenden Wassermassen, an meinem Schreibtisch und arbeite munter vor mich hin. Irgendwann registriere ich, dass Fannie wie ein aufgezogenes Spielzeug nervös immer wieder vom Schlafzimmer über den Flur durch das Treppenhaus und wieder zurück patrouilliert. Ihr eigentümliches klagendes Miauen ist mir schon wiederholt aufgefallen, und das Rufen wird nun deutlich eindringlicher. Höchste Zeit nachzusehen, was da los ist, sage ich mir schließlich widerwillig und steige, steif vom langen Sitzen, die steile Treppe hinunter ins Esszimmer. Michael hat es sich in dem inzwischen verschlossenen und beheizten Cottage nebenan im Wohnzimmer vor einem lodernden Feuer im Kamin gemütlich gemacht und ist tief und fest eingeschlafen. Fannie starrt unverwandt auf die Hintertür und miaut mit neuer Inbrunst. Ihre Botschaft ist unmissverständlich. Ich öffne, und prompt schießt eine pitschnasse, laut protestierende, gelblich rote Fellkugel an mir vorbei durch die Küche nach oben in die Geborgenheit und Wärme unseres Schlafzimmers. Ich haste hinterher. Titus ist völlig durchnässt und putzt sich, als hinge ihr Leben davon ab. Ich beobachte gerührt, wie Fannie sich ihrer Schwester auf leisen Pfoten nähert, um ihr zu helfen, aber Titus ist immer noch derart mit sich selbst beschäftigt, dass sie für schwesterlichen Trost nicht empfänglich ist. Ich schimpfe mit Michael, weil er sich vor dem Schließen der Tür nicht vergewissert hat, dass beide Katzen im Haus sind, und er steht mit der ihm eigenen geistigen Größe sofort zu seinem Versäumnis. Damit wäre die Sache erledigt, wäre da nicht die Entdeckung am nächsten Tag.

Es ist Samstag, und Michael steht früh auf, während ich noch liegen bleibe, mit der »Das-habe-ich-mir-verdient«-Einstellung eines Vollzeit-Beschäftigten, der an fünf Tagen in der Woche früh rausmuss. Im Halbschlaf, eingelullt von meinem kuscheligen, weichen, warmen Bett, werde ich unsanft von

Michaels dringlichem Ruf aus meinem genussvollen Dösen aufgeschreckt.

»Mo, komm bitte mal her und pack mit an.« Ich werfe verschlafen einen Blick aus dem Fenster und sehe als Erstes einen vom Regen reingewaschenen Himmel und eine blasse Sonne, die hier und da durch die Wolkendecke schimmert. Erst dann schaue ich hinab in den Garten und bin entsetzt, als ich die volle Bedeutung dessen erfasse, was ich dort sehe. Unten hockt eine sehr große, struppige, vorwiegend weiße langhaarige Katze mit braunen und weißen Flecken. Das Tier ist nass bis auf die Haut und offensichtlich in Panik. Vor meinen Augen springt er – allein die Größe lässt auf einen Kater schließen – am Zaun hinauf, klammert sich verzweifelt fest und kraxelt an den Streben hoch, um dann jedoch an dem überhängenden Gitter oben zu scheitern. Als er sich nicht länger halten kann, fällt er sichtlich erschöpft und frustriert wieder herunter in den Auslauf. Die Verzweiflung, mit der er zu entkommen versucht, sowie seine Erschöpfung deuten darauf hin, dass er vermutlich schon seit Stunden vergeblich versucht, seinem Gefängnis zu entkommen.

Die Szene wirkt umso chaotischer, als wir am Vorabend einen vollen schwarzen Müllbeutel hinausgestellt haben und unser Gast sich, vermutlich getrieben von Frustration und Hunger, über den Inhalt hergemacht und diesen überall verstreut hat, darunter Gemüseabfälle, Hühnchenknochen und andere Essensreste, sodass es im Katzenauslauf aussieht wie in einem besonders ungepflegten Schweinestall. Michael hat inzwischen das Tor geöffnet, da er jedoch daneben stehen bleibt und von dort versucht, die fremde Katze hinauszulocken, traut sich das panische Tier nicht an ihm vorbei und bleibt abwartend ob der widersprüchlichen Signale im vergitterten Auslauf hocken. In seiner Not gibt der Kater plötzlich drohende, gutturale Knurrlaute von sich, die sogar Laien unschwer als in höchstem Maße aggressiv einstufen dürften. Ich renne nach unten, wobei ich mir im Laufen ein paar Kleider überwerfe. Unsere beiden Mädchen hocken hochgradig nervös in der offenen Küchentür und lauschen angespannt – zumindest dann, wenn sie nicht gerade selbst lautstark zu dem Tumult beitragen – dem Knurren aus ihrem Garten. Dann wird es plötzlich ganz still. Michael ist zwischenzeitlich in den Auslauf zurückgekommen und hat den Eindringling durch das Tor in die Freiheit gescheucht.

Der Kater hat das Weite gesucht, als wäre der Leibhaftige hinter ihm her.

»O Michael, was hast du da nur angerichtet?«, schnauze ich ihn ungerechterweise an.

»Was soll das denn heißen?«

»Der Kater war offensichtlich die ganze Nacht hier im Auslauf. Was mag passiert sein, während Titus mit ihm zusammen ausgesperrt war?«

»Quatsch. Er war gestern Abend noch nicht da. Er ist erst heute Morgen über den Zaun geklettert, vermutlich angelockt von dem Müllbeutel.«

Ich würde ihm zu gern glauben. Die Alternative wäre grauenhaft. Grauenhaft für diesen großen, wilden, verängstigten Kater, der nämlich dann, pudelnass und schutzlos den Elementen ausgeliefert, eine ganze Nacht als Gefangener in meiner Katzenoase verbracht hätte. Noch schrecklicher aber für die kleine Titus, die noch nie einem aggressiven fremden Kater begegnet ist und die gegebenenfalls für Stunden mit ihm zusammen auf engstem Raum eingesperrt war, ohne sich in die Sicherheit und Geborgenheit ihres Zuhauses flüchten zu können. Ich fühle mich zunehmend unwohl, als mir dämmert, dass der fremde Kater sich möglicherweise mit ihr gepaart haben könnte.

»Das sagst du nur, um mich zu beruhigen.«

»Nein. Ich bin ganz sicher, dass er erst heute Morgen über den Zaun gestiegen ist, Liebes. Ehrlich.«

Als ich ihn anschaue, sehe ich jedoch die Zweifel auf seinem Gesicht und schlucke. Aber was auch immer passiert ist, es lässt sich nicht mehr ungeschehen machen. Und so stürmt der Oktober seinem Ende entgegen.

*

Durchlebe ich wieder die Ängste und Nöte der Jugend? Den Albtraum, im Kalender nachzurechnen und die Tage zu zählen sowie in diesem Fall Titus mit Argusaugen zu beobachten? Manchmal betaste ich sogar ihren flauschigen Bauch und frage sie ernsthaft, wie sie sich fühlt. Sie schaut mich wie immer mit diesem ihr eigenen leicht hochnäsigen Schlafzimmerblick an, und ich bin hinterher nicht schlauer als vorher. Wie so oft heißt es auch diesmal: abwarten und Tee trinken. Dann ist es so weit. Heute ist der dreiundzwanzigste Dezember, das heißt, dreiundsechzig Tage sind seit jener denkwürdigen Episode vergangen. Dreiundsechzig Tage, das entspricht der Trächtigkeitsdauer einer Katze. Und Titus ist nicht dicker oder dünner als im Oktober, wir können also aufatmen. Ich bin trotzdem sicher, dass der alte Kater die ganze Nacht dort eingesperrt war, und ich werde nie wissen, was sich in diesen Stunden zwischen den beiden zugetragen hat. Haben sie oder haben sie nicht? Vermutlich kann man davon ausgehen, dass nicht.

Die ganze Episode hat uns unser altes Vorhaben ins Gedächtnis gerufen – oder zumindest mir! Ich möchte bald einen passenden Kater für meine Mädchen finden. Ich habe mit dem Inhaber der Zoohandlung gesprochen, habe sämtliche Aushänge in den umliegenden Geschäften studiert, habe mich mit dem Katzenschutzbund in Verbindung gesetzt, und wenngleich es ausgewachsene, kastrierte Fundtiere gibt, von denen viele von Freunden und Bekannten aufgenommen werden, erweist es sich als äußerst schwierig, um diese Jahreszeit ein männliches Jungtier zu bekommen. Ich wünsche mir so sehr, dass unsere beiden Katzen ein Mal Junge bekommen, und ich gelobe hoch und heilig, sie gleich danach kastrieren zu lassen. Nachdem ich mit dem Tierarzt und mit anderen erfahrenen Katzenhaltern gesprochen habe, denke ich, dass ein ganz junger Kater sich am leichtesten in unseren Haushalt integrieren ließe. Als wir damals ihre Mutter Otto mit Michaels altem verschrobenen Kater Septi bekannt gemacht haben, haben ihr Geschlecht, ihre Jugend sowie ihre natürliche Koketterie ihn im Sturm erobert, und so bin ich überzeugt davon, dass die Anschaffung eines Jungtiers die beste Möglichkeit ist. Ich habe mir in den Kopf gesetzt, meinen beiden Hübschen einen Gefährten der Gattung Russisch Blau zu beschaffen, wunderschöne Langhaarkatzen mit einem angenehm ruhigen Wesen. Noch haben wir keinen Züchter ausgewählt, aber Michael hat strikte Anweisung, mir als Weihnachtsgeschenk einen Kater dieser Rasse zu besorgen, obgleich unwahrscheinlich ist, dass wir vor Januar, Februar einen finden werden.

25. Dezember

Michael überreicht mir einen kleinen Porzellanhund, der ihm im Geschäft als Porzellankatze verkauft wurde und der als Symbol für meinen Russisch-Blau-Kater dienen soll. Um den Hals des Hündchens hat mein lieber Schatz einen großzügigen Scheck befestigt, sodass ich nur noch abwarten muss, bis die Läden bei uns im Dorf nach Weihnachten wieder geöffnet sind, um mir sofort die neuesten Ausgaben einiger Katzenzeitschriften zu besorgen und die Anzeigen zu studieren.

Neujahr

Ich verbringe Stunden über Stunden damit, Katzenzeitschriften zu durchforsten und verschiedene vielversprechende Anzeigen zu vergleichen. Schließlich setze ich mich furchtbar nervös mit einem Ehepaar in den Midlands in Verbindung, dessen trächtige Russisch-Blau-Katze zu Frühlingsbeginn werfen soll. Ich drücke uns allen derart die Daumen, dass ich kaum noch zu etwas anderem komme. Sie wissen, dass ich unbedingt einen Kater möchte, und sie suchen für den Nachwuchs ein Zuhause, in dem die Kater nicht als Zuchttiere missbraucht werden, da diese oft ein trauriges Dasein in einem geschlossenen Raum fristen, verbunden mit dem Zwang, immer wieder »ihren Mann zu stehen«. Die Züchter sind also froh, dass ihr Kater sich bei uns zusammen mit anderen Katzen im ganzen Haus frei wird bewegen können. Ich verschweige ihnen bewusst, dass ich hoffe, dass der Kater sich mit meinen beiden Mädchen paart, da man dies in meinen Augen nicht als Zuchteinsatz im klassischen Sinne betrachten kann. Wir sind keine Züchter, sondern wünschen uns lediglich Junge von unseren heiß geliebten Stubentigern, deren Nachwuchs hinterher nicht für viel Geld angepriesen werden wird. Ich möchte den kleinen Kater in die überschaubare Katzengruppe von Moon Cottage einführen, wo er den Katzen und uns Menschen gleichermaßen ein innig geliebter Kumpel werden soll.

Der Umstand, dass es eine trächtige Katze gibt, die in Kürze unseren Nachwuchs zur Welt bringen wird – wie ich doch sehr hoffe –, erfüllt mich mit schier unerträglicher Spannung und Vorfreude. Meine Konzentrationsfähigkeit in Bezug auf alle weltlichen Dinge, die in keinem Zusammenhang stehen mit diesem winzigen Wesen, das bald zu uns stoßen wird, tendiert gegen null. Ich durchlebe wahrhaftig die Seelenqualen zukünftiger Adoptiveltern, die in einem Zustand höchster Anspannung der Erfüllung ihres größten Wunsches harren. Nach einer gefühlten Ewigkeit (tatsächlich sind es nur ein paar Wochen) rufen die Besitzer der trächtigen Russisch-Blau-Katze an und teilen mir mit, dass die Kätzchen geboren seien und ein Kater dabei sei.

Ich setze mich sofort ins Auto und fahre los, um den Kleinen in Augenschein zu nehmen und mich selbst der kritischen Begutachtung der Züchter zu stellen. Bei meiner Ankunft finde ich einen entzückenden Wurf der Rasse Russisch Blau vor. Es sind vier Welpen, von denen einer, der besonders wach und agil zu sein scheint, auf mich zurobbt. Ich verliebe mich auf der Stelle rettungslos in das winzige Fellknäuel. Den will ich haben und keinen anderen. Irgendwann während meines Besuches wird mir bewusst, dass ich ebenfalls sehr genau beobachtet worden bin. Ich muss den Test bestanden haben, denn das ausgesprochen liebenswerte Ehepaar spricht Themen an wie Anzahlung, Impfungen und das Abholdatum. Bis dorthin sind es noch viele Wochen!

Ganz erfüllt von meinem (Katzen-)Kinderwunsch, kehre ich heim, wo ich nervös meine beiden Mädchen betrachte und ebenso lange wie sorgfältig darüber nachgrüble, ob ich möglicherweise im Begriff bin, die ganz besondere Beziehung zwischen ihnen zunichtezumachen. Als Geschwister – ihren Bruder Beetle, der eine Meile entfernt glücklich und zufrie-

den bei Eve, John und Jenny lebt, haben sie sicher längst vergessen – sind sie einander ganz besonders eng verbunden. Sie sind rundum glücklich und zufrieden in ihrer Zweisamkeit. Es wäre wirklich furchtbar, wenn ich aus reiner Selbstsucht dieses Glück zerstören würde. Nun, das alles wird sich mit der Zeit ergeben, und einstweilen bleibt mir nichts anderes übrig, als mich in Geduld zu üben.

*

Ich erwähne die folgende Begebenheit, da die Emotionen, die Katzen bei anderen zu wecken vermögen, sich nicht allein auf die besessenen Katzenliebhaber unter uns beschränken. Michael und ich sind eng mit meinem Exmann, Geoffrey Moorhouse, befreundet. Geoffrey ist für ein paar Tage bei uns zu Besuch, weil wir gemeinsam der Beerdigung eines sehr guten Freundes namens John Rosselli beiwohnen möchten. Die Trauerfeier findet in der Kirche St. Bene't's in Cambridge statt, und als Johns beide Söhne und seine Lebensgefährtin Lisa sowie sein Bruder und andere Menschen, die ihm besonders nahestanden, Johns Sarg durch den Mittelgang folgen, kommt auch David, mit knapp über dreißig sein jüngster Sohn, an unserer Bankreihe vorbei. Er wirft uns durch einen Tränenschleier einen tapferen Blick zu. Sein Lächeln steht in krassem Kontrast zu seiner Körperhaltung, die ahnen lässt, dass der Tod des Vaters ihm das Herz bricht, und ich fühle mich überwältigt von der Verletzlichkeit, die er ausstrahlt. Später, am Grab, schließt er mich in die Arme, und dabei spüre ich seine ganze Verzweiflung. Beim anschließenden Empfang gestehe ich Geoffrey, dass David mich in einer bestimmten Art und Weise in seinem Bedürfnis nach Trost an Fannie denken lässt, worauf Geoffrey leidenschaftlich entgegnet:

»Ja, ich weiß genau, was du meinst.«

Ich bin ebenso überrascht wie erfreut über diese Reaktion, da Geoffrey erst kürzlich (und zwar dank Fannie und Titus) für sich entdeckt hat, dass Katzen keine unzähmbaren, kratzenden, beißenden Furien sind, die seinen Garten ungeniert als Toilette benutzen. Andererseits war es möglicherweise auch nur eine nachsichtige Geste gegenüber einer närrischen Katzenverrückten.

Kapitel 5

Die Beziehung zwischen Titus und Fannie ist bei aller Komplexität sehr innig. Die meiste Zeit begegnen sie einander mit großer Zuneigung und gehen ausgesprochen liebevoll miteinander um, doch manchmal liefern sie sich auch aus heiterem Himmel und vermutlich aus purer Langeweile heftige Scheinkämpfe. Im Verlauf dieser Kämpfe kommt es durchaus auch zu echter Giftigkeit, und das geht so weit, dass sie einander sogar wehtun und eine von ihnen schließlich das Weite sucht. Allerdings gibt es bei diesen Kämpfen niemals jene Wildheit, wie man sie bei rolligen Katzen oder paarungsbereiten Katern beobachtet. Diese kleinen Auseinandersetzungen ergeben sich manchmal im Anschluss an eine ausgedehnte gegenseitige Putzorgie, nachdem sie einander liebevoll von der Nasen- bis zur Schwanzspitze gesäubert haben. Titus legt sich für gewöhnlich entspannt zurück und überlässt die Arbeit Fannie, aber ein Zungenschlag zu dicht an der Kehle kann schon mal als angedeuteter Biss interpretiert werden, und schon ist die größte Balgerei im Gang. Pfoten fliegen, und Zähne blitzen. Es gibt das eine oder andere laute Miauen aus Protest oder Schmerz, dann stolziert eine der beiden mit steil aufgestelltem Schwanz davon. Für gewöhnlich ist Fannie diejenige, die geht. Zuweilen geraten die beiden auch wegen eines ihrer

Spielbälle oder eines anderen gemeinsamen Spielzeugs kräftig aneinander. Dann wiederum scheinen sie hochkomplizierte Spielregeln zu befolgen, die bestimmen, wer jeweils an der Reihe ist, und wenngleich Titus eindeutig die dominantere der beiden ist, lässt sie dann Fannie mehr Zeit als »normal« beim Spiel mit ihrer heiß geliebten Spielmaus. Jeden Abend spielen sie (dem für zwei leichte Katzen erstaunlichen Lärmpegel nach zu urteilen) eine ermüdende Partie Fangen, bei der sie die Treppe rauf- und runterjagen und die ganze Länge des Hauses entlangflitzen. Wenn wir in der Küche sind und eine Flasche Wein öffnen, müssen Michael und ich jedes Mal wieder laut lachen, wenn wir das Gepolter über unseren Köpfen hören.

Auf unserem Bett liegen sie entweder Rücken an Rücken, um sich zu wärmen, oder aber ganz auseinander; seltener und besonders süß ist es, wenn sie aneinandergekuschelt »Löffelchen schlafen«. Ist die eine längere Zeit verschwunden, wird die andere unweigerlich nervös. Dabei scheint Fannie Titus mehr zu brauchen als Titus Fannie, wenngleich, während ich dies schreibe, Titus schon länger ganz allein auf dem Bett liegt, während Fannie es sich auf Johns Sofa gemütlich gemacht hat. Das scheint wochentags die übliche Aufteilung zu sein, wenngleich wir sie auch dann hin und wieder zusammen auf unserem großen Bett antreffen. Titus kommt fast immer irgendwann, während ich schreibe, zu mir und lässt sich nicht davon abhalten, sich um meinen Hals herum auf meine Schultern zu legen wie ein Pelzkragen. Diese Position ist für uns beide unbequem und störend, aber ich fühle mich natürlich geschmeichelt. Wenn Fannie es sich in den Kopf setzt, mich bei der Arbeit zu stören, fängt sie die Sache völlig anders an. Sie geht unter den Schreibtisch und schlägt mir die Krallen in die Schienbeine, um sich so auf meinen Schoß zu hangeln. Dort hockt sie dann spürbar angespannt und wartet darauf, dass ich ihre Ohren und Wangen kraule. Wenn sie gerade schmusig aufgelegt ist, rollt sie sich zusammen und hebt das Kinn, damit ich sie auch dort streicheln kann. Bei Fannie kann man das Vibrieren ihres Schnurrens fühlen, hören tut man es hingegen nicht. Die beiden nähern sich niemals gleichzeitig ein und derselben Person. Wenn einer von uns mit einer von beiden schmust, hält die andere sich fern, wenngleich Titus in solchen Fällen schon mal im Vorbeigehen traurig oder missbilligend maunzt, wenn Fannie gerade liebkost wird. Im umgekehrten Fall drückt Fannie ihr Missfallen durch Schweigen aus.

Titus
Sie hat ungewöhnliche Augen, aus denen sie einem durchdringend und unverwandt in die Augen schaut. Manchmal hält sie diesen Augenkontakt erstaunlich lange aufrecht, und gelegentlich kommt man sich dabei vor, als würde man nicht von einem Vertreter einer anderen Spezies gemustert, sondern von einem Wesen von einem fremden Stern. Ihre Augen haben exakt den gleichen Bernsteinton wie ihr Fell. Diese faszinierende Kombination veranlasste meinen Freund

Matthew bei seiner ersten Begegnung mit Titus zu einem kleinen Freudentanz, so entzückt war er von der »orangefarbenen Katze mit den orangefarbenen Augen«.

Titus neigt, obwohl sie nicht kastriert ist, zu Übergewicht, und ich fürchte, dass sie richtig rund wird, wenn es zur unvermeidlichen Kastration kommt. Ihr Gewicht schränkt sie sogar in ihrer Beweglichkeit ein. Otto hat im Laufe ihres kurzen Lebens ebenso wie Fannie heute stets den höchsten Aussichtspunkt in einem Raum gewählt. Die obere Türkante, Schränke, vollgestellte Fensterbänke oder Simse oder auch das höchste Bücherregal, das alles stellte und stellt für diese zwei Katzen eine unwiderstehliche Versuchung dar. Anders Titus. Sie springt bedächtig und beinahe träge vom Fußboden auf einen Stuhl, vom Stuhl auf den Tisch und vom Tisch auf den Klavierdeckel (wobei sie an manchen Tagen auch ohne Rücksicht auf das Geklimper über die nackten Tasten spaziert. Fannie zieht selbstverständlich den höchsten Punkt des Möbels vor, und sogar unser lieber alter Septi hat sich dort hinaufgerettet, wenn er vor Otto flüchten wollte oder an heißen Tagen auf der Suche war nach einem Ort, an dem zumindest ein Hauch von Luftzug wehte). Für Titus kommt ernsthaftes Klettern einfach nicht infrage.

Sinnlich ist sie aber sehr, und dazu ausgesprochen mitteilsam. Wenn Michael oder John heimkommen, begrüßt sie sie mit einer ganzen Bandbreite klagender Miaulaute, die sie mehrmals wiederholt, und zwar mit steigender Intensität. Ignoriert man sie, geht das Klagen über in kurze, prägnante Laute, die sehr deutlich eine Dringlichkeit zum Ausdruck bringen. Manche behaupten, das Miauen einer Katze könne so ziemlich alles bedeuten. Auf jeden Fall lässt sich beobachten, dass diese Rufe eine ganze Reihe von Emotionen ausdrücken: von Betteln über Furcht, Zorn, Groll, Einsamkeit und Hunger bis hin zu Zufriedenheit, Lust, Freude und sogar, davon bin ich überzeugt, Liebe. Mir wird diese laute Begrüßung nur selten zuteil, was daran liegen mag, dass sie mir meine Verbundenheit mit Fannie verübelt. Im Übrigen bekundet sie mir ihre Zuneigung bei anderen Gelegenheiten und auf andere Arten. So ist das eben bei Katzen.

Bei Michael und John gebärdet sie sich wie ein richtiges Baby. Nachdem sie sie wortreich begrüßt hat, wickelt sie mit einer beinahe theatralischen Sinnlichkeit selbstvergessen ihren plumpen Leib um ihre Schultern. Manchmal, wenn sie auf einer Sessel- oder Sofalehne liegt, reibt sie den Kopf so nachhaltig an der von ihr auserwählten Person, um dieser ihren eigenen Geruch zu verleihen, dass sie hierüber das Gleichgewicht verliert und die Schmach eines unelegantes Absturzes erdulden muss, nur um sofort wieder hochzuklettern und das Spiel fortzusetzen. Kürzlich hat sie angefangen, auch an mir ihren Kopf zu reiben, wenngleich sie mir ihre klangvolle Begrüßung weiterhin vorenthält. Allerdings kaut sie auf meinen Haaren herum, was zuweilen darin gipfelt, dass sie mich in den Kopf beißt, wobei es mir bisher nicht gelungen ist zu ergründen, ob es sich hierbei um ein Versehen handelt oder ob eine Absicht dahintersteckt. Fannie putzt ebenfalls regelmäßig mein Haar, und es könnte sein, dass Titus sich das von ihr abgeguckt hat. Ich möchte fast behaupten, dass sie sehr gut weiß, wie wütend es Fannie macht, die jedes Mal wieder demonstrativ den Raum verlässt, wenn Titus mir diese Sonderbehandlung zuteilwerden lässt.

Wenn Fannie und Titus mehrere Stunden getrennt waren, macht Fannie sich auf die Suche. Für gewöhnlich legt sie sich dann zu ihrer Schwester und putzt diese über längere Zeit liebevoll. Titus akzeptiert diesen Liebesbeweis in der Regel großmütig mit geschlossenen Augen und sichtlichem Genuss, wobei sie hin und wieder eine Zärtlichkeit erwidert, jedoch ohne ihre eigene Bequemlichkeit aufzugeben und wohl vor allem, um Fannie bei Laune zu halten.

Fannie
Fannie ist ganz Mädchen. Sie ist so unabhängig, wie ihre Mutter es war, und hat dazu deren Aussehen und Anmut geerbt. Wenngleich sie etwas schüchterner ist als Otto zu Lebzeiten,

macht sie dies durch unübertroffene Eleganz wieder wett. Sie ist gertenschlank, ja schon fast dünn, und verkörpert die fleischgewordene Weiblichkeit. Jeder, der uns das erste Mal besucht, ist fasziniert von ihrem Aussehen, vor allem jenen anmutigen mandelförmigen Geisha-Augen, wobei diese Bewunderung manchmal begleitet wird von einer gewissen Befremdung angesichts ihrer Distanziertheit.

Sie hat die gleiche Angewohnheit wie ihre Mutter und vergisst manchmal nach dem Putzen, die Zunge »einzufahren«, sodass die Zungenspitze vorn rosa durch die Lippen schimmert und sie an einen niedlichen Teddybären aus den Fünfzigerjahren erinnert. Diesen Ausdruck behält sie manchmal über mehrere Minuten bei, und ich schmelze jedes Mal wieder dahin. Wenn sie besonders schmusig gestimmt ist, rollt sie sich mit unbeschreiblicher Anmut auf den Rücken und reckt dabei das Köpfchen in die Höhe. Die Pose ist unbeschreiblich anziehend, und zudem besitzt sie die unvergleichlich mädchenhafte Angewohnheit, mit beiden Pfoten die Augen zu verdecken und dabei den Kopf zu neigen, wobei sie einen beobachtet, um sich davon zu überzeugen, dass man auch genau hinschaut und sie bewundert.

Letztens brachte sie sich gerade wieder in Pose, als sie hörte, wie Titus vor Michael her die Treppe hinaufsprang. Sie drehte sich hastig herum, setzte sich sehr aufrecht hin und wickelte geschmeidig den Schwanz um die Vorderpfoten, als wartete sie auf ihren Vorhang. Als die beiden dann den Raum betraten, wurden sie nicht etwa von dem selbstvergessenen sinnlichen Wesen empfangen, das mich noch vor wenigen Sekunden bezirzt hat, sondern von Fräulein Etepetete.

Langsam naht die Osterhasenzeit oder, genauer, der Zeitpunkt, da unser jüngster Familienzuwachs in unser aller Leben treten wird. Ich sehe dem großen Tag mit gemischten Gefühlen entgegen.

Ich quäle mich weiterhin mit Gewissensbissen unseren zwei Katzenmädchen gegenüber. Ich habe einen weitreichenden Schritt eingeleitet, und die Neuerung wird den beiden zumindest anfangs ganz sicher nicht schmecken. Andererseits werden sie vermutlich das Verlangen verspüren, sich zu paaren, ein Instinkt, der bei beiden sehr ausgeprägt zu sein scheint, vor allem bei Titus, die sich ziemlich schamlos gebärdet. Fannie hat schon mehrmals nach einem Kater gerufen, sich aber jedes Mal ins Haus geflüchtet, bevor ein herumstreunender Verehrer ihrem Ruf folgen konnte. Es bereitet mir großes Kopfzerbrechen, das Gleichgewicht zwischen den beiden zu stören. Sie stehen einander extrem nah, doch man darf nicht außer Acht lassen, dass sie auch im Wettstreit miteinander stehen. Ich habe ihnen kürzlich erst einen Kletterbaum mit drei verschiedenen Ebenen gekauft, den sogar Titus mühelos erklettern kann, worauf sie sehr stolz ist. Fannie hingegen hatte ursprünglich Angst davor wegen des Balls mit dem Glöckchen, der daran befestigt ist. Inzwischen hat sie sich allerdings daran gewöhnt und springt vom Boden auf die höchste Plattform, die in etwa in meiner Kopfhöhe angebracht ist. Heute hat sie dies wieder getan, während Titus bedächtiger bis zur zweiten Etage geklettert ist, also einer unter Fannie, und ich war bei aller Belustigung auch schockiert zu sehen, wie Fannie gleich mehrmals mit der Pfote nach Titus' Kopf schlug, bis Titus schließlich aufgab und heruntersprang.

Michael hat heute mit den beiden mit einem Palmwedel von Palmsonntag auf dem Tisch gespielt, und dabei wurde deutlich, dass Fannie die rechte Pfote bevorzugt und Titus die linke. Allerdings habe ich auch schon beobachtet, dass sie mit beiden Vorderpfoten nach dem Ball schlagen. Trotzdem scheinen sie eine gewisse Seite zu bevorzugen, und warum auch nicht?

Morgen werde ich also unseren neuesten Familienzuwachs abholen, und Michael hat sich einen Spaß daraus gemacht, unsere Mädchen die ganze Woche lang mit den Worten zu necken: »Seid bloß vorsichtig, bald gibt's eins auf die Nuss«, wobei er mit »Nuss« die Nase meint.

An diesem Abend kommt es zu zwei sonderbaren Vorfällen. Ollie, Michaels jüngster Sohn, war den ganzen Tag daheim, sodass die Katzen nicht allein waren, aber etwa eine Stunde vor meiner Rückkehr ist er zusammen mit seinem Vater und seinem älteren Bruder in den Pub gegangen. Als ich gegen einundzwanzig Uhr von der Arbeit komme und meinen Wagen auf der gegenüberliegenden Straßenseite parke, sehe ich unter dem Saum der Netzgardine beide Katzengesichter. Fannie schaut schon mal gern hinaus, aber Titus hat bislang äußerst selten Interesse an Passanten gezeigt. Heute Abend sitzen alle zwei da und sehen irgendwie verloren aus. Was mag in ihnen vorgehen? Können Katzen vielleicht in die Zukunft blicken?

Die nächste denkwürdige Episode ereignet sich, kurz nachdem ich sie in den Auslauf gelassen habe, wo sie gern herumtoben, vor allem in der Abenddämmerung. Ich schenke ihnen keine besondere Beachtung, registriere jedoch am Rande, dass

Fannie auf einen der Blumenkübel geklettert ist (natürlich wieder einmal der höchste Punkt im Garten), während Titus unten auf dem Boden umhertollt. Ich gehe zurück ins Haus, um das Abendessen zuzubereiten, als Titus plötzlich ein Kreischen von sich gibt, einen wirklich ohrenbetäubenden schrillen Schrei. Fannie kommt erschrocken hereingeschossen und ist schon halb die Treppe hinauf, ehe sie sich besinnt und vorsichtig zurückkehrt. Ich stürze nach draußen. Ich weiß selbst nicht, was ich erwarte: einen feuerspeienden Drachen, einen zähnefletschenden Braunbären, den Geist der vergangenen Weihnacht, der mal als Körper ohne Kopf, mal als körperloser Kopf herumspukt?

Ich schnappe mir Titus und bringe sie in die Küche, um sie vor dem zu beschützen, was da draußen lauert, und schließe die Tür hinter ihr. Dann stehe ich allein draußen wie eine wachsame Löwenmutter und starre angestrengt in das Dunkel jenseits des Auslaufs, kann jedoch nichts erkennen. Ich gehe einmal um den Auslauf herum, kann aber nichts finden, das eine solche Reaktion bei Titus ausgelöst haben könnte. Als ich ins Haus zurückgehe, steht sie immer noch mit aufgestelltem Pelz da, sodass sie aussieht wie ein großes rötliches Stachelschwein. Die Krönung des Ganzen ist ihr steil, in einem Neunzig-Grad-Winkel zum Körper aufgestellter Schwanz, der derart aufgeplustert ist, dass er mehr Ähnlichkeit mit einem Fuchs- denn mit einem Katzenschwanz hat.

»Was ist denn los?«, frage ich sanft. Sie blickt sichtlich nervös mit dunklen, geweiteten Pupillen zu mir auf. Fannie kommt zu ihr, und die beiden beschnuppern sich lange ausgiebig. Für mich sieht es aus, als redeten sie miteinander. Fannies Schwanz ist jetzt ebenfalls leicht aufgeplustert, aber Titus, die offenbar das meiste wovon auch immer abbekommen hat, hält das Fell entlang der Wirbelsäule aufgestellt, und auch der Schwanz bleibt noch weitere zehn Minuten aufgebauscht.

Am Morgen erfahre ich schließlich von Oliver, dass eine schwarze Katze, die ich schon öfter im Garten gesehen und sofort wieder über die Mauer gescheucht habe, tagsüber erneut als ungebetener Gast im Garten war. Als Oliver die Hintertür geöffnet hatte, war die fremde Katze den vermeintlich katzensicheren Zaun mühelos hinaufgeklettert und hatte ebenso spielerisch den nach innen geneigten Überhang überwunden, hierbei sehr aufmerksam von Titus beobachtet. Das war doch sicher kein unkastrierter Kater, oder? Welche Ironie, ausgerechnet jetzt, da der Einzug unseres eigenen Katers unmittelbar bevorsteht!

Kapitel 6
Der Neuzugang

Heute ist der lang ersehnte Tag, an dem wir unser neues Kätzchen abholen. Wir werden ihn Puschkin nennen, da, einer selbst auferlegten Hausregel folgend, alle Katzen nach literarischen Größe benannt werden und er immerhin ein Vertreter der Rasse Russisch Blau ist. Erst wollten wir ihn Tolstoi nennen, aber meine Freundin Sue hat mich schließlich davon überzeugt, dass Puschkin viel besser zu einer Katze passt.

Erfüllt von lang gehegter Vorfreude, fahre ich die fast zweihundert Meilen, um Puschkin abzuholen und nach Moon Cottage zu holen. Ich bin schrecklich nervös, aufgeregt, unsicher und, ja, ich gebe es zu, erfüllt von mütterlicher Fürsorge. Michael kann mich aus beruflichen Gründen nicht begleiten, und ich weiß, dass es ihn etwas traurig stimmt, dieses bedeutsame Ereignis zu versäumen. Ich für meinen Teil werde von Schuldgefühlen geplagt, weil ich mich insgeheim freue, diese kostbaren Augenblicke ganz für mich allein zu haben.

Ich erreiche mein Fahrtziel zur vereinbarten Zeit und werde herzlich empfangen. Erwartungsvoll betrete ich Puschkins Geburtshaus. Ich bin dankbar, dass ich seine Mutter nicht zu sehen bekomme, nachdem sie mich bei meinem letzten Besuch über den Kopf ihres saugenden Sohnes hinweg angeschaut hatte mit einem Ausdruck, der so eindeutig besagte:

»Er gehört mir und nicht dir«, dass ich den Blick abgewandt hatte.

Als ich mit Puschkin in der Transportkiste das Haus verlasse, gibt er klagende, hohe Maunztöne von sich, und auf der Rückfahrt miaut er mehrmals. Ich habe die Kiste auf den Beifahrersitz gestellt und mit dem Gurt fixiert, sodass ich mich die ganze Fahrt über mit dem kleinen Mann unterhalten kann. Aus dem Augenwinkel sehe ich, dass er mich unruhig beobachtet, aber mit der Zeit entspannt er sich, und als ich das nächste Mal hinschaue, hat er sich zusammengerollt und schläft tief und fest. Und so verschläft er den Rest der Heimfahrt.

Im Haus verlässt er die Transportkiste und trinkt aus der Wasserschüssel, als wäre er hier schon immer zu Hause gewesen. Ich habe vorsichtshalber die Wohnzimmertür geschlossen, damit meine zwei Mädels ihn nicht sehen können. Kurz nachdem er getrunken hat, benutzt er die Katzentoilette und schaut sich hiernach die neue Umgebung an. Schließlich komme ich zu dem Schluss, dass es an der Zeit ist, den Neuzugang mit den beiden anderen Katzen des Hauses bekannt zu machen. Eine einzige Katastrophe! Oder zumindest extreme Unhöflichkeit seitens unserer Damen. Fannie faucht energisch, während Titus den Fremdling zu meiner Überraschung still und sogar ein wenig ängstlich begutachtet.

Puschkin zeigt, was er draufhat. Er erwidert den Blick der Mädchen lautlos und mit einer Gelassenheit, die mich verblüfft. Ich nehme ihn hoch, um ihn zu trösten, und er beginnt sofort, ebenso laut wie unwiderstehlich zu schnurren. Ich setze ihn wieder ab, woraufhin Fannie und Titus sich

beide ins Wohnzimmer zurückziehen und ihn aus sicherer Entfernung anstarren. Titus sieht geradezu entsetzt aus. Fannie kommt immer wieder zu ihm, macht aber jedes Mal gleich darauf kehrt und faucht die ganze Zeit hochaggressiv. Nachdem er seine Erkundungstour kurz unterbrochen hat, beschließt Puschkin, das Fauchen souverän zu ignorieren, und steuert geradewegs auf Fannie zu. Sie knurrt tief und anhaltend, fast wie ein Hund. Bei diesem Laut hält der kleine Kater abrupt inne. Ich vermute, dass er in seinem kurzen Leben noch nie einen so bedrohlichen Laut gehört hat. Ach, meine Mädchen! Ach, mein kleiner Junge! Es tut mir ja so leid. Was habe ich nur getan?

Michael kommt heim. Er ist wirklich traurig, dass er die in seinen Augen entscheidende erste Begegnung versäumt hat, aber tatsächlich war es gar nicht so toll. Er hat zwischendurch immer wieder angerufen und sich exakt schildern lassen, wie sich alle Protagonisten verhalten, und bei seiner Ankunft ist er, wie nicht anders zu erwarten war, sofort ganz verzaubert von Puschkin und hat nur noch Augen für ihn. Immerhin ist Puschkin ein bemerkenswerter kleiner Kater.

Er ist so winzig, dass er in meiner hohlen Hand sitzen

kann, und von wunderschöner blaugrauer Farbe mit beinahe unsichtbaren parallel verlaufenden dunklen Streifen auf dem Rücken, die jedoch in Kürze vollständig verschwinden werden. Seine Augenfarbe wechselt gerade von Babyblau zu Grün. Dazu hat er tiefgraue Schnurrhaare und die niedlichste dunkelgraue Nase, die ich je gesehen habe, und oben auf dem Kopf die riesigsten, ebenmäßigsten, spitzen Ohren, die man sich nur vorstellen kann. Er ist ein echter Herzensbrecher, und das mit gerade mal zwölf Wochen.

In dieser ersten Nacht sperren wir ihn aus Rücksicht auf die Mädchen und zu seinem eigenen Schutz mit der Katzentoilette, Futter, Wasser und seinem kleinen Bett, das er sogleich angenommen hat, im Wohnzimmer ein. Ist das der Unterschied zwischen einer gewöhnlichen Hauskatze und einem Aristokraten? Dass Erstere sich irgendwo einen Schlafplatz suchen, während Letztere Wert legen auf ein eigenes Katzenbett? Die Mädchen sind unruhig, laufen miauend in unserem Zimmer umher und stehen irgendwie neben sich. Aufgrund ihrer Nervosität lassen sie sich nicht von uns streicheln oder sonst wie beruhigen, obwohl sie unsere Nähe suchen. Gegen halb drei Uhr nachts stehe ich auf und gehe nach unten. Puschkin kauert verschüchtert unter dem Sekretär, sodass ich ihn in sein Bettchen zurückbefördere und bei ihm bleibe, bis er eingeschlafen ist. Ich versuche, nicht darüber nachzudenken, wie es sein muss, wenn man abrupt von seiner Mutter, seinen beiden Schwestern, seinen beiden Brüdern und dem einzigen Heim, das man bislang gekannt hat, getrennt wird, um dann meilenweit durch das Land geschaukelt zu werden und in einem Cottage zu landen, das einem völlig fremd ist und in dem man von zwei ausgesprochen unfreundlichen Katzendamen empfangen wird.

*

Puschkin ist erstaunlich lebhaft und muss einfach alles begutachten. Er ist unglaublich flink. Ich hatte völlig vergessen, wie schnell junge Katzen sein können! Er schafft es sogar, den Katzenbaum hinaufzuklettern. Sitzt allerdings Fannie auf der obersten Plattform, wird er mit kräftigen rechten Haken vertrieben. Zweimal hat sie ihn schon unsanft nach unten befördert. Der Kleine zeigt sich auch in dieser Lage würdevoll. Er schüttelt sich nur, steht auf und klettert sogleich wieder hinauf. Puschkin fühlt sich offenbar zu Titus hingezogen, die als rundere meiner beiden Mädchen auch mehr Wärme ausstrahlt. Puschkin hat offenbar ein ausgeprägtes Wärmebedürfnis. Titus begegnet ihm hochnäsig und irgendwie empört. Sie miaut nicht mehr, auch wenn ich diesem Umstand nicht so viel Aufmerksamkeit schenke, wie ich es vielleicht sollte. Seltsamerweise scheint letztlich Fannie, das unruhigere der Katzenmädchen, Puschkin eher zu akzeptieren.

Michael und ich mussten heute immer wieder ausgiebig die eine oder andere Katzendame knuddeln. Schließlich gelingt es mir, beiden ein sehr leises Schnurren zu entlocken (eigentlich ist es mehr ein Vibrieren als ein Schnurren), wobei es bei Titus eine Ewigkeit dauert, bis sie sich dazu herablässt. Fannie steigt in Puschkins verlassenes Bett, und ich wage das Risiko, den Kleinen zu holen und zu ihr zu setzen, um zu sehen, was passiert. Zögerlich beginnt sie, ihn zu putzen, worauf der kleine Kater sofort anfängt, laut zu schnurren. Das Schnurren lässt seinen ganzen Körper vibrieren. Plötzlich beginnt Fannie, ohne das Putzen zu unterbrechen, leise zu fauchen. Ist diese Katze schizophren oder was? Sogar Puschkin macht angesichts der widersprüchlichen Signale ein verdutztes Gesicht.

Gestern Nacht haben wir ihn wieder allein im Wohnzimmer eingesperrt, aber die Mädchen waren trotzdem furchtbar unruhig. Als ich das Zimmer betrat, telefonierte John gerade mit einem Bekannten und erzählte diesem, wir hätten ein neues Kätzchen namens Stud*. Offenbar fragte sein Bekannter nach, da Johns nächster Kommentar lautete: »Ach, wir benennen unsere Katzen immer nach der ihnen zugedachten Aufgabe.«

Kurze Zeit später überraschte ich Titus und Puschkin auf Johns Bett. Titus leckte den kleinen Kater einige Male flüchtig, doch der Frieden war nur von kurzer Dauer.

Heute Nacht wollen wir es Puschkin überlassen, seinen Schlafplatz frei zu wählen. Er schläft auf unserem Bett und

---

* Englisch für Zuchthengst, Anmerkung des Übersetzers.

macht es sich ganz selbstverständlich zwischen Michael und mir bequem. Dieser Kater ist wirklich frech. Die Mädchen reagieren entsprechend irritiert. Du lieber Gott!

*

Eines Morgens drei oder vier Tage später betrete ich nach dem Duschen – Fannie liegt nach der üblichen Kuschelorgie noch in Rückenlage auf meinem Arm – Johns Schlafzimmer auf der Suche nach den beiden anderen Stubentigern. Titus und Puschkin liegen Rücken an Rücken auf Johns Bett. Titus wirft nur einen Blick auf Fannie in meinen Armen, dreht sich sofort herum und fängt überraschend an, Puschkin intensiv zu putzen. Der kleine Kater gibt sich so opportunistisch wie immer und schnurrt genießerisch. Fannie, die trotz der Rückenlage die beiden Katzen auf dem Bett mit einem langen Seitenblick gemustert hat, scheint nicht zu gefallen, was sie sieht: Sie springt von meinem Arm und läuft nach unten. Ich verlasse das Zimmer, werfe jedoch durch den Türspalt einen verstohlenen Blick auf das ungleiche Pärchen. Sobald Fannie und ich das Zimmer verlassen haben, beendet Titus die Putzorgie. Es scheint sich also tatsächlich um eine »Sieh her, er ist mein Freund und nicht deiner«-Aktion gehandelt zu haben, um Fannie zu ärgern, eine Art Retourkutsche, weil sie bei mir auf dem Arm war. Wie kompliziert die Beziehung zwischen den drei Katzen doch ist!

An diesem Morgen gehe ich hinaus in das abgezäunte Gartenstück. Fannie und Titus laufen voraus und springen auf den Gartentisch. Puschkin kommt nach. Das ist sein erster Ausflug ins Freie. In seiner Furcht vor der neuen Umgebung plustert er das Babyfell auf und sieht plötzlich aus wie ein kleiner silberner Igel. Sein Schwänzchen bildet keinen Neunzig-Grad-, sondern vielmehr einen Einhundertfünfundvierzig-Grad-Winkel, und die Haare stehen nach allen Seiten hin ab wie bei einer Kaminfegerbürste.

Ich bin eben damit beschäftigt, Kaninchendraht von außen am Zaun zu befestigen, da Puschkin durchaus noch durch die Löcher im Holzgitter schlüpfen könnte, als Titus ebenso plötzlich wie unerwartet auf das Tor springt und in verblüffendem Tempo geschickt hinüberklettert, offenbar auf demselben Weg, auf dem laut Oliver die schwarze Katze geflüchtet ist. Katzen sind also sehr wohl in der Lage, Beobachtetes nachzuahmen. Titus hatte seit vergangenen Juli nie Anstalten gemacht, über den Zaun klettern zu wollen, und jetzt wird mir auch bewusst, dass sie einige Zeit vor dem Tor gesessen und dieses beobachtet hat, bevor sie ihren Versuch gestartet hat. Ich komme also zu dem Schluss, dass Katzen nicht nur zu komplexen Denkprozessen fähig sind, sondern außerdem in der Lage, Handlungen im Voraus zu planen. Nachdem Titus in den eigentlichen Garten gelangt ist, kauert sie sich hin, offenbar unsicher, was sie als Nächstes tun soll. Ich nutze die

Gelegenheit, sie mir zu schnappen und in den Auslauf zurückzubringen. Dann bastle ich eine kleine Ewigkeit an einer zusätzlichen Sicherung, indem ich rundum Kaninchendraht anbringe sowie einen zusätzlichen doppelseitigen Überhang, um zu verhindern, dass noch einmal eine unserer Katzen ausbüxt oder eine fremde Katze in deren Revier vordringt. Wollte Titus nur dem Störenfried im eigenen Haus entfliehen?

Inzwischen gibt es auch Schwierigkeiten bei der Fütterung. Bisher habe ich unten immer Trockenfutter für die beiden Mädchen stehen gehabt, und sie fressen fast nichts anderes, wenngleich ich auf Anraten meines Tierarztes versuche, ihnen einmal täglich eine Portion Dosenfutter schmackhaft zu machen. Bislang habe ich dieses Feuchtfutter immer für beide gemeinsam in eine einzige Schüssel gegeben, aber nun legt unser kleiner Kater ausgesprochen schlechte Manieren an den Tag und schiebt die Mädchen mit unsanften Kopfstößen einfach beiseite, sodass ich gezwungen bin, ihn separat in einem anderen Zimmer zu füttern. Damit scheint das Problem weitgehend gelöst zu sein, auch wenn er dazu neigt, sich Titus anzuschließen, jedes Mal, wenn diese Trockenfutter frisst, sodass sie aus reinem Selbsterhaltungstrieb heraus begonnen hat, Trockenfutter im Maul anderswohin zu tragen, um in Frieden fressen zu können. Puschkin liebt es, seine Mahlzeiten in Gesellschaft einer anderen fressenden Katze einzunehmen. Ich nehme an, dass diese Vorliebe für gemeinschaftliches Fressen auf seine Erinnerung an seine Mutter und seine Geschwister zurückzuführen ist. Bei seiner Geburt war er der Kleinste aus dem Wurf, hat aber rasch aufgeholt, sobald zugefüttert wurde.

Ostern steht vor der Tür, und über die Feiertage bekommen wir Besuch von verschiedenen Mitgliedern unserer jeweiligen Familien, die sich freuen, uns einmal wiederzusehen und bei dieser Gelegenheit das jüngste Familienmitglied kennenzulernen. In seinem Alter ist er natürlich zum Anbeißen süß, sodass wir ernsthaft befürchten, jemand könne ihn entführen.

Wochen vergehen, und Puschkins Energie scheint unerschöpflich zu sein. Sind alle jungen Katzen so quirlig? Die Antwort auf diese Frage lautet vermutlich ja, aber Puschkin kommt uns besonders temperamentvoll vor, wenn er wie ein Wirbelwind durch das Haus fegt, wobei er das Toben unweigerlich irgendwann abrupt einstellt, um dann auf der Stelle einzuschlafen. Schläft er, ist er unglaublich schwer zu wecken. Fast scheint es, als fiele er wie ein Narkoleptiker von jetzt auf gleich in einen komaähnlichen Zustand.

Es ist offensichtlich, dass Titus und Fannie sich oft von Puschkins Ausbrüchen gestört fühlen, und John, Michael und ich bemühen uns, jeder auf seine Art, die Mädchen zu beruhigen. Heute Morgen sind die beiden hinter mir auf dem Bett eingenickt, während Puschkin ganz still in der kleinen Hängematte an der Wand döste (sie hatten ihn dorthin verbannt, nachdem er sie gegen sich aufgebracht hatte, aber er war ohnehin so erschöpft, dass er sich sofort einrollte und einschlief).

Kapitel 7
Frühsommer

Langsam verändert sich die Beziehung zwischen unseren drei Samtpfoten, wenngleich es auch weiterhin explosive und schwierige Momente gibt. Titus und Fannie putzen Puschkin jeden Tag eine Weile auf eine fürsorgliche schwesterliche Art. Wenn er zum Schlafen ihre Nähe sucht, was häufig der Fall ist, fühlen sie sich durchaus zu ihm hingezogen, und ich denke, dass nicht zuletzt sein zartes Alter dazu beigetragen hat, ihre Herzen zu erobern. Offenbar liegt er gern Rücken an Rücken, vor allem mit Titus, und heute Morgen habe ich sie sogar in Löffelchen-Stellung angetroffen.

Wenn er gerade aufgewacht und noch ganz verschlafen ist, sich noch streckt und gähnt und dichter an sie heranrückt, um den Kopf in ihrem Fell zu vergraben, gehen sie anfangs noch sehr zärtlich mit ihm um, aber es dauert nie lange, bis er es sich mit seinen derben Kopfstößen mit ihnen verdirbt. Für ihn ist es offenbar ein Zeichen größter Zuneigung, dem die beiden Damen sich jedoch stur verweigern. In der Sekunde, da er völlig wach ist und wie Tigger aufspringt, um, seinem Zeichentrick-Vorbild nacheifernd, wild umherzuhüpfen, suchen meine Mädchen regelmäßig das Weite. Die Beziehung zwischen den beiden hat sich ebenfalls gewandelt. Zwar putzen sie sich noch gegenseitig, jedoch nur noch sporadisch, und wenn eine der Schwestern die andere anspringt, was vor Puschkins Einzug unweigerlich als niemals ausgeschlagene Spielaufforderung gewertet wurde, scheinen sie einander mit echtem Argwohn zu begegnen und das Spiel zu meiden. Noch überraschender ist, dass die Mädchen ihre nächtlichen Verfolgungsjagden eingestellt haben. Stattdessen jagen Titus und Fannie nun abwechselnd Puschkin oder er sie, sie spielen jedoch niemals zu dritt.

Vor zwei, drei Tagen hat Titus sehr deutliche Anzeichen einer Rolligkeit gezeigt, wobei sie ihr Hinterteil mit aller Deutlichkeit in die Höhe gereckt und nachdrücklich ihre Paarungsbereitschaft signalisiert hat. Michael und ich vermuten, dass die Anwesenheit eines Katers, so jung dieser auch noch sein mag, diese extreme Zurschaustellung provoziert. Die Kehrseite der Medaille ist allerdings gewesen, dass Titus ihr Hinterteil Michael, John, mir und schließlich sogar Fannie dargeboten hat, jedoch nicht Puschkin. Zwar nutzen die beiden Mädchen jede Gelegenheit, um Puschkin zu beschnuppern, weisen ihn aber sofort zurecht, wenn er ihnen zu aufdringlich wird. In der Katzenwelt scheint das Schnuppern an den Genitalien ein wirkungsvolles Mittel zu sein, den Gegner zu verunsichern.

Heute Abend versucht Titus wieder auszubüchsen. Als ich das Tor öffne, um etwas aus dem Tiefkühlschrank im Schuppen zu holen, zwängt sie sich durch den schmalen Spalt wie ein Hase auf der Flucht vor einer Meute Jagdhunde. Ich traue meinen Augen nicht, so flink ist sie. Sie läuft zum Schuppen, wo sie dann aber offenbar der Mut verlässt, sodass sie abrupt haltmacht. Ich laufe die Treppe hinauf und nehme sie auf den

Arm, woraufhin sie, durch meine Nähe ermutigt, erneut zu entkommen versucht. Ich halte sie gut fest und fühle ihren hämmernden Herzschlag. Vorsichtig setze ich sie im Auslauf wieder ab. Wie ein Häufchen Elend hockt sie da. Sie öffnet das Maul, gibt jedoch keinen Laut von sich. Seit dem Eindringen der fremden schwarzen Katze, mit der Titus sich möglicherweise geprügelt hat, hat sie nicht mehr miaut. Hat sie hier im Garten etwas erlebt, das sie bis heute ängstigt?

Das erstickte leise Maunzen, das sie schließlich bei dem Versuch zu miauen hervorpresst, bricht mir das Herz, und ich beschließe, vielleicht etwas spät, mit ihr zum Tierarzt zu gehen.

Kate untersucht sie sorgfältig und stellt fest, dass sie eine Halsverletzung hat, die vermutlich von einem Fremdkörper wie beispielsweise einem Stöckchen verursacht wurde. Sie spritzt Titus ein Antibiotikum und einen Entzündungshemmer, und schon kurze Zeit später erholt sich die arme Titus wieder. Wenige Tage nach unserem Besuch in der Klinik kann sie sogar wieder miauen. Ich frage mich, wie sie sich die Verletzung zugezogen haben mag. Mir fällt ein Spielzeug ein, das sie heiß und innig liebt und hin und wieder mit sich herumträgt, ein Stöckchen mit einer Feder an einem Ende. Ich lasse das Ding klammheimlich verschwinden.

Puschkin wächst rasch heran, aber ihm unterlaufen immer noch hin und wieder jugendliche Fehleinschätzungen, die ihn entwaffnend tollpatschig erscheinen lassen. Als ich heute in unserem Schlafzimmer im Sessel sitze und lese, schaue ich gerade auf, als Fannie hereinkommt und mit unübertrefflicher Anmut und Sicherheit die Entfernung von etwa einem Meter zwanzig auf unser sehr hohes Bett überwindet. Puschkin, der draußen vor der Tür gelegen und zugesehen hat, streckt sich, durchquert das Zimmer, imitiert perfekt Fannies Sprung und landet schwer auf ihr. Hierauf folgt lautes Gezeter, dann ein Fauchen und ein dumpfer Aufprall, als Fannie blitzschnell das Weite sucht und die Treppe hinunterpoltert.

»Was hast du da nur wieder angestellt, du Tollpatsch«, schimpfe ich lachend. Er schaut mich glücklich an. Vielleicht ist es ja gar kein Versehen gewesen.

*

Inzwischen haben wir Mitte Juni, und es verspricht ein sonniger heißer Tag zu werden, wenngleich sich im Augenblick noch in Abständen Wolkenfetzen vor die Sonne schieben und für kühle Abschnitte sorgen. Der Garten erstrahlt in einem Meer von Farben. Das tiefe Rot der verblühten Pfingstrosen wetteifert mit dem Rosa und Lila des Fingerhuts, der brusthoch aus Büscheln wilder blauer Geranien und pink- bis lilafarbener Lupinen ragt. Die üppigen Kletterrosenranken über den Pergolen kommen mir schöner vor denn je. Auf meinem Weg zurück zum Katzenauslauf registriere ich die Hintergrundgeräusche: das Summen der fleißigen Bienen und die aufgeregten Stimmen der Vögel, die sich laut untereinander oder mit ihrem Nachwuchs austauschen.

Im Auslauf liegen die Katzen lang ausgestreckt träge da. Früher am Morgen haben sie sich noch um einen Platz an der Sonne gebalgt, aber jetzt, da diese hoch am Himmel steht und die Wolken sich aufgelöst haben, liegen sie entspannt jede für sich. Als ich dieses sommerliche Paradies betrete, steht der schlaksige Puschkin jedoch bereits wieder auf, gähnt und reißt dabei so weit das Maul auf, dass man fürchten könnte, er würde sich gleich den Kiefer ausrenken. Dann schaut er sich um, wobei seine übermütige Miene verrät, dass die Idylle nicht mehr von langer Dauer sein wird. Er ist innerhalb kurzer Zeit zu einem schlanken, muskulösen, lang gestreckten Kater mit spitzem Fuchsgesicht herangewachsen. Seine eckige Schnauze verleiht ihm das typische längliche Profil seiner Rasse und unterscheidet sich deutlich von der runderen, feineren und auch kürzeren Silhouette der Mädchen. Ich habe sofort Schuldgefühle den beiden gegenüber, als ich ihn insgeheim grenzenlos bewundere. Er streckt den langen Hals und die Vorderbeine weit vor, um sich gleich darauf in die entgegengesetzte Richtung zu recken und beide Hinterbeine nacheinander auszuschütteln. Anschließend schüttelt er sich wie ein nasser Hund, springt mit allen vieren in die Luft und landet mitten auf Titus, mit der er sogleich eine Balgerei anfängt. Nach einigem Gejaule zieht er (nicht Titus) sich geschlagen zurück.

Hierauf wiederholt er das Szenario bei Fannie, die er kräftig in den Hals beißt. Es folgt ein wildes Gerangel, begleitet von lautem Quieken, das wie immer damit endet, dass Fannie das Weite sucht – diesmal in den friedlichen Tiefen des Hauses. Das Verhaltensmuster von Katern scheint sich deutlich von jenem weiblicher Katzen zu unterscheiden.

Kurze Zeit später sind Michael und ich zwei Tage auf einer Konferenz, und John versorgt die Tiere. Am Freitagmorgen kommt er hoffnungslos verspätet zur Arbeit, weil Puschkin unauffindbar war. Unser Kater liebt wie alle Russisch Blau die Zurückgezogenheit und liegt gern unter Betten oder an ähnlich geschützten Orten, wobei er sich im Gegensatz zu unseren Mädchen auch nicht durch Rufen hervorlocken lässt. Letztendlich musste der arme John fahren, ohne das Rätsel um Puschkins Verbleib gelöst zu haben. Bei seiner Rückkehr kam Puschkin ihm dann entgegen, als wäre nichts gewesen, ohne ein Wort der Erklärung und auch äußerlich in bester Verfassung.

Unsere drei haben mich kürzlich fast zu Tode erschreckt. Titus und Puschkin sind beide durch das Hintertörchen und quer durch den Garten gewetzt, als wäre der Leibhaftige hinter ihnen her. Erst am anderen Ende des Gartens blieben sie endlich stehen und ließen sich wieder einfangen. Vermutlich hatten sie inzwischen Angst vor der eigenen Courage bekommen, wenngleich sie sich hiervon nichts anmerken ließen, um in typischer Katzenmanier das Gesicht zu wahren. Fannie ihrerseits hat ihren ganz eigenen Beitrag zum Thema »Ausbüxen« geliefert, mit einer Ruhe und Gelassenheit, die in krassem Gegensatz standen zu der Geräuschkulisse um sie herum. Um acht Uhr dreißig heute Morgen, als der Berufsverkehr draußen auf der Landstraße in beide Richtungen unmittelbar am Haus vorbeirauschte, öffnete ich einem Mann die Haustür, der meinen Wagen abholen und zur Inspektion bringen sollte. Als ich die Tür einen Spaltbreit offen hielt, um ihm die Schlüssel zu reichen, zwängte Fannie sich hinaus und marschierte in aller Seelenruhe über den Bürgersteig bis an die Bordsteinkante, gerade mal zehn Meter entfernt von der Stelle, an der ihre Mutter Otto, der sie so verblüffend ähnelt, überfahren wurde. Ich stürze hinaus und beiße die Zähne zusammen, als sich spitze Steinchen in meine nackten Fußsohlen bohren, packe sie beim Nackenfell und schleppe sie zurück ins sichere Haus. Nachdem der Mann gegangen ist und ich mir in der Küche einen Kaffee koche, kommt mir ein Gedanke. Ich gehe nach oben und blättere in meinem Tagebuch. Heute ist der achtzehnte Juni, und in meinem Tagebuch steht, dass Otto am einundzwanzigsten Juni vor zwei Jahren gestorben ist. Nur ein Zufall?

*

Ich mache mir viel zu große Sorgen um die Katzen. Die Vorstellung, sie könnten weglaufen, belastet mich sehr, obwohl die Tierärztin meint, sie sollten ins Freie dürfen. Am meisten ängstigt mich hierbei die Straße, aber das ist nicht die einzige Gefahr, die dort draußen lauert.

Es gibt eine bemerkenswerte Geschichte von Deric Longden[*] über sein Kätzchen Thermal, das, nachdem es einen ganzen

---

[*] Aus: Deric Longden: The Cat Who Came In from the Cold, Corgi Verlag, 1992.

Monat verschwunden war, schließlich klapperdürr heimkehrt. Von seinen überglücklichen Menschen wird es fürsorglich gefüttert und mit Wasser versorgt, dennoch beginnt es – offenbar reflexartig – systematisch die steinerne Kamineinfassung abzulecken, als es aus tiefem Schlaf aufwacht.

»In fasziniertem Entsetzen beobachteten wir«, so erzählt Longden, »wie seine Zunge einen Stein nach dem anderen ableckte, wobei er den Kopf solcher Art abwinkelte, dass er die waagerechte Mörtelfuge mit einer einzigen lang gezogenen Bewegung komplett erreichte. Er war ganz offensichtlich wieder in seiner Garage oder wo immer er sonst eingesperrt gewesen sein mochte, und auf diese Weise hatte er überlebt: indem er die Feuchtigkeit von den Wänden leckte und sich dabei mit Proteinen versorgte.«

Vor Thermals Rückkehr hatten Deric und seine Lebensgefährtin Aileen alles Menschenmögliche unternommen, um den kleinen Kater zu finden. Sie hatten die Hoffnung fast aufgegeben, als Derics Sohn Nick ihn schließlich ganz in der Nähe ihres Hauses fand, allerdings vor Erschöpfung so schwach, dass er dem Tode näher war als dem Leben.

Ich finde diese Hartnäckigkeit und den festen Glauben daran, dass man eine vermisste Katze trotz aller Widrigkeiten letztlich doch zurückbekommen kann, so rührend. Ob ich wohl auch ein solches Durchhaltevermögen an den Tag legen würde?

*

Ungefähr zur gleichen Zeit erzählt mir meine Freundin Trish, die schon als Kind eine Katzennärrin war, eine Geschichte, die mich zu Tränen rührt. Die Geschichte handelt von unbeugsamem Willen und hat sich vor vierzehn Jahren ereignet, als Trish in Nottingham wohnte und ihr Leben mit zwei vier Monate alten Kätzchen teilte, dem Nachwuchs ihrer hübschen schildpattfarbenen Katze Misty. Die Kätzchen waren rot-weiß gefleckt und hießen Baby und Sammy. Das Mädchen, Baby, war ein kleineres, zierlicheres Abbild ihres weitaus pummeligeren Bruders Sammy, dessen Pfoten aussahen wie kleine Tigertatzen. Eines Freitags beschloss Trish, ihre Schwester und ihre Eltern in Bristol zu besuchen. Sie vereinbarte mit einem Nachbarn, dass der in ihrer Abwesenheit die Katzen füttern sollte, entschied dann jedoch spontan, die beiden Kleinen mitzunehmen.

Die Fahrt nach Bristol verlief ereignislos, und sie verbrachte ein wunderbares Wochenende im Kreis ihrer Lieben. Am frühen Sonntagabend war es dann für Trish Zeit, Abschied zu nehmen, und mit einem deprimierenden Morgen-ist-Montag-Gefühl lud sie ihre Samtpfoten wieder ins Auto und machte sich über die verschlungenen Straßen auf den Heimweg nach Nottingham. Auf der Hinfahrt hatte sie festgestellt, dass die Katzen es vorzogen, sich frei im Auto bewegen zu können, sodass sie auf der Rückfahrt von Anfang an auf die Transportkiste verzichtete. Sie war kaum auf der M4, als ihr alter Ford streikte und sie auf dem Seitenstreifen halten musste. Da sie über keinerlei Kenntnisse in Automechanik verfügte und es die heute allgegenwärtigen Handys damals noch nicht gab, stieg sie aus dem Wagen und ging auf dem Seitenstreifen bis zur nächsten Notrufsäule, von wo aus sie die Pannenhilfe verständigte. Sie kehrte zu ihrem Wagen zurück und schaute nach den Kätzchen. Nach einer schier endlosen Wartezeit traf endlich ein Mechaniker vom Pannendienst ein, dem es gelang, ihren Escort wieder flottzumachen. Inzwischen war es dunkel, aber nachdem sie sich mit einem großzügigen Trinkgeld von ihrem »Ritter der Landstraße« verabschiedet hatte, trat sie zügig die Heimfahrt an.

Schon kurze Zeit später fuhr sie von der M4 ab und trat jenen Teil der Strecke an, der über Landstraßen durch die Cotswolds führt. Nachdem sie mehrere Meilen gefahren war, ohne ein Schild gesehen zu haben, erkannte sie niedergeschlagen, dass sie sich hoffnungslos verfahren hatte. Schließlich gelangte sie an eine Kreuzung, aber keiner der Ortsnamen auf den Hinweisschildern sagte ihr etwas. Sie hielt den Wagen an und stellte fest, dass die Innenbeleuchtung nicht funktionierte. Fluchend stieg sie aus und hielt die flatternde Straßenkarte ins Licht der Scheinwerfer. Als sie sich für eine Fahrtrichtung entschieden hatte, stieg sie wieder ein, schlug die Tür zu und griff hinter den Fahrersitz. Ihre Finger ertasteten weiches Katzenfell, und so setzte sie, singend, um sich selbst und ihre Beifahrer bei Laune zu halten, die Fahrt nach Nottingham fort.

Sehr spät am Abend und todmüde erreichte sie ihre Straße und parkte überglücklich, endlich da zu sein, den Wagen vor ihrem Wohnblock. Sie drehte sich um, um die Kätzchen ins Haus zu tragen, fand aber nur Baby. Sammy mit den Riesenpfoten war spurlos verschwunden. Sie schaute überall nach, unter den Sitzen, in Taschen, sogar im Kofferraum: Keine

Spur von ihm. Sie stürzte aus dem Wagen und lief mit einer Handvoll Zehn-Pence-Münzen die Straße hinunter, um ihre Schwester anzurufen. Schluchzend berichtete sie dieser, dass Sammy ausgebüxt sein musste, nachdem der Mann vom Pannendienst gefahren war. Sicher hockte Sammy nun völlig verängstigt mitten im Nichts auf irgendeinem Acker. Weder sie noch ihre Schwester sprachen die Befürchtung aus, er könne ebenso gut auf der Autobahn überfahren worden sein. Ihre Schwester versprach, sofort loszufahren und exakt an derselben Stelle anzuhalten, an der Trishs Escort liegen geblieben war. Aber welche Notrufsäule war es gewesen? Immer noch schluchzend, gestand Trish, dass sie es nicht mehr genau wisse. Ihre großartige Schwester fuhr edelmütig in ihrem schweren schwarzen Rover die M4 entlang, hielt an jeder einzelnen Notrufsäule, stieg über die Leitplanke und rief nach Sammy. Vergeblich. Schließlich gab sie ihre einsame Suche auf und fuhr nach Hause, wohlbehalten, aber unendlich traurig. Daheim holte sie ihren leidgeprüften Mann aus dem Bett, und gemeinsam schrieben sie Karten mit einer Beschreibung Sammys und ihrer Telefonnummer. Als sie fertig waren, stiegen sie ins Auto und fuhren jedes einzelne Dorf entlang der M4 an, wo sie die Karten durch die Briefschlitze sämtlicher Postämter warfen sowie anschließend unter den Türen der Häuser entlang der Autobahn hindurchschoben.

Derweil erinnerte sich Trish daran, dass die Kreuzung, an der sie das zweite Mal gehalten hatte und aus dem Wagen gestiegen war, um im Scheinwerferlicht die Karte zu lesen, sich irgendwo in der Nähe von Banbury befunden hatte. Am darauffolgenden Tag rief sie auf der Arbeit an und bat um Sonderurlaub, stieg ins Auto und fuhr die Strecke zurück, die sie am Vorabend zurückgelegt hatte. Sie hatte ein Foto von Sammy bei sich und einen dicken Notizblock. Nach mehreren Stunden gelangte sie an eine Kreuzung, von der sie meinte, es wäre jene, an der sie gehalten hatte. Von dort aus steuerte sie jedes einzelne Haus in der Umgebung an.

»Ich sage dir, Marilyn, ganz im Ernst, das war mitten im Nirgendwo. Meilenweit nur Felder, Felder und nichts als Felder. Es war jedes Mal wieder ein richtiges Erfolgserlebnis, wenn ich ein Haus entdeckte. Ich fuhr immer weiter und weiter und machte an jedem einzelnen Hof halt. Wenn ich ein junges Kätzchen wäre und mitten in der Nacht irgendwo in der Fremde zurückgelassen worden wäre, so dachte ich, würde ich vermutlich versuchen, ein Haus zu finden mit einem schützenden Dach und der Aussicht auf Futter. Zudem böte ein Bauernhof ja wunderbare Verstecke. Ich lief und lief, und jedes Mal, wenn ich jemanden traf, zeigte ich ihm das zerknitterte Foto von Sammy und drückte ihm einen Zettel mit meiner Adresse und Telefonnummer in die Hand.«

»Haben die Leute dich nicht für verrückt gehalten?«

»Es hat mich ehrlich berührt, wie nett die meisten waren. Ich glaube, sie hatten wirklich Verständnis für mich.«

»Und was war mit deiner Schwester?«

»Die hatte noch nicht eine Rückmeldung, als ich sie nach meiner Rückkehr aus Banbury anrief. Ich sagte immer wieder zu ihr: ›Er ist weg. Ich werde ihn niemals wiedersehen. Ich weiß es. Und ich bin schuld. Ich bin ja so blöd.‹«

Trish erzählt mir diese Geschichte in ihrem Büro bei einer Flasche Wein. An diesem Punkt steigen ihr Tränen in die Augen. Ich wende den Blick ab, damit sie den verräterischen Glanz in meinen Augen nicht sieht, und genehmige mir einen kräftigen Schluck aus meinem Weinglas. Sie fährt mit ihrer Erzählung fort. Drei endlos lange Tage später klingelte ihr Telefon.

»Ich glaube, ich habe Ihren Kater hier bei mir. Ich bin mir nicht hundertprozentig sicher, denn ich habe das Foto nicht mehr genau im Kopf, aber er entspricht auf jeden Fall Ihrer Beschreibung. Er richtet sich gerade häuslich ein, und wenn Sie nicht schnell herkommen, werden wir ihn vielleicht behalten müssen.«

Es war einer der Bauern, die sie aufgesucht hatte, und sie fuhr sofort mit klopfendem Herzen los. Unmittelbar bevor sie von der Hauptstraße abbog, machte sie an einem Gartencenter halt und kaufte eine Riesengladiole als Dankeschön.

Als sie den Hof erreichte, war ihre Kehle wie zugeschnürt vor Spannung und Furcht vor einer Enttäuschung. Die Tür ging auf, und vor ihr stand ein hochgewachsener grinsender Mann, der in seinen großen Händen ein winziges rotes Kätzchen hielt. Ein rotes Kätzchen mit riesigen Pfoten. Trish riss das Tierchen förmlich an sich und brach in Tränen aus.

»Fast hätten Sie ihn nicht zurückbekommen, wissen Sie«, lachte der Bauer und berichtete ihr, was sich ereignet hatte.

Der Bauer erzählte, dass der Kater die erste Nacht in der Scheune verbracht habe. Am nächsten Tag fanden sie ihn, und so verbrachte er die zweite Nacht in der Küche und die dritte bereits im Schlafzimmer. Dann erinnerte sich der Bauer an Trish mit dem Foto und dem Zettel mit ihrer Telefonnummer. Er beschloss, sofort anzurufen, bevor der kleine Kerl ihm und seiner Frau zu sehr ans Herz gewachsen war.

Trish bedankte sich mehrmals überschwänglich bei den beiden und umklammerte dabei glücklich ihren kleinen Herumtreiber. Sie überreichte die Gladiolen zum Dank, woraufhin der Bauer und seine Frau ihrerseits dankten und ihr eine gute Heimfahrt wünschten.

»Und dann sah ich sie ...«, stöhnt Trish.

»Was?«

»Als ich den Wagen wendete und die Zufahrt hinunterfuhr, sah ich endlose Reihen glitzernder Gewächshäuser voller Dahlien, Gladiolen und anderer Blumen. Ein ganzes Meer von Blumen. Ich meine, der Bauer war Blumenzüchter!«

Sammy hockte derweil zufrieden schnurrend unter dem Lenkrad auf ihrem Schoß und unternahm auf der ganzen Fahrt keinen einzigen Ausbruchsversuch mehr.

Kapitel 8
Die Froschplage

Es hat die letzten vierundzwanzig Stunden ohne Unterbrechung geregnet, und im Umkreis von vielen Meilen herrscht »Land unter«. Die Abendluft ist erfüllt von wundervollen Gerüchen, nachdem es mehrere Wochen lang sehr warm und trocken war. Die Düfte, die vom Garten herüberwehen, die vom vorher ausgetrockneten und nun wassergesättigten Rasen, von den triefenden, schwer herabhängenden Rosenranken und den umgekippten Pfingstrosen sowie vom leicht angeschlagenen und umso geruchsintensiveren Lavendel sind richtig berauschend in ihrer Mischung und Intensität. Endlich hört es auf zu regnen, wenn auch draußen noch alles tropft. Die Katzen, die die herabströmenden Wassermassen den ganzen Tag über durch die offene Hintertür beobachtet haben, gehen dankbar hinaus in ihren durchweichten Auslauf. Fannie drückt sofort die Nase an den Zaun. Jeder Muskel ihres sehnigen Körpers ist angespannt. Sie ist ganz in Jagd-Haltung. Titus spürt dies und springt zu ihr auf den Katzenbaum. Während sie Seite an Seite auf derselben Plattform kauern, starren die beiden unverwandt in dieselbe Richtung. Ich folge ihrem Blick und entdecke einen großen grünen Frosch, der aus großen Augen zurückstarrt. Da er weghüpfen kann und die Katzen durch den Zaun daran gehindert werden, ihren Jagdinstinkt auszuleben, belasse ich den Frosch, wo er ist, damit er sich nach eigenem Gutdünken davonmachen kann.

Ich gehe ins Haus zurück und bin verblüfft, als ich nur wenige Minuten später den unverwechselbaren schrillen Panikschrei eines Frosches höre. Ich laufe nach draußen, um zu sehen, was passiert ist. Der Frosch ist in den Spalt zwischen Mauer und Zaun gefallen und steckt schreiend fest, während die Katzen ihn abwechselnd mit den Pfoten anstupsen. In seiner Erregung hat er sich stellenweise rot verfärbt, sodass es aussieht, als blutete er. Mit klopfendem Herzen rufe ich nach Michael. Warum bin ich in Situationen wie diesen nur so empfindlich? Wir bringen die Katzen ins Haus, und Michael biegt geschickt den Maschendraht zurück. Gemeinsam gelingt es uns, den Frosch, der inzwischen vor Angst in eine Art Starre verfallen ist und dankenswerterweise stillhält, aus seiner misslichen Lage zu befreien. Vorsichtig bringen wir ihn hinaus in den Garten. Seine Haut nimmt nach und nach wieder ihre normale grün-braune Farbe an, und wir stellen fest, dass er nicht blutet, wenngleich er ohne Frage völlig verängstigt ist. Wir setzen ihn ab. Erst kriechend, dann mit zögerlichen Hopsern bringt er sich in Sicherheit. Wir lassen die Katzen wieder ins Freie, und die beiden sind natürlich tief enttäuscht, dass ihr Spielzeug nicht mehr da ist.

Später an diesem Abend höre ich aus zwei Zimmern Entfernung gedämpften Lärm in der Küche: lautes Poltern und Scharren in der Katzentoilette, als wollte der Verursacher des Radaus ein erlegtes Beutestück verbuddeln. Für eine Weile kehrt Ruhe ein, aber dann fängt das Ganze von vorne an.

Ich gehe hinunter, um nachzusehen, was da los ist. Michael kniet auf allen vieren in der Küche und späht unter den Kühlschrank.

»Sieh doch, man kann seine Hinterbeine sehen.« Und tatsächlich: die Hinterbeine eines kleinen braunen Frosches ragen ein Stück hervor. Vor unseren Augen kriecht er unter der gesamten Breite des Kühlschranks hindurch und taucht auf der anderen Seite wieder auf. Diesmal sind alle drei Katzen zugegen, und Puschkin, der Neuling in diesem wundervollen Spiel, sorgt für zusätzliches Chaos, indem er über alles und jeden hinwegspringt, und zwar mit ausgefahrenen Krallen, damit er nicht von seinem jeweiligen unglücklichen Opfer hinunterfällt. Menschen und Katzen jaulen abwechselnd auf, derweil der Frosch selbstverständlich die ganze Zeit seine schrillen, alles andere übertönenden Froschschreie ausstößt.

Nach einer scheinbar endlosen Folge menschlicher Proteste, untermalt von vereinzelten, halb verschluckten Flüchen sowie von Miauen, Fauchen und Kreischen, haben wir die Katzen endlich eingefangen und weggesperrt. Wir heben den Frosch auf, der inzwischen ganz still und starr daliegt, die Beine weit ausgestreckt, als wäre er tot, ein Zustand, den Michael ihm denn auch kurz darauf attestiert. Und so tragen wir einen weiteren leblosen Frosch ans Ende des Gartens, wobei mir auffällt, dass an diesem Exemplar Katzenstreukörnchen haften, was mich zu dem traurigen Schluss veranlasst, dass es sich bei dem »Beutestück«, das vorhin verbuddelt wurde, um eine etwa acht Zentimeter große lebendige Amphibie gehandelt hat. Wir legen den Frosch auf den Boden und spülen ihn mit Wasser ab, was ihn rasch wiederzubeleben scheint, da er wie in Zeitlupe die Gliedmaßen anwinkelt und sich anschließend im Beet verkriecht.

»Bitte lass es nie Frösche regnen«, brummt der leidgeprüfte Michael, der wieder einmal der Mutigere von uns war.

Abgesehen von einigen Abschnitten sintflutartiger Regenfälle war der Sommer insgesamt sehr trocken, und auch jetzt setzt die Sonne sich wieder durch. Die Tage sind wunderbar warm und sonnig, die Nächte allerdings furchtbar stickig und schwül. Der Garten ist schon bald ziemlich verdorrt, und die letzten beiden Abende musste jeweils einer von uns die lästige Pflicht auf sich nehmen, mit dem Schlauch Rasen und Blumenrabatten zu wässern. Dieser »Regen« fördert unweigerlich eine ganze Armee von Fröschen jeder Form und Größe zutage, von denen einige bis ins Haus hüpfen, zur großen Freude der Katzen, während wir jedes Mal wieder, konsterniert über so viel Dummheit, regelmäßig als Froschretter einschreiten müssen. In dieser Nacht wälze ich mich in der Hitze rastlos im Bett hin und her. Ich kann einfach nicht länger als eine halbe Stunde am Stück schlafen, und jedes Mal, wenn ich aufwache, ist mir bewusst, dass Fannie, die sonst bei mir schläft, nicht da ist. Ich frage mich, ob ich sie mit meiner Ruhelosigkeit vertrieben habe. Gegen halb sechs Uhr in der Frühe stelle ich fest, dass sie sich unbemerkt zu mir gelegt hat, und irgendwie komme ich daraufhin endlich zur Ruhe.

Um sieben Uhr ist es fast angenehm kühl, und das Aufstehen fällt mir schwer, aber Michael ist längst weg, und das schlechte Gewissen treibt mich aus den Federn, obwohl ich inzwischen den Luxus genieße, nicht mehr fünf, sondern nur noch vier Tage die Woche zu arbeiten, sodass ich an einem Wochentag nicht nach London fahren muss. Von diesem Extratag möchte ich keine Minute verschwenden. Im Lauf des Tages wird mir zunehmend bewusst, dass ich nur Puschkin zu sehen bekomme, der mir überallhin nachläuft. Vermutlich fühlt er sich einsam. Schließlich entdecke ich Titus, die wie ein Häufchen Elend dahockt und bekümmert in eine Ecke des Gartens starrt. Fannie ihrerseits kann ich nirgends finden. Anfangs schenke ich dem noch keine große Beachtung, aber irgendwann macht ihre anhaltende Abwesenheit mich dann doch nervös. Es gibt da eine Methode, die alle Familienmitglieder, ich selbst eingeschlossen, ziemlich peinlich finden, mit der es mir jedoch in der Regel gelingt, alle drei Katzen anzulocken, ein Ruf, den ich für gewöhnlich beim Füttern anwende.

»Miez, Miez, Miez«, mit zunehmender Intensität. Ich öffne eine Packung Trockenfutter und fülle raschelnd eine Schüssel, die ich anschließend mehrfach schüttle. Titus und Puschkin eilen sofort herbei. Puschkin windet sich laut schnurrend um meine Beine und versetzt mir gleich darauf ein paar nachdrückliche Kopfstöße. Titus sitzt derweil elegant wie eine Herzogin mit strahlend weißem Latz da und blickt hochnäsig auf die Schüssel in Erwartung der bevorstehenden Speisung. Immer noch kein Lebenszeichen von Fannie. Ich rufe erneut, und jetzt versuche ich gar nicht mehr, meine Sorge zu verbergen. Immer noch nichts. Ich laufe nach oben und schaue unter sämtlichen Betten nach, öffne alle Schränke und Schubladen und hebe sogar idiotischerweise den Toilettendeckel an. Dann stürze ich zurück nach unten und rufe wieder, das

heißt, inzwischen ist es mehr ein Brüllen. Und ganz plötzlich ist Fannie da. Eine graue Rolle staubiger Spinnweben baumelt von ihren Ohren, und sie leckt sich erwartungsvoll die Lippen. Seltsam. Egal. Ich seufze erleichtert auf, schicke ein Dankesgebet gen Himmel und kehre zurück an meinen Schreibtisch im Obergeschoss.

Als ich später am Nachmittag wieder hinuntergehe, entdecke ich mitten auf der Fußmatte auf der Schwelle zum Garten eine winzige, schmale, haselnussbraune Feldmaus mit weißem Bauch und starren, toten Augen. Puschkin liegt mit gespitzten Ohren und schräg geneigtem Kopf oben auf dem Katzenbaum und schaut mit einem Blick, der zu einem arroganten Feudalherrn früherer Tage gepasst hätte, auf das beklagenswerte Opfer herab.

Und wer hat die Maus nun getötet? Genau werde ich es nie wissen, doch ich vermute, dass es Fannie war. Da der kleine Leichnam keine Bissspuren aufweist und ich auch nirgends Blut entdecken kann, nehme ich an, dass meine drei in Katzenmanier so lange mit dem unglücklichen Nager gespielt haben, bis der vor lauter Angst gestorben ist. Allerdings ziehe ich es vor, mir einzubilden, sie hätten, getrieben von ihrem angeborenen Jagdinstinkt, ihrem Opfer mit dem Todesbiss das Genick gebrochen und ihm so einen raschen Tod beschert. Ich begrabe die Feldmaus unterhalb von Septis Grab, da ihm nun sowieso nichts und niemand mehr etwas anhaben kann.

*

Wieder einmal steht unser alljährlicher Urlaub in Südfrankreich bevor, und wie immer fällt es mir schrecklich schwer, die Katzen zurückzulassen. John erklärt sich wie gewöhnlich bereit, in den zwei Wochen die Katzen zu versorgen. Wir können uns wirklich glücklich schätzen, ihn zu haben. Wieder einmal habe ich ein ungutes Gefühl, und diesmal gehe ich in meiner neurotischen Sorge so weit, dass ich meiner Schwester Margot eine ziemlich absurde Mail schicke mit Anweisungen, was mit den Katzen geschehen soll, für den Fall, dass wir auf den Straßen Frankreichs verunglücken sollten (ich rechtfertige dies damit, dass ich es als magisches Mantra betrachte, das dazu dienen soll, das böse Auge abzuwenden). Ich fahre liebend gern in den Urlaub, aber wie immer an diesem Punkt frage ich mich, ob er den Trennungsschmerz wert ist, der mich jedes Mal wieder befällt, wenn es heißt, von den Katzen Abschied zu nehmen.

In diesem Jahr tröstet uns jedoch, dass an unserem Urlaubsort Cabrières ein reizendes englisches Ehepaar namens Alan und Valerie nebenan eingezogen sind, mitsamt seinem weißen Westhighland Terrier und einer wunderhübschen schildpattfarbenen Hauskatze mit dem seidigsten Fell, das ich je gestreichelt habe. Ihr Name ist Blossom, und sie ist wirklich eine Schönheit mit ihrer dunklen Haube, dem Sattel und Schwanz in kräftigem Rotgelb sowie schwarzen und braunen Flecken, die durch das Schneeweiß von Gesicht, Brust, Beinen und Bauch erst richtig zur Geltung kommen. Es ist Juli und sehr heiß, und Blossom verbringt die Tage mit Dösen auf dem Bett aus üppigem Moos im Garten unseres Ferienhäuschens, das unmittelbar an jenes unserer neuen Nachbarn grenzt. Das Moos ist leicht feucht und, wie ich vermute, angenehm kühl.

Blossom, die erst vor fünf Wochen eingezogen ist, muss noch Französisch lernen und scheint sich zu freuen, unser Englisch zu hören, wobei ich mir nicht sicher bin, ob das auch für ihre Menschen gilt. Als Engländerin würde mir natürlich nicht im Traum einfallen, sie rundheraus zu fragen. Blossom ist die Freundlichkeit in Person und wendet regelmäßig eine unwiderstehliche Methode emotionaler Erpressung an, indem sie an einem hinaufklettert und einen sanft mit dem Kopf anstupst, um Streicheleinheiten oder Futter einzufordern. Wir sind beide ganz vernarrt in sie, das Problem ist nur, dass sie meine Sehnsucht nach unserem eigenen Katzen-Kleeblatt daheim noch verstärkt.

Unser Urlaub neigt sich dem Ende zu, und wir treten die Heimfahrt siebenhundertfünfzig Meilen quer durch Frankreich an. Um die Stoßdämpfer meines Wagens zu schonen, verlassen wir eins der größten Weinanbaugebiete Frankreichs mit nicht viel mehr als einer Kiste Wein an Bord, allerdings mit der festen Absicht, unsere Vorräte in einem Supermarkt bei Calais noch aufzustocken, damit der voll beladene Wa-

gen nur noch einige Meilen mit schwerer Fracht zurücklegen muss. Pech nur, dass Samstag der vierzehnte Juli ist, der Jahrestag der Erstürmung der Bastille und Nationalfeiertag. Zwar wussten wir das, allerdings haben wir nicht geahnt, wie heilig dieser Tag unseren französischen Nachbarn ist.

Jeder Supermarkt, ob groß oder klein, englisch oder französisch, ist *fermé,* sodass nirgendwo Wein zu beschaffen ist, außer vielleicht in einem Restaurant oder Café. Nachdem Michael und ich ebenso fassungslos wie vergeblich durch ganz Calais und die nähere Umgebung gekurvt sind, wechseln wir im Streit ein paar Worte, die zu profan sind, um sie hier wiederzugeben. Sagen wir einfach, es ist traurig, dass zwei Menschen am Ende eines so wundervollen Urlaubs so miteinander reden.

Als wir jedoch mit leerem Kofferraum den Tunnel durchquert und von der M20 auf die M25 heimwärts gewechselt haben, hebt sich unsere Laune wieder, und wir sind erfüllt von Vorfreude auf John und die Katzen. Ich kann es kaum noch erwarten. Die Freude darüber, dass sie alle wohlbehalten daheim auf uns warten, wenn auch beleidigt und eingeschnappt (natürlich nur die Katzen, nicht John), ist unbeschreiblich. Ganz steif von der langen Fahrt steigen wir aus dem Wagen und gehen zur Tür. Michael tritt als Erster ein, begrüßt John und die Katzen mit einem lauten Ruf und verschwindet aus meinem Blickfeld, als er um die Ecke biegt und das Wohnzimmer betritt, wo er, der Geräuschkulisse nach zu urteilen, John, Titus und Puschkin angetroffen hat.

Als ich hereinkomme, sehe und höre ich meine kleine schmale, aufgeregte Fannie, die die Bande im Wohnzimmer links liegen lässt und mir quer durch das Zimmer entgegeneilt, wobei sie mehrmals laut klagend miaut. Ich nehme sie auf den Arm und fühle ihren ganzen Körper vibrieren, als sie zwar stark, aber beinahe lautlos schnurrt wie ein Dieselmotor. Sie bebt förmlich vor Freude. Mir schießen Tränen des Glücks in die Augen. Ich bin regelrecht schockiert von der Erkenntnis, dass mein Herz förmlich überquillt vor Liebe zu diesem kleinen Katzenmädchen, für das ich mehr empfinde als für jede andere Katze, ihre Mutter Otto eingeschlossen. Sie krabbelt auf meine Schulter und zieht vorsichtig mit den Krallen an den Haaren in meinem Nacken. Dann leckt sie mich in ihrer ganz eigenen Art, Guten Tag zu sagen, und beginnt dann, mich sorgfältig zu putzen. Sie scheint mir meine lange Abwesenheit also nicht weiter zu verübeln.

»Fannie, Fannie, Fannie. Ich habe dich ja soooo lieb!«, flüstere ich leise, wunschlos glücklich, einmal abgesehen von dem Bedürfnis, auch die anderen zu begrüßen. Ich gehe hinüber zu Michael und John. Letzterer sieht rundum fit und gesund aus, wenn auch etwas müde, allerdings vermute ich hierfür andere Gründe als das Versorgen unserer drei Stubentiger. Wir necken einander ein wenig, und ganz nebenbei sehe ich, dass Puschkin nichts Babyhaftes mehr an sich hat, sondern endgültig zum Teenager herangewachsen ist: groß, schlank und anmutig. Seine Ohren wirken nicht länger so überdimensional wie bei einer Fledermaus, nachdem sein Kopf so viel größer geworden ist. Er zeigt sich ebenso erfreut, mich wiederzusehen, wie er sich über das Wiedersehen mit Michael gefreut hat, vermittelt uns allerdings beiden das seltsame Gefühl, als wüsste er nicht recht, wer wir sind, obgleich wir ihn an all seinen Lieblingsstellen kraulen: hinter den Ohren und unter dem Kinn. Ich vermisse auch sein wundervolles Schnurren. Aber das kommt schon noch.

Doch Titus und ich? Das ist ein völlig anderes Paar Schuhe. Michael nimmt sie hoch, kaum dass sie in Reichweite ist, und legt sie sich über die Schulter, wo sie sich am wohlsten fühlt. Sie schnuppert glücklich an seinem Ohr und zeigt sich ganz allgemein hocherfreut über seine Rückkehr, indem sie ihre abgehackten Miaulaute von sich gibt, die erst abrupt abbrechen, als sie von seinem Arm springt, weil er verstohlen versucht, gleichzeitig Puschkin zu streicheln. Als ich mich ihr nähere, starrt sie mich aus ihren orangefarbenen Augen an. Ihr Blick ist unergründlich, aber ihre Körpersprache sagt deutlich: Bleib weg. Ich ignoriere es und nehme sie hoch, doch wenngleich sie sich eine Weile streicheln lässt, windet sie sich gleich darauf und verlangt unmissverständlich, heruntergelassen zu werden. Erst eine gute Stunde später gestattet sie mir, größere Nähe herzustellen. Endlich gelingt es mir, ihr ein Schnurren zu entlocken, und mir selbst entfährt ein tiefer, glücklicher Seufzer. Jetzt erst bin ich wirklich restlos zufrieden.

Der nächste Tag bricht an, und wie immer am Tag nach der Rückkehr aus dem Urlaub habe ich alle Hände voll zu tun, unter anderem mit Wäschesortieren. Wir haben schon einen Großteil unseres Gepäcks ausgepackt, aber wie stets hatten wir viel zu viel mit. Natürlich bin ich dafür verantwortlich und muss noch einen Berg von Kleidung durchsehen. Fast den ganzen Tag laufe ich von einem Zimmer zum anderen, und die drei Katzen folgen mir dabei wie Schatten, verschwinden nur hin und wieder kurz, um nach Michael zu sehen. John ist gestern zu einer längeren Spritztour aufgebrochen, und wir erwarten ihn frühestens am späten Nachmittag zurück, sodass die Katzen sich ganz auf uns beide konzentrieren können. Irgendwann in der Mitte des Nachmittages bin ich gerade damit beschäftigt, im Schlafzimmer einen weiteren Kleiderberg zu sortieren, als Fannie, die die letzte halbe Stunde verschwunden war, ins Zimmer kommt und anfängt, höchst sonderbare Laute von sich zu geben. Sie heult. Ich drehe mich zu ihr um. Ihre Augen sind aufgerissen und dunkel vor Furcht. Sie hat das Maul weit geöffnet, sodass ich die rote Zunge, ihre Kehle und die Zähne sehen kann, als sie erneut ein lang gezogenes ohrenbetäubendes Heulen ausstößt. Perplex nehme ich sie auf den Arm und versuche, sie zu beruhigen, aber sie heult weiter, und langsam dämmert mir, was los ist. Ich habe den großen schwarzen Koffer, der als einziger noch nicht vollständig ausgepackt ist, auf das Bett gehoben, um ihn so leichter ausräumen zu können. Bei den Reisevorbereitungen vor zwei Wochen habe ich ihn beim Packen ebenfalls dorthin gelegt. Die zweiwöchige Trennung hat offenbar bei Fannie ein Trauma verursacht. Als sie nun das Zimmer betreten und den Koffer gesehen hat, hat sie womöglich befürchtet, ich würde wieder verreisen. Es dauert lange, bis sie sich beruhigt. Erst nachdem ich den Koffer hastig ausgeräumt und weggestellt habe, entspannt sie sich wirklich. Titus hat die ganze Zeit auf dem Bett gelegen und mit dem Schwanz geschlagen, jedoch ohne einen Ton von sich zu geben. Puschkin ist unten und hat die ganze Aufregung vermutlich schlicht verschlafen.

Wie schon in der vorherigen Nacht schlafen auch heute alle drei Stubentiger wieder in unserem Zimmer, aber sie sind es nicht gewohnt, und so wechseln sie entgegen ihren sonstigen Gewohnheiten immer wieder die Stellung und den Schlafplatz. Katzen legen größten Wert auf einen geregelten Tagesablauf, und wir haben ihre Routine auf das Empfindlichste gestört.

Am Montag, dem dritten Tag nach unserer Heimkehr, ist Puschkin ganz besonders anhänglich und schnurrt die ganze Zeit vor sich hin. Als er auf dem Fensterbrett im Schlafzimmer hockt und ich gerade mit ihm spiele, schaue ich kurz hinunter in den Garten und sehe, dass Titus mich unaufhörlich fixiert, so intensiv, dass mich der starre Blick, der weder freundlich noch unfreundlich ist, aber irgendwie nicht von dieser Welt, ganz nervös macht. Der Durchbruch erfolgt eine halbe Stunde später, als Titus zu mir nach oben kommt und ihr seltsam ersticktes Begrüßungsmiauen anstimmt, mit dem sie mitzuteilen pflegt, dass sie hier und jetzt liebesbedürftig ist. Sie hat drei Tage gebraucht, um die alte Nähe wiederherzustellen. Drei Tage schmollen? Jetzt weicht sie mir jedenfalls nicht mehr von der Seite, hockt auf meinem Mousepad und macht mir das Leben – oder genauer das Arbeiten – schwer.

Wenn sie nicht gerade dort sitzt, wo ich mit der Maus hinmöchte, läuft sie in beiden Richtungen über die Tastatur. Ich schwöre, dass ihr sehr wohl bewusst ist, dass sie mich wahnsinnig macht, ich fühle mich aber viel zu geschmeichelt, um diesem Spielchen ein Ende zu bereiten, obwohl ich zu arbeiten habe und mehrmals ihre »Eingaben« löschen muss. (Diese Art unvernünftiger Nachsicht ist weit verbreitet bei Katzenliebhabern auf der ganzen Welt. Wenn eine Katze sich auf dem Schoß ihres Menschen niedergelassen hat oder diesem eine liebevolle Geste zuteilwerden lässt, fällt es äußerst schwer, sie zu verscheuchen und aufzustehen, sodass man sich manchmal über lange Zeit verkneift, etwas zu trinken zu holen oder auf die Toilette zu gehen. Ich habe im Moon Cottage sogar erlebt, dass erwachsene Menschen aus denselben Gründen nicht mehr in der Lage waren, das Fernsehprogramm umzu-

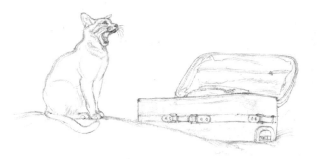

schalten. Ich denke, kein anderes Tier veranlasst einen zu so irrationalem Verhalten.)

O ihr drei Katzen, es ist ja so wunderbar, wieder bei euch zu sein! Ich bin euch so unbeschreiblich dankbar für die Tiefe eurer Zuneigung und die Kameradschaft, die uns alle miteinander verbindet.

Kapitel 9

Als der Juli sich dem Ende neigt, haben wir uns durch eine anhaltende Hitzewelle geschwitzt, und heute, an einem weiteren furchtbar heißen Hochsommertag, trage ich im Gegensatz zu meinem üblichen Jeans-T-Shirt-Outfit ein langes fließendes Kleid. Wir haben mit Caroline, die uns zu unserer enormen Belustigung mit ihrem neu erworbenen, unerwartet großen Labrador namens Ben bekannt gemacht hat, in der Nähe von St. Albans Tee getrunken. Wie die meisten freundlichen großen Hunde ist er mir halb auf den Schoß gestiegen und hat sich anschließend auf meinem weiten Rock niedergelassen.

Wieder daheim, ziehe ich mich zum zweiten Mal an diesem Tag um, verzweifelt bemüht, mir in der drückenden Hitze etwas Kühlung zu verschaffen. Mein Kleid werfe ich achtlos auf das Bett, um es später wegzuhängen, und registriere vage, dass meine beiden Katzendamen das Schlafzimmer betreten. Als ich zu ihnen hinüberschaue, sehe ich, dass beide ihre »Anstandsdamen«-Miene mit dem zum O geformten Maul zur Schau stellen, ein Gesichtsausdruck, der mich immer wieder zum Lachen bringt. Titus, die mich in typischer, aufreizender Katzenmanier ignoriert, nähert sich dem Bett, von dem das Kleid seitlich herabhängt, stellt sich auf die Hinterbeine und schnuppert angewidert daran. Dann wendet sie sich ab und geht auf Fannie zu. Die beiden tauschen sich aus, indem sie die Nasen aneinanderhalten. Ich hege nicht den leisesten Zweifel daran, dass sie eine eigene Sprache sprechen, deren Übermittlung anscheinend über Gerüche, Körperhaltung und Signale funktioniert: ein Zucken der Ohren oder Schnurrhaare, direkter Blickkontakt. Seltsam finde ich, dass so mitteilsame Tiere wie Katzen ihre »stimmlichen« Laute offenbar fast ausschließlich für die Kommunikation mit Menschen einsetzen, es sei denn, sie sind verletzt, verängstigt, gefangen oder bei der »Balz«. Nach diesem Austausch steuert Fannie ebenfalls das Kleid an und schnuppert an dem Stoff. Ich muss mir ein Kichern verkneifen und versuche, eine der beiden hochzunehmen und zu streicheln, aber sie wandern in verschiedene Richtungen davon, den hocherhobenen Schwanz zum Fragezeichen geformt. Ich schiebe ihr Mürrisch-Sein auf die Hitze (inzwischen sind es einunddreißig Grad) oder ihre Missbilligung meiner Unordentlichkeit (meine Mutter hätte ein ganz ähnliches Gesicht gemacht), aber wahrscheinlicher ist, dass sie Verrat gewittert haben. Himmel!

Puschkin verändert sich inzwischen auf sehr subtile Weise und befindet sich auf mentaler Ebene auf halbem Wege zwischen Katzenkind und erwachsenem Kater, während er körperlich etwa Dreiviertel seiner Endgröße erreicht hat. Er spielt, um dann abrupt innezuhalten und still dazusitzen, einen nachdenklichen und seltsam reifen Ausdruck auf dem Gesicht. Offenbar befindet er sich zudem in einer Testphase und hält beiden Katzenmädchen sein Hinterteil hin, wobei vor allem Titus seiner stummen Aufforderung in der Regel nach-

kommt und ihn beschnuppert. Ist sie besonders gnädig gestimmt, leckt sie seine Genitalien sogar flüchtig. Fannie tut das auch, allerdings beiläufig, fast verstohlen, wenn er an ihr vorbeigeht, sodass er immer wieder verdutzt über die Schulter zu ihr zurückblickt. Die Mädchen spielen beide mit ihm, und wenngleich sie es nicht gern zeigen, besteht sogar eine ernsthafte Rivalität zwischen ihnen. Fannie ist noch dünner geworden, und ich mache mir Sorgen, dass der Gewichtsverlust auf den Stress zurückzuführen ist, den Puschkins Einführung in die Familie verursacht hat. Natürlich könnte es auch nur an der anhaltenden Hitze liegen. Streng halt ich mir vor Augen, dass Katzen bei großer Hitze immer an Gewicht verlieren.

Puschkin wird offenbar täglich länger, während seine körperliche Entwicklung in anderer Hinsicht stagniert. Er hat sich von einem Katzenkind in eine Jungkatze von natürlicher Anmut und Schönheit verwandelt. Letztens habe ich Katzenminze oben auf die Liegeplattform des Katzenbaums gelegt, woraufhin er mit einem Satz hinaufsprang, am ganzen Körper ekstatisch bebend, während er mich mit schräg geneigtem Kopf bettelnd anblickte. Seine Bewegungen waren außergewöhnlich elegant und fließend. Katzen können sich an Land und über der Erde so geschmeidig bewegen wie Delfine im Wasser, als würden sie mit den Elementen verschmelzen. Wie unreif er noch ist, äußert sich jedoch darin, dass er häufig die Größe von Gegenständen, auf die er hinaufspringt, überschätzt, sodass er entweder herunterfällt oder den betreffenden Gegenstand umwirft. Abends ist er besonders lebhaft, und wir Menschen tauschen oft gequälte Blicke, wenn es bei Puschkins abendlichem Toben mal wieder besonders laut kracht und poltert. Bevor wir ins Bett gehen, vollziehen wir allabendlich das Ritual, alles, was Puschkin umgeworfen hat, an seinen Platz zurückzustellen. Er beobachtet die Stellen, die die gazellenhafte Fannie beim Klettern benutzt, und versucht, ihren Weg exakt nachzuvollziehen, was jedoch nie ohne den einen oder anderen Stolperer gelingt. Wenn er nicht gerade genüsslich auf dem Boden herumrollt oder schläft, Tätigkeiten, die einen Großteil seiner täglichen Routine beanspruchen, bewegt er sich meist schnell und irgendwie ruckartig. Manchmal frage ich mich, ob er unter einer motorischen Störung leidet, doch vielleicht erwarte ich einfach zu früh zu viel. Möglicherweise handelt es sich ja auch um hormonell bedingte pubertäre Anlaufschwierigkeiten.

Allerdings hat er nach wie vor auch eine ausgesprochen unangenehme Angewohnheit: Immer, wenn er die beiden Katzenmädchen fressen hört, kommt er angelaufen und schubst sie mit derben Kopfstößen beiseite. Ich bin sicher, dass dieses Verhalten mitverantwortlich ist für Fannies Gewichtsverlust, da sie sich nicht wehrt, sondern nur resigniert abwendet und geht.

Am Wochenende beschließe ich nachzusehen, ob er den Zahnwechsel bereits hinter sich hat. Zu meiner Verblüffung sehe ich, dass er im Oberkiefer eine doppelte Anzahl Eckzähne besitzt, wodurch er aussieht wie eine Mischung aus dem Weißen Hai und dem Bösewicht mit dem spitzen Stahlgebiss aus einem *James-Bond*-Film. Montag ziehe ich widerwillig einen Besuch beim Tierarzt in Betracht, da höre ich plötzlich, während er frisst, ein leises Klirren. Als ich nachsehe, stelle ich fest, dass die Eck-Milchzähne ausgefallen sind und das Problem sich von allein erledigt hat.

Die drei jagen einander mit jedem Tag wilder durch das Haus, und ich bin mir nicht sicher, ob ich das positiv oder negativ bewerten soll. Die quälende Ungewissheit, ob mein Masterplan ein Geniestreich war oder ein böser Fehler, setzt mir immer mehr zu.

Michael kommt in den Garten, wo die drei gerade herumlungern. Puschkin spielt für sich allein hochkonzentriert mit dem Kies »Steinewerfen«. Titus hockt mit dem Rücken zu uns in einer Ecke und starrt in Frosch-Lauerstellung in den Gartenurwald hinaus, und Fannie ruht in ihrer Lieblings-Löwenlage auf einem Kissen auf einem der Gartenstühle. Sie sieht zerbrechlich, wunderhübsch und irgendwie entrückt aus.

»Was ist, Puschkin, wann erfüllst du endlich deine Katerpflichten?«, neckt er unseren Kleinen.

»Sag so was nicht! Vielleicht ist es ja ein Zeichen. Will sagen, ein Zeichen, dass es nicht sein soll. Ich meine, der Umstand, dass er entweder noch nicht geschlechtsreif ist oder aber die beiden ihn kaltlassen. Ich mache mir vor allem wegen

Fannie Sorgen. Vielleicht sollte ich ihn ja doch jetzt schon kastrieren lassen.«

»Nein, auf gar keinen Fall. Nicht nach dem ganzen Aufwand. Lass ihn ja in Ruhe«, entgegnet Michael und geht mit demonstrativer Gelassenheit zurück ins Haus.

Als wollten die Katzen mich in meinen Ängsten bestätigen, gehen sie an diesem Abend besonders aggressiv und merkwürdig miteinander um. Ich denke, Fannie könnte rollig sein. Jedenfalls widmet Titus ihr die gleiche verstärkte Aufmerksamkeit wie bisher immer in dieser Situation, während Fannie sich andauernd auf den Rücken legt, um sich den Bauch kraulen zu lassen. Die drei Katzen liefern sich eine wilde Verfolgungsjagd, oder, genauer, Puschkin jagt erst Fannie und dann Titus, während diejenige, die gerade nicht mitspielt, in der Nähe bleibt und provozierend auf sich aufmerksam macht. Wenn er jedoch Fannies Aufforderung nachkommt und sie anspringt, rollen sie in einem wüsten Knäuel aus strampelnden Beinen, ausgefahrenen Krallen und gebleckten Zähnen, die allesamt rückhaltlos eingesetzt werden, über den Boden. Manchmal, sogar sehr oft, fängt es mit einem sanften spielerischen Pfotenhieb an, steigert sich aber unweigerlich zu einer wilden Prügelei, die damit endet, dass Fannie quäkend das Weite sucht. Der Kampf wird von viel Gefauche begleitet, und soweit ich das beurteilen kann, ist es Fannies Stimme. Das Gleiche geschieht bei Titus, allerdings hat sie meist Oberwasser, und Puschkin ist der Unterlegene. Diese Kämpfe sind kürzer und leiser, und Puschkin ist derjenige, der am Ende flüchtet – oder einfach betont langsam von dannen schreitet, als wäre nichts geschehen. Katzen sind vollendete Meister in der Kunst des »Wie ich gerade sagte, als ich auf so unhöfliche Art und Weise unterbrochen wurde ...«.

Ich mache mir schreckliche Sorgen, dass sie mit der Situation unglücklich sein könnten. Titus sitzt viel herum und wirkt dabei immer leicht angespannt. Fannie ihrerseits ist über die Maßen liebebedürftig und dazu schrecklich dürr. Wenn sie morgens zu unserem täglichen Knuddelritual zu mir kommt, sabbert sie neuerdings. Anfangs hat mir das Sorgen bereitet, aber inzwischen bin ich zu dem Schluss gekommen, dass es sich um ein Zeichen des Wohlbefindens handelt, da sie nur dann speichelt, wenn sie besonders intensiv schnurrt. Wenn ich im Schlafzimmer bin und schreibe oder lese, verbringen Fannie und Titus fast den ganzen Tag auf dem Bett. Manchmal klettert Fannie auch ganz oben auf das höchste Bücherregal und lässt sich dort auf einem Stapel Schals nieder, die dort liegen. Puschkin seinerseits verbringt die meiste Zeit auf Johns Bett.

Der kleine Kerl hat gerade das Zimmer betreten und hat es sich bei den beiden anderen auf dem Bett gemütlich gemacht. Die Mädchen, die seit etwa zwei Stunden hier sind, liegen Rücken an Rücken, wobei sich die beiden Halbmonde nur am jeweils höchsten Punkt berühren. Ich gehe zum Bett in der Absicht, sie alle drei zu streicheln, was sich aber schwierig gestaltet mit nur zwei Händen, sodass ich Puschkin zärtlich ins Ohr flüstere, während ich die beiden anderen kraule. Er schnurrt trotzdem vernehmlich, was die zwei Katzenmädchen sichtlich irritiert. Sie öffnen jeweils ein Auge einen Spaltbreit und mustern ihn durch den schmalen Schlitz. Ich bin immer wieder fasziniert davon, wie Katzen ihre Umgebung stets im

Auge behalten, sogar dann, wenn sie zu schlafen scheinen. Fannie tropft Speichel aus dem Maul. Titus biegt den Kopf träge zurück in Richtung Puschkin, wohl in der Hoffnung, er werde sie putzen. Er tut es nicht, sodass sie sich noch weiter zurücklehnt und ihn in der ihr eigenen flüchtigen Art ableckt. Dann stehen die beiden Damen auf und tauschen die Plätze. Ich überlasse die drei Samtpfoten sich selbst und hole mir ein Buch. Als ich einen beiläufigen Blick auf das Bett werfe, sehe ich, dass die Mädchen sich mit beinahe zorniger Intensität putzen, woraufhin Puschkins lautes Schnurren aufgrund mangelnder Stimulation langsam verstummt. Hiernach ist es eine Weile still, dann ein leiser Aufprall, ein zweiter und gleich darauf ein dritter, als alle drei vom Bett springen und mit hocherhobenem Schwanz das Zimmer verlassen.

Ein anderes Mal sitze ich etwa um die gleiche Zeit oben an meinem Schreibtisch, erledige einigen Bürokram und schalte den Drucker ein, um eine Tabelle auszudrucken. Als das Gerät ratternd zum Leben erwacht, springt Fannie, die am Schreibtischrand gelegen hat, mit einem Schrei erschrocken auf.

»O Fannie, was ist nur los mit dir?« Ich bin zutiefst beunruhigt von der Heftigkeit ihrer Reaktion und denke lange sehr ernsthaft darüber nach. Ich komme zu dem Schluss, dass Puschkins Ankunft die innere Anspannung bei dieser kleinen, nervösen, viel zu dünnen Katze ausgelöst hat. Sie war schon immer viel schreckhafter als Titus, ähnlich wie ihre Mutter, aber doch nicht so extrem wie jetzt, da die kleine Fannie sich scheinbar vor ihrem eigenen Schatten fürchtet. Ihre Mutter war unabhängiger, und das hat ihr ein Selbstbewusstsein verliehen, an dem es Fannie mangelt. Ich habe aus purem Egoismus ein Experiment gewagt, das darauf hinausläuft, dass unser junger Kater zumindest eines meiner Katzenmädchen in Angst und Schrecken versetzt. Das ist Fannie gegenüber ganz sicher nicht fair. Michael ist nicht da, und ich kann es kaum erwarten, mit ihm darüber zu sprechen. Gleichzeitig reift in mir der Entschluss, Puschkin und die Mädchen möglichst bald kastrieren zu lassen, in der Hoffnung, die Situation hierdurch entspannen zu können.

Meine oben aufgeführten Bedenken sind ein paar Tage alt. Inzwischen ist es fünfzehn Uhr am Bankenfeiertag im August (in diesem Jahr ein Samstag), und die drei Katzen sind unbemerkt hereingekommen und liegen völlig still hinter mir auf dem Bett. Fannie hat sich in einem Halbkreis auf meinem dort abgelegten Badehandtuch zusammengerollt, und die längere und breitere Titus hat sich schützend um sie gewickelt, sodass sie an zwei Löffelchen erinnern. Beide schlafen tief und fest. Puschkin hat sich etwa zwanzig Zentimeter entfernt in gleicher Pose niedergelassen, den Mädchen den Rücken zugekehrt. Auch er scheint friedlich zu schlummern. Durch das offene Fenster weht eine sanfte Brise ins Zimmer, doch die Luft um uns herum fühlt sich an wie warmes Badewasser. Ich werfe einen Blick auf das Thermometer. Es zeigt achtundzwanzig Grad an. Das ist warm, aber nicht unerträglich; es macht nur träge.

Ich lehne mich in meinem Stuhl zurück und lausche dem leisen Rauschen des Verkehrs in Richtung Tesco's und des großen Wochenmarktes. Dann nehme ich darüber hinaus das lautere, stete Brummen des Luftverkehrs von und nach Heathrow wahr. Ein prickelndes Glücksgefühl durchströmt mich angesichts der friedlichen Idylle hier in der Geborgenheit meines kühlen, dunklen Schlafzimmers mit seinen kleinen Fenstern und seinem über dreißig Zentimeter dicken alten Gemäuer. Hinzu kommt die Gegenwart meiner drei friedlich schlummernden, heiß geliebten Katzen, das Ganze in dem Bewusstsein, dass ich an diesem faulen heißen Samstag nichts weiter vorhabe, derweil die Welt da draußen offenbar furchtbar beschäftigt ist.

*

Die emotionale Mischung all dessen, was sich zwischen Mensch und Tier abspielt, kann eine sich ständig verändernde Leinwand sein, und die verschiedensten Faktoren können sich auf Aktionen und Reaktionen aller Beteiligten eines Haushaltes auswirken. Wir alle sind Stimmungsschwankungen unterworfen.

Heute möchte ich Titus knuddeln. Obgleich ihr offensichtlich nicht der Sinn nach Zärtlichkeiten steht, lasse ich mich hiervon nicht abhalten. Ich weiß, dass ich sie provoziere, aber ich möchte wohl wissen, wie sie reagiert, wenn ich ihren Unwillen ignoriere. Der Lohn für meine Mühe folgt auf dem Fuße: Sie beißt mich in die Hand, nicht ernsthaft, doch warnend. Natürlich ist mein Ego viel schlimmer verletzt als meine Hand. Sie scheint wirklich ein Problem zu haben mit mir und meiner Beziehung zu Fannie. Oder bilde ich mir das nur ein? Oft genug bettelt sie auch um Zärtlichkeiten und schnurrt leise, wenn ich sie streichle, oder sie dreht sich auf den Rücken, damit ich ihr den Bauch kraulen kann.

Trotzdem begrüßt sie mich nie mit den lautstarken Rufen, die sie Michael und John förmlich entgegenschmettert, wenn sie nach Hause kommen. Sie scheint allgemein Männer vorzuziehen und wird von vielen unserer männlichen Freunde und Bekannten zärtlich als »das Luder« bezeichnet. Sie hat die niedliche Angewohnheit, einem auf die Aufforderung »gib Küsschen« hin mit schräg gelegtem Kopf die Nase entgegenzurecken: ihre Version einer Kusshand. Manchmal frage ich mich, ob sie weiß, dass ich meine Gefühle für Fannie einfach nicht kontrollieren kann. Meine Freundin Elspeth hat erzählt, dass ihr ebenfalls wohl bewusst ist, dass ihre Liebe zu ihrem Kater Arthur größer ist als jene zu seiner Mutter Freya und dass besagte Freya dies ganz sicher spürt. Katzen haben ein untrügliches Gespür für das, was im menschlichen Herzen vorgeht.

Fannie ihrerseits geht gleichermaßen frei auf Männer und Frauen zu, allerdings nur, wenn sie in der Stimmung ist, und wehe dem, der sie auf den Arm nimmt, wenn ihr nicht der Sinn danach steht: Sie setzt bei der Flucht ihre Krallen ein, die schmerzhafte tiefe Kratzer hinterlassen. Fannie ist von unseren drei Katzen die wählerischste in Bezug darauf, wem sie wann ihre Gunst schenkt, aber im Grunde ist dies ja eine katzentypische Eigenart.

Puschkin ist das alles völlig schnuppe. Zumindest jetzt noch. Er hat allerdings die sympathische Angewohnheit, uns beim Essen Gesellschaft zu leisten. Dann kommt er herbei, inspiziert den gedeckten Tisch und hockt sich anmutig auf einen der freien Stühle. Er liebt »richtiges« Fleisch, das er dank seiner Angewohnheit überhaupt erst kennengelernt hat, doch er setzt sich auch aus reiner Geselligkeit zu uns. Am frühen Abend, wenn er seine strapaziöse Tages-Lethargie abschüttelt, sucht er gezielt die Gesellschaft des Menschen.

Der Sommer nähert sich dem Ende, und ich verspüre jenen Anflug von Trauer, der sich jedes Mal um diese Zeit einstellt. Es war die letzten Tage anhaltend warm und schwül, obgleich es frühmorgens und spätabends bereits empfindlich kühl wird und intensiv nach Herbst riecht. London und die Home Counties haben die letzten schönen Tage des Altweibersommers genießen können, während der Rest des Landes von anhaltenden heftigen Regenfällen heimgesucht wurde. Aber heute regnet es auch bei uns, und das auf jene monsunartige Art und Weise, die so häufig auf längere Hitzeperioden folgt.

Als es zwischendurch kurz aufhört, schnappe ich mir einen großen Korb feuchter Wäsche, um schnell zum Trockner drüben im Schuppen zu sprinten. Als ich das Gartentor öffne und den Wäschekorb hindurchbugsiere, flitzt Titus, die eben noch völlig entspannt auf dem Katzenbaum in der Ecke hockte, wie der Blitz an mir vorbei durch den Spalt hinaus in den Garten. Sie springt die Stufen hinauf und überquert den Rasen etwa zu drei Vierteln. Ich schließe so schnell wie möglich das Tor hinter mir, das unmittelbar vor Puschkins Nase zuschlägt, der offenbar ernsthaft erwogen hatte, sich uns anzuschließen.

Rasch überzeuge ich mich davon, dass Fannie noch an ihrem Platz auf dem Tisch liegt, laufe dann hinter Titus her die Treppe hinauf und rufe sie mit honigsüßer Stimme.

Titus in ihrer neu gewonnenen Freiheit in der großen weiten Welt jenseits des Zauns bricht mir das Herz. Ganz allein da draußen im Garten verlässt sie der Mut, und sie kauert sich ängstlich in das sehr lange, nasse Gras, unsicher, was sie als Nächstes tun soll. Ihre Pupillen sind vor Furcht geweitet, und sie hat die Ohren halb angelegt, sodass sie plötzlich große Ähnlichkeit mit Yoda hat, dem alten und weisen Jedi-Meister aus *Krieg der Sterne*. Sie drückt sich ganz tief ins Gras und blickt verloren zu mir auf. Ich gehe langsam zu ihr hin und nehme sie auf den Arm. Sie kuschelt sich an meinen Hals und schnurrt leise, während ich sie zum Haus zurücktrage. Als ich mich etwa eine halbe Stunde später an meinen Schreibtisch setze, wird mir bewusst, dass ich sie schon eine Weile nicht mehr gesehen habe. Ich mache mich auf die Suche und entdecke sie zusammengekauert unter Johns Bett. Sie wirkt etwas bedrückt. Vielleicht wegen des missglückten Fluchtversuchs? Wegen der verpatzten Gelegenheit? Arme kleine Titus!

Manchmal denke ich, dass ich ihr nicht gerecht werde, dass ich mich nicht genug um sie kümmere. Seit ihrem Fluchtversuch vor einigen Tagen und wegen einer beidseitigen Ohrenentzündung, die ich mir kurz darauf eingefangen habe, hocke ich fast taub eine knappe Woche gezwungenermaßen allein zu Hause, derweil Michael seine Mutter in Irland besucht und John sich kaum blicken lässt. In dieser kurzen Zeit ist Titus sehr anhänglich geworden und hat mich sogar mit den gleichen Lauten begrüßt, die bislang John vorbehalten waren. So gelingt es mir in dieser tristen Zeit wenigstens, bei Titus zu punkten. Auch wenn ich offensichtlich nur Lückenbüßer bin, fühle ich mich zutiefst geehrt. Es wurde schon oft beobachtet, dass einige Tiere und vor allem Katzen ein Gespür haben für emotionale und körperliche Leiden ihres Menschen, also ist da vielleicht Dr. Titus am Werk.

Heute Abend sind die Mädchen vollauf damit beschäftigt, nach Puschkin zu suchen, mit dem sie offenbar beide spielen möchten. Wieder einmal hallt das ganze Haus wider vom Gepolter einer tobenden Katzenhorde. Da Titus und Fannie sich abwechselnd von ihm jagen lassen, kommt er irgendwann schwer atmend und sichtlich erschöpft herunter ins Wohnzimmer, um zu trinken und zu fressen, während die Mädchen mit sichtlicher Ungeduld versuchen, ihn zu einer weiteren Verfolgungsjagd zu animieren. Puschkin lässt sich jedoch an der Wasserschüssel nicht stören. Unser Junge hat eben seinen eigenen Kopf.

Ich habe mich inzwischen ins Schlafzimmer zurückgezogen, um schlafen zu gehen, und nachdem Puschkin auf das Bett gesprungen ist und die beiden Katzenmädchen vergrault hat, klettert er wie jeden Abend auf mir herum, stößt mich mit dem Kopf an, reibt das Gesicht an meinem und schnurrt dabei laut, wobei sein Atem sehr intensiv nach Katzenfutter riecht. Nachdem er solcherart deutlich gemacht hat, wer der Boss ist, sucht er sich irgendwo unten einen Schlafplatz. Titus und Fannie sitzen derweil vor dem Bett, beobachten mich und warten nur darauf, dass ich das Licht ausknipse. Fannie schläft nicht mehr in Bettnähe, sondern lieber oben auf dem Bücherregal, eine Angewohnheit, die sie erst nach Puschkins

Einzug angenommen hat. Es macht mich traurig, und wieder einmal sorge ich mich wegen ihrer Nervosität. Auf eine perverse Art hilft mir jedoch die Aussage des Tierarztes, Schildpatt-Katzen seien die sensibelsten, das Ganze gelassener zu sehen. Außerdem habe ich das Gefühl, dass sie trotz ihrer Schreckhaftigkeit im Grunde eine glückliche Katze ist, zumal sie, glaube ich (hoffe ich), etwas zugenommen hat.

Ein paar Tage später springt Fannie, die den ganzen Morgen still auf dem Sessel neben mir gelegen hat, unvermittelt auf und gesellt sich zu Titus aufs Bett, um ihrer Schwester sehr nachhaltig Gesicht und Ohren zu putzen. Titus schlingt ermutigend die Vorderpfoten um sie, biegt den Kopf zurück und lässt es geschehen. Die Idylle ist jedoch nicht von langer Dauer. Puschkin, der am anderen Ende des Bettes gelegen und offenbar geschlafen hat, wacht vom Schnurren der Mädchen auf und versucht, mit einzusteigen. Unwillig steht Titus auf und springt vom Bett. Verstimmt stampft sie aus dem Zimmer. Fannie macht große Augen, formt ihr Maul zu einem missbilligenden O und wendet sich ab. Puschkin bleibt verunsichert zurück, setzt sich schließlich in höchst uneleganter Haltung mit weit abgespreizten Hinterbeinen hin, was ihm das Aussehen eines debilen Froschs verleiht, und fängt an, sehr sorgfältig seine Hoden abzulecken. Fannie stößt einen so tiefen Seufzer aus, dass es mich fast vom Stuhl fegt, und rollt sich dann zusammen, die Augen fest geschlossen, nach außen hin ganz das Abbild einer tief schlafenden Katze. Puschkin beendet schließlich seine Putzorgie, dreht sich ein-, zweimal um die eigene Achse und rollt sich ebenfalls zum Schlafen zusammen. Titus kehrt leise zurück, springt auf die sonnige Fensterbank vor mir und schaut aus dem offenen Fenster. Auf den ersten Blick wirkt sie ganz zufrieden, aber das Zucken des Schwanzendes verrät ihre innere Unruhe.

Ich vermag beim besten Willen nicht zu sagen, ob die Beziehung zwischen den dreien feindselig oder harmonisch ist. vielleicht ja auch ein Mittelding.

Kapitel 10
Herbst

Michael, Geoffrey und ich fahren nach Nordfrankreich, um unsere fast aufgebrauchten Weinvorräte aufzustocken, und wir beschließen, den Trip nicht wie sonst an einem Tag zu bewältigen, sondern in einem kleinen Ort im Pas-de-Calais zu übernachten. Am darauffolgenden Tag fahren wir in aller Ruhe nach Calais zur dortigen Auchan-Niederlassung, die eine wirklich außergewöhnlich breit gefächerte Auswahl an Weinen anbietet, und sind am frühen Abend wieder daheim.

Fannie empfängt uns mit frenetischem Miauen und rollt sich sogleich auf den Rücken, um sich streicheln zu lassen. Sie ist hochrollig und ruft sehr laut. Wir haben bisher jedes Mal, wenn sie in diesem Zustand war, herzlich gelacht, weil sie stets nach oben ging, um vom Fenster des sicheren Schlafzimmers aus zu rufen, um dann wieder herunterzukommen und nachzusehen, ob es irgendeine Wirkung gezeigt hat. Offenbar befürchtet sie nämlich, ihre Rufe könnten tatsächlich einen echten Kater anlocken. Es könnte natürlich auch sein, dass ich ihr Verhalten falsch deute und ihre sehnsuchtsvollen Rufe vom offen stehenden oberen Fenster aus tatsächlich in einem weiteren Umkreis zu hören sind. Puschkin scheint sich nicht besonders für Fannie oder, genauer, für ihren Zustand zu interessieren, während er sichtlich nach menschlicher Aufmerksamkeit strebt und uns wiederholt mit dem Kopf anstößt, bevor er über den Tisch läuft und neugierig an den Lebensmitteln schnuppert, bis Geoffrey laut schimpft.

»Boris, geh da runter, verdammt noch mal! Pfoten weg von den Lebensmitteln!«

Er gehorcht sofort, wenn auch sichtlich verblüfft, da er es nicht gewohnt ist, angebrüllt zu werden.

»Warum nennst du ihn Boris?«, fragte ich zur Ablenkung.

»Weil Puschkin das Stück geschrieben hat, aus dem die Oper *Boris Godunov* entstanden ist, natürlich!«, entgegnet er strahlend.

»Ach ja! Natürlich!«

Später am selben Abend beginnt Titus ebenfalls zu rufen und gibt gurrende Klagelaute von sich, wobei sie zu mir aufschaut, um gleich darauf mehrmals in Folge ihren Kopf ganz tief über den Boden zu halten und sich schließlich wohlig auf dem Boden zu rekeln. Puschkin zeigt immer noch keine Reaktion.

Als ich am nächsten Morgen wie immer die Küchentür zum Garten öffne, ruft Fannie entgegen ihrer sonstigen Vorsicht so laut und anhaltend und mit solcher Entschlossenheit und Intensität nach einem Kater, dass ich die Tür lieber geschlossen halte, da *ich* jetzt fürchte, sie könnte tatsächlich einen umherstreifenden Verehrer anlocken. Der Rest des Tages verläuft ziemlich ruhig, die Katzen schlafen in gewohnter Konstellation an den gewohnten Orten und streifen nur ab und an durch das Haus, um zu sehen, was ich so treibe. Alles bestens.

Alle drei fressen mehr als gewöhnlich, aber das liegt ver-

mutlich daran, dass die Tage (und Nächte) inzwischen merklich abgekühlt sind. Der Herbst steht vor der Tür.

An einem Sonntagnachmittag Anfang Oktober bereiten Michael und ich gerade entspannt ein spätes Mittagessen zu, als Michael auf meine Bitte hin hinausgeht, um ein Pita-Brot aus dem Tiefkühlschrank im Schuppen zu holen. Er kommt pitschnass zurück, schüttelt sich wie ein nasser Hund und bemerkt, dass es draußen richtig stürmt. Ich koche gemächlich fertig, und wir setzen uns an den Tisch, essen, trinken dazu etwas Wein und unterhalten uns über dies und jenes, umgeben vom sonntäglichen Zeitungsberg. Wir sind völlig entspannt und genießen den Luxus, uns nicht um die Uhrzeit scheren zu müssen. Irgendwann steht Michael auf, streckt sich träge, verabschiedet sich liebevoll von mir und verlässt das Haus, um sich im örtlichen Weinlokal eine Fußballübertragung anzusehen.

Durch den beim Öffnen und Schließen der Haustür entstehenden Luftzug wird eine der Zeitungen vom Sog erfasst und fliegt laut raschelnd durch die Hintertür. Ich stürze hinterher. Es schüttet, und als ich mich bücke, um die Seiten einzusammeln, registriere ich aus den Augenwinkeln, dass das Gartentor sperrangelweit offen steht und im Wind auf und zu

schlägt. Entsetzt erstarre ich mitten in der Bewegung. Wo sind die Katzen?

Ich schlage die Hintertür zu und hetze, meinen »Miez«-Ruf auf den Lippen, nach oben. Puschkin liegt mit halb geschlossenen Augen noch ganz verschlafen auf unserem Bett, aber von Fannie oder Titus keine Spur. Ich stürze die Treppe wieder hinunter und nach draußen, wobei ich die Tür hinter mir zuschlage, um wenigstens Puschkin daran zu hindern, das Haus zu verlassen. Ich laufe durch das Gartentor und die Stufen hinauf in den Hauptgarten. Weit und breit nichts zu sehen, das auch nur im Entferntesten Ähnlichkeit mit einer Katze hätte. Ich rufe mehrmals nach den beiden.

Plötzlich bewegt sich etwas unter einem Fuchsien-Strauch, und gleich darauf schießt Fannie an mir vorbei, ihr aufgeplusterter Schwanz dreimal so dick wie gewöhnlich. Verzweifelt versucht sie, durch die verschlossene Hintertür ins Haus zu gelangen. Ich laufe zurück und lasse sie hinein. Anschließend kehre ich zurück in den Garten, um weiter nach Titus zu suchen. Ich trabe den Kiesweg entlang, der unter der mit triefenden Rosen überrankten Pergola herführt, kann sie jedoch nirgends finden. Beunruhigt laufe ich quer über den Rasen und durch das andere Ende der Pergola, das von tropfendem Geißblatt überwuchert ist, aber auch hier keine Spur von einer Katze. Ich bin schon ganz heiser vom Rufen. Ich ziehe den pitschnassen Gartentisch beiseite und werfe einen Blick unter die Gartenbank, und da, endlich, starren mir zwei bernsteinfarbene Augen entgegen. Ganz langsam, den vor Furcht buschigen Schwanz steil in die Höhe gereckt, kommt Titus heraus in den Regen, will sich aber nicht hochnehmen lassen. Als es mir schließlich doch gelingt, sie zu packen, und ich sie an mich drücke, schnurrt sie, vermutlich, weil sie sich bei mir auf dem Arm sicher fühlt.

Ich sperre beide pitschnassen Katzen im Haus ein, wo sie sofort anfangen, sich intensiv zu putzen. Erschöpft lasse ich mich auf einen Sessel fallen und weiß jetzt, was es heißt, wenn einem buchstäblich das Herz bis zum Hals schlägt.

Ich bin richtig erschüttert, dass eine Kleinigkeit mich derart aus der Fassung zu bringen vermag. Die beiden Katzen waren also draußen im Garten. Mehr ist nicht passiert. Und doch ist mir immer noch richtig übel von dem durchgestandenen Schrecken. Wie kann eine solche Banalität eine derartige Überreaktion hervorrufen? Jede Sekunde, die sie da draußen waren, habe ich erlebt wie den Verlust eines weiteren geliebten Stubentigers. Als Michael heimkommt, berichte ich ihm noch ganz aufgewühlt von dem Zwischenfall mit dem offenen Tor und vergesse darüber völlig, mich nach dem Ausgang des Fußballspiels zu erkundigen.

*

Die Rolligkeit unserer zwei Mädchen lässt langsam nach, aber sie rufen immer noch sporadisch, wobei Fannie dies derzeit nachhaltiger tut als Titus, und wenngleich sie an sich keine besonders laute Stimme hat, geht einem die hohe Tonlage durch und durch. Titus beschränkt ihre Lautäußerungen auf ein um vieles tiefer angelegtes Miauen. Puschkin seinerseits zeigt immer noch keinerlei Reaktion auf die Lockrufe der beiden, wobei man der Fairness halber sagen muss, dass die Mädchen ihr Rufen demonstrativ nach draußen richten und offenbar nicht an ihn.

Wenngleich er, was die Mädels betrifft, völlig gelassen bleibt, scheint er alles in allem mit zunehmendem Alter immer verrückter zu werden. Heute Morgen stürzte er sich, zornig über den Radau von vier frechen Elstern, vom anderen Ende des Auslaufs mit Anlauf auf den Zaun und stieß mehrmals wütend gegen den Kunststoffüberhang, der ihn am Überklettern des Zaunes hinderte, bevor er schließlich resigniert aufgab und wieder heruntersprang. In der vergangenen Woche ist es ihm gleich zweimal gelungen, sich durch den Spalt zwischen Tor und Pfosten zu zwängen, und obwohl ich die Lücke inzwischen verschlossen habe, was uns das Öffnen des Tores furchtbar erschwert, versucht er es immer wieder. Er sitzt oft da und mustert über längere Zeit hinweg Tor und Zaun. Wenn ich ihn beobachte, wendet er sich ab, aber sein grübelnder Blick entgeht mir nicht, und ich bin davon überzeugt, dass er sich in diesen Augenblicken in Gedanken weiter mit seiner »großen Flucht« beschäftigt.

Kurz nachdem ich Puschkin beim Ersinnen neuer Fluchtwege beobachtet habe, lese ich in einem Buch von David

Greene* von Laborexperimenten, die Dr. Donald Adams an der Wesleyan University in den Vereinigten Staaten durchgeführt hat und bei denen es darum ging, wissenschaftlich zu erforschen, ob Katzen zu abstraktem Denken fähig sind. Dr. Adams' Experimente haben eindeutig belegt, dass Katzen erfolgreiche Problemlösungen im Gedächtnis behalten und in der Lage sind, in für sie ungewohnten Situationen auf frühere Erfahrungen zurückzugreifen. Typisch für Katzen ist dabei, dass sie sich das »Problem« vorab genau anschauen, um sich dann abzuwenden und über eine Lösung nachzudenken. Er kommt zu dem Schluss, dass Katzen über ebenso ausgeprägte Fähigkeiten bei der Problemlösung verfügen wie Primaten und in diesem Punkt beispielsweise Hunden weit überlegen sind.

* David Greene: Incredible Cats, Methuen Verlag, 1984.

Auf der einen Seite finde ich diese Information ausgesprochen interessant, andererseits bedeutet das jedoch auch, dass ich einen weiteren Grund zur Sorge habe. Puschkin wird früher oder später einen Weg finden auszubüxen.

Was die Intelligenz von Katzen betrifft, war meine Freundin und Verlegerin Judith, die ihr Heim mit zwei wunderhübschen Birma-Geschwistern namens Daisy und Freda teilt, schon immer der Meinung, dass unsere Samtpfoten sich von menschlichen Schlichen nicht hinters Licht führen lassen, eine Ansicht, die ich voll und ganz teile. Sie scheinen von Geburt an in der Lage zu sein, falsches Spiel zu durchschauen. Was die Erziehung von Stubentigern anbelangt, ist sie allerdings der festen Meinung, dass dies möglich sei, hat sie ihren eigenen beiden Katzen doch durch konsequentes Schimpfen abgewöhnt, sich die Krallen an den Möbeln zu wetzen. Und auch wenn Daisy sie, wie sie sagt, zuweilen leicht her-

ausfordernd ansieht (ich denke, so ähnlich wie es bei Löwen in der Manege vorkommt), verlegen beide auf das strenge »Nein« hin Krallenschärfen und Markieren an andere Stellen. Ich wünschte von Herzen, ich hätte von Anfang an Judiths strenge konsequente Linie verfolgt: Auf dem Lieblingssofa meiner Samtpfoten ist sogar der Schonbezug des Schonbezuges zerfetzt.

Nachdem ich gerade obige Anekdote zu Papier gebracht habe, ereicht mich eine E-Mail von Judith, über die ich schmunzeln muss. Sie lautet wie folgt:

```
Von: Judith
An: Marilyn

Marilyn,

ich muss noch ergänzen, dass die »Nein«-
Regel nur bei meinen damals noch neuen
Sofas funktioniert hat. Das ist wichtig,
weil ich nicht möchte, dass deine Leser
denken, ich wäre übermäßig pedantisch oder
meine Mädels würden ein unterdrücktes, von
Verboten diktiertes Leben führen. Tatsäch-
lich haben sie ihre Autorität an fünfund-
neunzig Prozent meines Mobiliars ausgelebt!
Trotzdem war es bemerkenswert, wie schnell
sie die neue Regel begriffen haben. Wenn
sie als kleine Katzenkinder übermütig ins
```

```
Zimmer und auf das Sofa zugestürmt sind,
haben sie ganz plötzlich gestutzt und es
sich anders überlegt. Ja, ich denke, Katzen
sind erziehbar, zumindest bis zu einem
gewissen Punkt...
Liebe Grüße,
Judith
```

Kann man somit davon ausgehen, dass Katzen Spiel, Satz und Match gewinnen? Sie gehorchen eben nur, wenn ihnen der Sinn danach steht.

*

Heute ist der letzte Tag im Oktober, und nach Wochen anhaltender sintflutartiger Regenfälle sind wir überglücklich, dass der Himmel endlich wieder blau ist. Der Garten ist in sattes goldenes Herbstlicht getaucht.

Gut gelaunt brühe ich mir einen besonders starken schwarzen Kaffee und gehe glücklich mit der Tasse hinaus in den Garten, wo ich mich an den kleinen Mosaiktisch setze, der vor langer Zeit von einem unbekannten Künstler unter sengender marokkanischer Sonne mühsam zusammengesetzt wurde. Titus hockt leise schnurrend auf meiner Schulter, und ich sitze entspannt da, genieße die Wärme der schräg fallenden Sonnenstrahlen und frage mich ein bisschen wehmütig, wie viele schöne Tage uns noch bleiben mögen, bis der Winter Einzug hält. Heute Nacht werden die Uhren eine Stunde zurückgestellt, was die frühe Dunkelheit einläutet, die das riesige Heer der Pendler, dem auch ich angehöre, jeden Abend aufs Neue zutiefst deprimiert. Als ich mich zurücklehne und durch die Wimpern in den Himmel blinzele, registriere ich einen flatternden bunten Schmetterling, der zwischen meinen Augen und der Sonne vorbeitanzt. Titus, die Jägerin, schaut glücklicherweise gerade in die andere Richtung.

Ich springe auf und setze die Katze neben der vergessenen Kaffeetasse auf dem Tisch ab, um dem Insekt hinaus in den Garten zu folgen, wo es eine richtige Flugschau veranstaltet und jeden, der verrückt genug ist, ihm zu folgen, ganz schön ins Schwitzen bringt. Als ich die Jagd gerade aufgeben will, lässt sich der Schmetterling, so wie es seine Gattung häufig tut, nur eine Armeslänge entfernt auf den fein gezackten Blättern spät blühender Anemonen nieder, deren intensive Farben in der Sonne richtig leuchten. Wenigstens bekomme ich so Gewissheit, dass es sich bei dem Gegenstand meiner uneleganten Verfolgung tatsächlich um ein prächtiges männliches Exemplar des Roten Admirals handelt. Ich beobachte ihn eine volle halbe Stunde dabei, wie er die wenigen noch verbliebenen Nektarquellen unseres Gartens anfliegt. Er lässt sich auch auf den Fuchsien nieder, scheint dort jedoch nicht das zu finden, wonach er sucht. Der Schmetterling verbringt viel Zeit auf einigen zartgrünen Efeu-Blüten, die zwar eher dezent daherkommen, aber offenbar sehr nektarreich sind, da nicht nur der Rote Admiral sie ansteuert. Tatsächlich werden die Blüten von unzähligen Bienen und anderen Fluginsekten umschwärmt. Auffällig ist, wie sehr der Schmetterling sich nach den wärmenden Sonnenstrahlen sehnt. Er legt häufig Pausen ein, landet auf einem herbstlich goldenen Blatt, mal auf einem verwaschenen Backstein der Hauswand. Dort breitet er dann die Flügel aus, die ganz sacht in den angenehm wärmenden Strahlen erzittern. Langsam öffnet und schließt er die Flügel und zeigt den tiefschwarzen Samt mit dem breiten roten Band, das sich durch das obere Drittel zieht und den unteren Rand säumt, sowie die leuchtend weißen Rechtecke und Punkte in der oberen Ecke. Wie froh ich bin, dass wir die Brennnesseln ganz hinten im Garten, in der Nähe des Schuppens und der Wäscheleine, stehen lassen! Vermutlich ist er dort seinem Kokon entschlüpft. Wie wütend ich war, als unsere Nachbarn bei der Reparatur ihres Gartenzauns, ohne zu fragen, die Nesseln abgemäht haben!

Und doch fürchte ich um das Wohl meines Roten Admirals. Es wird viel darüber diskutiert, ob die zweite Generation (und so spät im Jahr muss er einer zweiten oder sogar dritten angehören) überwintert, in wärmere Gefilde fliegt oder aber mit der kalten Jahreszeit eingeht. Der weitläufigen Meinung zufolge sollen die meisten Arten im letzten Entwicklungsstadium, also als Schmetterling oder Imago (welch wunderbares Wort, hat es doch einen wahrhaft himmlischen Plural: »imagines«, man stelle sich das vor!), nur zwei bis drei Wochen leben. Nachdem sie sich gepaart und ihre Eier abgelegt haben, haben die wunderschönen zarten Kreaturen ihren biologischen Zweck erfüllt und sterben. Der Rote Admiral ist jedoch anders. Es wird spekuliert, dass die erste Generation sowie möglicherweise auch einige Exemplare der zweiten auf das Baltikum migrieren, nach Skandinavien, auf die Kanarischen Inseln, nach Madeira oder gar auf die Azoren. Dieses Exemplar scheint sich jedoch Zeit zu lassen mit der Migration.

Zwei Tage später drückt sich Titus die Nase an Johns Schlafzimmerfenster platt, und als ich ihr über die Schulter schaue, um zu sehen, was sie so fasziniert, sehe ich ihn wieder, meinen Roten Admiral. Er sonnt sich auf der inzwischen gelb verfärbten Glyzinie, die sich, von der Ostseite kommend, unterhalb der Fensterbänke um das Haus rankt, an der warmen, der Sonne zugewandten Südseite entlang und seit diesem Jahr auch entlang der westlichen Hauswand, an der sich der Katzenauslauf befindet. Sieht aus, als wäre es tatsächlich derselbe wie vor zwei Tagen, als ich draußen auf Schmetterlingsjagd war und kein zweites Exemplar seiner Art entdeckt habe. Obgleich die Nächte inzwischen schon empfindlich frisch sind, hat er also bisher überlebt. Ich wüsste so gern, was aus ihm wird! Vielleicht überwintert er ja an einem geschützten Ort hier bei uns im Garten. Oder zieht er doch noch gen Süden? Wie faszinierend und gleichzeitig Respekt einflößend, dass ein so kleines und zartes Wesen in der Lage ist, solche Entfernungen zurückzulegen!

»Bitte erfriere nicht. Bleib bis nächstes Jahr am Leben.«

Kapitel 11

Es ist Anfang November und Puschkin somit neuneinhalb Monate. Als ich heute Morgen nach dem Duschen aus dem Bad komme, bin ich etwas perplex, als ich ihn breitbeinig auf unserem Bett antreffe, wo er sich (ein passenderer Ausdruck fällt mir nicht ein) seinen »Ständer« leckt. Titus liegt, mit dem Rücken zu ihm, anscheinend gleichgültig am anderen Ende des Bettes.

Später, gegen Mittag, höre ich lautes Gepolter im Erdgeschoss, und als ich hinuntergehe, um nachzusehen, was da los ist, stellt sich heraus, dass Puschkin Fannie quer durch alle Zimmer jagt. Plötzlich bleiben beide abrupt stehen, und er beißt sie sanft, verdächtig sanft, in den Nacken. Fannie faucht ihn an und läuft davon. Nach einer Weile versucht er, Titus zu einer Verfolgungsjagd zu animieren. Als Titus, wie zuvor Fannie, kurz anhält, packt er auch sie beim Nackenfell. Titus war schon den ganzen Vormittag mieser Laune, und sie wirbelt sogleich herum und versetzt ihm einen Hieb mit der linken Pfote.

Ein Freund von uns hat gemeint, es wäre vielleicht besser, Puschkin mit einem der beiden Mädchen zusammen einzusperren, aber ich bin dagegen. Es würde eine drastische Einschränkung ihrer Bewegungsfreiheit bedeuten und von den

Katzen möglicherweise als bedrohlich empfunden werden. Außerdem ist Puschkin ja noch ein halbes Kind.

Am Abend stolpert Titus, als sie von draußen hereinkommt; es sieht aus, als sackten ihre Hinterbeine einfach weg. In letzter Minute fängt sie sich wieder, und nachdem ich kurz erwäge, mit ihr zum Tierarzt zu fahren, verwerfe ich den Gedanken dann doch. Ein einzelner Stolperer rechtfertigt noch keine Fahrt in die Tierklinik.

Kurze Zeit später fängt Puschkin an, sich ungewöhnlich schlecht zu benehmen. Er hockt scheinbar völlig ruhig auf dem Katzenbaum, um dann urplötzlich und offenbar grundlos die Bougainvillea in Stücke zu zerreißen. Die Äste sind dornig, und er geht mit Klauen und Zähnen zu Werke.

»Puschkin! Lass das! Hör sofort auf!«, schimpfe ich verärgert.

Er springt auf den Boden, rast einmal um das Wohnzimmer herum, bleibt ganz plötzlich stehen und funkelt mich böse an. Menschliche Emotionen auf Tiere zu übertragen kann zu Missverständnissen führen, trotzdem fällt es mir schwer, diesen Blick anders zu interpretieren als so: Er ist unverhohlen

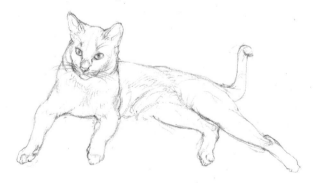

herausfordernd. Als ich den feindseligen Ausdruck auf seinem Gesicht sehe, fällt mir seltsamerweise wieder die Angst ein, die ich früher in der Nähe der zehn, elf Jahre alten Jungen aus der Schule neben meiner empfand. Sie haben uns Mädchen richtig terrorisiert und uns Schneebälle vorn in die Turnanzüge gestopft. Ich weiß noch gut, welche Furcht ich vor dieser jungen Männlichkeit hatte, vor diesem »Geruch« nach Testosteron. Sie waren richtig beängstigend, vor allem in der Gruppe. Ich reiße mich zusammen und beuge mich herab, um ihn auf den Arm zu nehmen, doch er läuft davon. Ich nehme an, dass seine Hormone verrücktspielen und er gerade seine eigene Männlichkeit entdeckt. Bisher hat er noch nicht im Haus markiert, aber ich spüre, dass es nicht mehr lange dauern wird.

Ich beobachte Puschkin jetzt genauer, und mir wird klar, dass er sich beinahe täglich auf subtile Art weiterentwickelt und verändert. Er ist schmal, doch dabei überraschend muskulös und verfügt über erstaunliche Kräfte. Puschkin stürzt sich auf allerlei und fällt von allerlei herunter, aber wie ein sturer Widder vermag er sich durch alle möglichen brenzligen Situationen hindurchzukämpfen. Fannie war hierbei immer so dezent wie ein Geist, der durch das Mauerwerk schwebt. Er hingegen rennt, während ich noch im Bett liege, polternd im Zimmer herum, um dann unvermittelt mit einem Riesensatz auf meinem Bauch oder meiner Brust zu landen. Er hat keinerlei Sensibilität. Wenn einer von uns im Bett liegt, am Computer sitzt oder Zeitung liest, stürzt Puschkin einfach herein und ist ganz plötzlich da, auf der Tastatur, auf dem Schoß. Manchmal springt er einem sogar mitten ins Gesicht.

Wenn er sich aber auf der von ihm auserwählten Person niedergelassen hat, schnurrt er sein unwiderstehliches tiefes, vibrierendes Schnurren, sodass man ihm seine Ungezogenheiten sofort verzeiht. Ebendieses laute Schnurren scheint die Katzenmädchen jedoch in höchstem Maße zu irritieren. Möglicherweise interpretieren sie es ja als Besitzanspruch seinerseits.

Dabei ist er ein solcher Kindskopf. Er probiert einfach alles auf seine Essbarkeit und ist ganz verrückt nach richtigem Fleisch (Fisch mag er weniger). Ganz besonders steht er auf englisch gebratenes, mit Knoblauch gespicktes Lamm und rosa Rindfleisch. Er hat richtig Mumm, und ich finde es lustig, dass er und John sich zusammengetan haben und die beiden aneinanderkleben wie die Kletten: Jungs unter sich. Wenn er die anderen Katzen mit Kopfstößen von der Futterschüssel verdrängt, obwohl mehr als genug da ist, geht es ihm allein darum, seine Überlegenheit zu demonstrieren. Anderseits ist er nicht nachtragend, wenn die beiden ihn bei anderen Gelegenheiten angiften und verhauen, nur weil er sich neben sie gelegt und angefangen hat, sie zu putzen. Er macht dann jedes Mal ein verdutztes, jedoch nicht beleidigtes Gesicht. Ich denke, alles in allem hat er trotz seiner verrücktspielenden Hormone (außer wenn es ums Fressen geht) ein großzügiges Wesen.

Als ich Puschkin heute Morgen nach draußen lasse, bleibt er abrupt stehen und hält beinahe senkrecht die Nase in den Wind; eine äußerst ungewöhnliche Haltung bei einer Katze. Ich habe so etwas bisher nur im Fernsehen bei Wölfen gesehen. Puschkin hat schon als ganz kleines Kätzchen den Kopf in dieser Art schnuppernd in die Luft gereckt. Es weht ein kräftiger Wind, und die Windspiele der Nachbarschaft klirren wild durcheinander. Puschkin dreht die großen, spitzen Ohren wie ein Radar vor und zurück, registriert die Kakofonie sowie die Gerüche des ersten Herbstes in seinem Leben. Mir fällt eine Begegnung ein mit einem Bauern aus den Dales an einem ähnlich stürmischen Tag. Während wir uns unterhielten, beobachteten wir seine beiden Hunde, die immer wieder das gleiche Stück Land hinauf- und hinabrannten, wobei sie, vor Erregung zitternd, an den zahlreichen Spuren auf dem Grashang schnupperten, bis der Bauer schließlich brummte:

»Die leben in einer völlig anderen Welt, einer Welt voller Gerüche. Sie und ich, wir haben ja keine Vorstellung davon, was die alles wahrnehmen.«

Ich weiß noch, dass ich mir damals gewünscht habe, ich wüsste, welche Informationen genau geruchssinngeprägte Tiere den Witterungen entnehmen, die sie registrieren.

Der ungewöhnlich heftige, aus allen Richtungen wehende Wind schlägt die Blätter um, die nun ihre hellere Unterseite zeigen. In den Dales heißt es, dass es noch vor Tagesende regnen wird, wenn die »geheime« Seite der Blätter zu sehen ist.

Die Nachrichten, die der Wind herbeiträgt, machen Puschkin sichtlich nervös. Zweimal stürzt er sich auf den Zaun, klettert diesen ganz hinauf und schlägt mit dem Kopf gegen den Überhang, bevor er sich frustriert auf den Kiesboden zurückfallen lässt. Bei einem ähnlichen Ausbruchsversuch eine Stunde zuvor hatte er noch mehr Ausdauer gezeigt.

Inzwischen stehe ich in der Küche und warte, dass der

Kaffee durchgelaufen ist, als ich plötzlich über das schlürfende Geräusch der Kaffeemaschine hinweg ein seltsames gleichmäßiges Klacken draußen im Garten höre. Bei einem Blick durch die offene Hintertür entdecke ich zwei große verschlafene Bienen, die eben von den welken Überresten der letzten Geranien des vergangenen Sommers fortfliegen. Das Geräusch, das meine Aufmerksamkeit erregt hat, stammt von dem schmiedeeisernen Blumentopfhalter, von dem an einer Vorderpfote ein lang gestreckter, schlanker, glänzender grauer Kater baumelt. Vor meinen Augen dreht er sich an seinem einen Vorderbein langsam von einer Seite auf die andere. Der Halter ist in einer Höhe angebracht, die in etwa dem Anderthalbfachen meiner Körpergröße entspricht. Ich frage mich, wie lange er diese unmögliche Haltung wohl beibehalten mag. Puschkin, denn selbstverständlich handelt es sich um niemand anders als ihn, schaut mich mit einer Mischung aus Verunsicherung, ja sogar Furcht und Verärgerung an, und gerade, als ich im Begriff bin, ihn zu fragen, was genau er da treibt, fällt mir I-aahs lapidare Antwort ein, als er sich, hilflos im Bach treibend, ebenfalls von einer Seite auf die andere dreht und Rabbit ihn fragt, was er da mache:

»Dreimal darfst du raten, Rabbit. Ich buddle ein Loch in die Erde? Falsch. Ich hüpfe auf einer jungen Eiche von Ast zu

Ast? Falsch. Ich warte, dass mir jemand aus dem Wasser hilft? Richtig.«[*]

Als ich rübergehe, um Puschkin aus seiner misslichen Lage zu befreien, dreht er sich herum, fährt die Krallen ein und springt herunter. Um seine Verlegenheit ob der peinlichen Situation zu überspielen, schlendert er dann zu einem Blumenkasten und macht sich mit demonstrativer Gelassenheit daran, daraus zu trinken, ohne mich eines Blickes zu würdigen. Er erinnert mich daran, wie unartig kleine Schulkinder sein können. Eine Grundschullehrerin hat mir einmal erzählt, dass sie stürmisches Wetter hasst, weil ihre Klasse dann immer besonders aufsässig ist.

Während Puschkin noch im Wachstum ist und seine Hormone ihn dazu verleiten, Wände hinaufzulaufen, haben seine beiden Mitbewohnerinnen inzwischen in Sachen Fortpflanzungsfähigkeit ihre Entwicklung abgeschlossen.

Fannie ist zwar von sehr zartem Körperbau, aber ansonsten »in den besten Jahren«. Sie ist die hübscheste Katze, die ich je gesehen habe. Natürlich bin ich in diesem Punkt hoffnungslos subjektiv. Doch mir geht jedes Mal das Herz auf, wenn ich ihr feines dreieckiges Gesicht mit den riesigen Augen mit der ausdrucksvollen Markierung sehe, dazu die winzige dunkelrosa, von zartem Schokoladenbraun umrandete Nase und ihr unvergleichlich anmutiger Gang, beinahe so, als liefe sie auf den Zehenspitzen. Ja, es reicht sogar, wenn ich nur an sie denke. Allerdings ist sie auch schrecklich nervös und neurotisch, und das wird mit fortschreitendem Alter nicht besser, sondern

---

[*] A.A. Milne: The House at Pooh Corner, Methuen Verlag, 1928.

immer schlimmer. Ich habe keinen Schimmer, was in ihrem so ereignislos erscheinenden Leben vorgefallen sein mag, das in ihr solche Ängste geweckt haben könnte, aber jedes Mal, wenn ich in ihrer Nähe bin, spüre ich, dass ihr kleines Herz rast. Traurig muss ich mir eingestehen, dass Puschkins Einzug der Sache nicht dienlich war. Andererseits schöpfe ich unglaublich viel Trost und Kraft aus diesem kleinen, zarten Wesen, wann immer ich sie in den Armen halte, an der Brust oder auf dem Schoß wie beispielsweise bei unserem kostbaren morgendlichen Ritual nach dem Duschen. Sie besitzt die Fähigkeit, auf ganz bemerkenswerte Art und Weise Schmerzen zu lindern und Liebe zu spenden. Das empfinden viele Menschen so, vor allem aber Damian, Michaels ältester Sohn. Als sich nach der ersten Grundimpfung ein Knubbel auf ihrem Rücken entwickelte, der uns zu allerlei düsteren Spekulationen verleitete, erklärte Damian mit einer drastischen Offenheit, die mich richtig schockierte:

»Nein, nicht Fannie. Die nicht. Die andere, okay, aber nicht Fannie.« Arme Titus, sie derart zum entbehrlichen Anhängsel zu degradieren! Gott sei Dank stellte sich bald heraus, dass es sich bei der Schwellung nur um eine Impfreaktion handelte, die nach gut zehn Tagen wieder abgeklungen war.

Fannie bewegt sich sehr präzise, sicher und über die Maßen grazil. Sie balanciert regelmäßig mühelos auf der Oberkante der alten massiven Schlafzimmertür, um von diesem schmalen Grat aus ganz oben auf das Bücherregal zu springen, von wo aus sie alles beobachtet, was weiter unten geschieht. Von dort aus springt sie dann wieder auf die keine drei Zentimeter breite Türkante und weiter auf eine Sessellehne. Keine der anderen Katzen bringt das fertig. Wenn sie könnte, würde sie vermutlich den Dachfirst entlangwandern, so wie ihre Mutter es früher getan hat, aber diese Freiheit, die über kurz oder lang ihren Tod bedeuten würde, kann ich ihr einfach nicht einräumen. Fannies Körper besitzt eine Leichtigkeit, die ebenso wirklich ist wie auch irgendwie ätherisch. Früher habe ich nie verstanden, dass manche Menschen mit Katzen eine gewisse »Jenseitigkeit« verbinden, doch auch wenn es schwer zu erklären ist und jeder Erklärungsversuch sonderbar klingen mag, denke auch ich inzwischen, dass Katzen ein einzigartiges Element eigen ist. Für mich scheinen sie mehr dem Element Luft anzugehören als jenem der Erde. Fannie ist extrem zart, weist jedoch gleichzeitig mehr als nur eine Andeutung von Wildheit auf. Wenn sie einem ihre Liebe schenkt, was sie mit großer Intensität tut, kann es aufgrund ebendieser natürlichen Wildheit schon mal zur Sache gehen.

Tierärztin Kate, mit der ich inzwischen befreundet bin, hat mir einmal erzählt, dass angehende Tierärzte während des Studiums lernen, Hunde als Haustiere einzustufen und davon ausgehen dürfen, dass ein Hundebesitzer auch in der Lage ist, sein Tier während der Untersuchung unter Kontrolle zu halten. Katzen hingegen werden als »Wildtiere« eingestuft, und man setzt bei ihnen kein wirklich vorhersehbares diszipliniertes Verhalten voraus. Alle Katzen, die ich je kennengelernt habe, mögen auf den ersten Blick noch so zahm wirken, tatsächlich aber lauert die Wildheit dicht unter der Oberfläche. Genau darum finde ich ihre Beziehung zu uns Menschen auch so außergewöhnlich, ein artenüberschreitendes Band, so wie es auch zwischen Gos und T. H. White bestand und das er in seiner wunderbar formulierten und außerordentlich prägnanten Studie der Entwicklung zum Falkner beschreibt:

Ich hatte lange mit diesem Falken zusammengelebt, war sein Sklave gewesen, sein Metzger, seine Krankenschwester und sein Lakai. Seine Kleider hatte er von mir, ich hielt sein Haus sauber und wohlriechend, seine Mahlzeiten wurden von mir erlegt, ausgenommen, in Stücke gehackt und serviert, seine Ausflüge unternahm er auf meiner Faust. Sechs Wochen lang hatte ich bis spät in die Nacht an nichts anderes gedacht und war früh aufgestanden, um meine Überlegungen umzusetzen. Ich war selbst halb zum Vogel geworden, hatte meine ganze Liebe, mein Interesse und meine Kraft in seine Zukunft gesteckt, hatte mich diesem Glück so rückhaltlos ausgeliefert, wie man es in der Ehe und in der Familie tut. Falls der Falke starb, würde mein ganzes gegenwärtiges Ich mit ihm sterben.[*]

---

[*] T. H. White: The Goshawk. Herausgegeben von Jonathan Cape, 1951.

O ja, wenn Fannie sterben würde, würde mein ganzes gegenwärtiges Ich mit ihr sterben.

Die Verschiedenartigkeit der drei Katzen ist so ausgeprägt wie nur möglich. Sie sind physisch und charakterlich grundverschieden. Titus ist physisch eine flauschige, runde, hellrot getigerte und weiß gefleckte Katze mit bernsteinfarbenen Augen. Sie ist warm, knuffig, auf träge Art liebevoll und sehr verfressen, wobei sie Trockenfutter klar bevorzugt. Sie kann eine aktive Jägerin sein, wenn sie sich davon Spaß verspricht. Grundsätzlich ist sie aber eher faul, und am liebsten liegt sie einfach nur herum, vorzugsweise auf irgendeinem Schoß oder Arm. Ihre bevorzugten Schmuseopfer sind Männer, im Idealfall solche, die fernsehen. Perfekt. Die Erfahrung scheint sie gelehrt zu haben, dass ein Mann in dieser Stellung am ehesten sitzen bleibt und ihr Gewicht ebenso toleriert wie ihre Haare in seiner Nase. Vor allem aber hält so ein Mann einfach still. Am liebsten liegt sie auf der linken Schulter ihres Opfers. Darüber hinaus kommt bei ihrer Wahl auch ein Flirtelement zum Tragen. Sie reagiert beim Menschen deutlich stärker auf männliche als auf weibliche Pheromone, sodass, wenn mehrere Menschen in einem Zimmer sitzen, sie für gewöhnlich einen männlichen Schmusepartner wählen wird, allerdings nicht *zwingend*. Von unseren drei Katzen ist sie die »redseligste«, und sie scheint menschliche Gesellschaft regelmäßiger zu suchen und zu brauchen als die beiden anderen. Wenn Michael oder John von der Arbeit nach Hause kommen, empfängt sie sie an der Tür und quiekt und quakt in einer ganzen Reihe klarer, aber fein modulierter Begrüßungslaute, die lauter werden, wenn sich der Betreffende herabbeugt, um ihr den Rücken zu streicheln. Seit Kurzem wird mir die gleiche Begrüßung zuteil, allerdings nur, wenn keiner der Männer in der Nähe ist. Sie scheint außerdem sehr viel nachzudenken, und ihre Art, einen zu mustern, kann einen ganz nervös machen.

Ein Beispiel für die Arbeitsweise ihres unergründlichen Verstandes ergibt sich am heutigen Abend. Ich sitze noch spät an meinem Schreibtisch, und im Haus ist es sehr still. Ich bin allein mit den Katzen. Titus liegt zusammengerollt schlafend auf dem Bett hinter mir. In der Stille höre ich ein leises Maunzen, das sich nach und nach steigert, bis es, als ich mich umdrehe, einem kontrollierten Schrei ähnelt. Titus schläft immer noch tief und fest und träumt offensichtlich. Bevor der Schrei seine vollen Ausmaße angenommen hat, schaue ich hinauf zu Fannie, die oben auf dem Regal auf einem Stapel Schals von mir gelegen hat und jetzt kerzengerade dasitzt und Titus aus ihren schönen, neurotischen, durchdringenden Augen mit den dunklen geweiteten Pupillen anstarrt, einen zutiefst beunruhigten Ausdruck auf dem Gesicht. Sie springt herunter und zu Titus aufs Bett, um ihr gleich darauf tröstend das Gesicht zu lecken. Inzwischen wacht Titus langsam auf. Sie wirkt in keinster Weise beunruhigt und schenkt Fannies gut gemeinten Liebkosungen keinerlei Beachtung. Stattdessen gähnt sie weit und anhaltend, schluckt, streckt sich und springt dann ohne erkennbare Hast vom Bett.

»Gut geträumt? Hast du etwas erlegt?«, erkundige ich mich.

Sie ignoriert mich ebenso wie zuvor Fannie. Die seufzt.

»Wie du meinst«, rufe ich Titus' Hinteransicht nach, als sie das Zimmer verlässt.

Sie setzt ihren Weg ungerührt fort. Ich wette, dass sie nach unten geht, um die Futterschüsseln zu inspizieren und den einen oder anderen Happen zu naschen.

Einige niedliche Merkmale von Titus: Sie hat eine perfekte, feine und wunderbar komplexe kleine rosa Nase und dazupassende rosa Lippen und Pfotenballen. Auf der Unterlippe hat sie einen Kreis mit Sommersprossen, die unglaublich süß sind, wenn auch nur sichtbar, wenn sie das Maul öffnet.

Gestern Abend habe ich Titus für etwa anderthalb Stunden versehentlich ausgesperrt. Es war bitterkalt, hatte aber nicht gefroren, und ich hatte beim Kochen die Hintertür geschlossen. Nach dem Essen öffnete Michael die Tür zum Glück noch einmal, um einige Beutel Gemüse in die Tiefkühltruhe zu bringen. Draußen stieß er auf eine aufgeplusterte und ziemlich übellaunige Titus.

»Aha... Dann bin ich also nicht der Einzige, der dich aussperrt. Arme alte Titus. Ist dir kalt geworden?«, neckte er sie.

Schuldbewusst blickte ich ihr entgegen, als sie hereinkam, und zu meinem Schrecken schienen ihre Hinterbeine auf der Schwelle nachzugeben. Bei genauerem Hinsehen stellte ich dann fest, dass ihr linkes Hinterbein in einem unnatürlichen Winkel abstand.

»Michael, ich werde mit ihr zum Tierarzt fahren müssen. Mit ihr stimmt etwas nicht.«

Und dort bin ich gerade gewesen. Ich habe erfahren, dass sie an einer Kniescheiben-Luxation leidet. Übeltäter ist das linke Hinterbein. Das könnte die Folge einer Verletzung sein, ebenso gut aber eine angeborene Missbildung. In jedem Fall ist es sehr schmerzhaft. Das Gelenk muss aufwendig operiert werden, und in der Folge ist mit starken Schmerzen zu rechnen. Wir werden sie massiv in ihrer Bewegungsfreiheit einschränken und ihr Schmerzmittel verabreichen müssen. Die Chirurgin, die den Eingriff morgen vornehmen wird, ist eine Stellvertreterin und wird unmittelbar nach der Operation abreisen. Die Praxis wird über Nacht nicht besetzt sein, und ich darf Titus frühestens am Freitag heimholen. Ich bin ganz und gar nicht glücklich mit der Situation, aber was bleibt mir anderes übrig?

Nun sehe ich, was ich am zwanzigsten August, also vor über drei Monaten, in mein Tagebuch geschrieben habe. Da steht:

Ich mache mir furchtbare Sorgen, dass sie vielleicht nicht glücklich sind. Titus sitzt oft zusammengekauert da, in einer Haltung, die mich ganz nervös macht.

Es waren die Schmerzen und nicht Puschkin, die ihr damals zu schaffen machten. Wann werde ich endlich lernen, die Signale meiner Katzen richtig zu deuten?

Kapitel 12
Donnerstag, 9:00 Uhr

Ein düsterer verregneter Novembertag, und mir ist ganz übel vor Sorge. Ich habe furchtbar schlecht geschlafen, geplagt von Albträumen von der Operation, die Titus heute über sich ergehen lassen muss. Ich hatte eine ganze Reihe absonderlicher Träume, aber vor allem einer lässt mich nicht mehr los. In diesem speziellen Traum war Titus halb verhungert, sodass sie einen kleinen braunen Frosch fraß, der in ihrem Maul weiter schrie und strampelte, während sie ihn verspeiste.

Ich habe die Katzen die ganze Nacht umherwandern hören, nachdem Titus auf Anweisung des Tierarztes ab dreiundzwanzig Uhr nichts mehr fressen durfte. Ich wollte nicht, dass sie als Einzige darben muss, darum habe ich auch die beiden anderen auf Diät gesetzt. Die ungewohnte Futterknappheit hat sie alle sehr rastlos gemacht, und Titus und Puschkin sind beide frühmorgens zu uns aufs Bett gesprungen und haben den Kopf an meinem Gesicht gerieben, allerdings mehr fordernd als zärtlich, um sich gleich darauf wieder davonzumachen.

Als ich in die Küche komme, sitzen alle drei aufgereiht dort, wo normalerweise die Futterschüsseln stehen, und schauen erwartungsvoll mit schräg gelegtem Kopf zu mir auf. Ich habe ein ganz schlechtes Gewissen.

Michael hat den ganzen Morgen in der kleinen Nische gearbeitet, in der sein Computer steht, und ich habe ihn in regelmäßigen Abständen besonders zärtlich mit Titus flüstern hören – wenngleich ich finde, er hätte ihr nicht versprechen sollen, ihr eine Genesungskarte zu schicken, da er dieses Versprechen mit ziemlicher Sicherheit nicht einlösen wird. Ich bin aber froh, dass er ihr so viel Zuwendung schenkt, und es tröstet mich, dass die Situation ihn ganz offensichtlich auch belastet. Natürlich hätte ich niemals etwas anderes angenommen, aber meine Nervosität geht ihm auf die Nerven, weil er sie nicht ganz zu Unrecht als Feigheit interpretiert. Michael zeigt also seine Gefühle für die Katzen mir gegenüber nicht so offen, vermutlich zum Ausgleich.

11:45 Uhr

Fahre jetzt mit Titus zum Tierarzt, dann kann Michael endlich die anderen zwei füttern.

Mittag

In der Klinik erkundige ich mich, vielleicht etwas naiv, welcher Teil der Operation der riskanteste ist, worauf Alison, die Tierärztin, die das Problem gestern diagnostiziert hat, die Operation jedoch nicht durchführen wird, fragt:
»Was um alles in der Welt meinen Sie damit?«
Als ich zu einer Erwiderung ansetze, wird mir peinlich be-

wusst, dass mir zwei dicke Tränen rechts und links die Nase über das Gesicht rollen.

»Ich möchte wissen, an welchem Punkt des Eingriffs die Wahrscheinlich am größten ist, dass sie stirbt.« Ich schlucke.

»Aha. Nun, der Eingriff selbst ist nicht gefährlich. Bei Katzen stellt die Narkose das eigentliche Risiko dar. Die Narkose vertragen nicht alle.« Sie schenkt mir ein aufmunterndes Lächeln, aber jetzt bin ich erst recht beunruhigt.

»Meinen Sie, auf dem OP-Tisch oder hinterher im Aufwachraum?«

»Es kommt schon mal zu Komplikationen, wenn sie wieder zu sich kommen und die Schläuche entfernt werden, doch es wird eine voll ausgebildete OP-Schwester anwesend sein, die ihre Werte kontrolliert, bis sie wieder ganz bei Bewusstsein ist. Um siebzehn Uhr wird sie wieder völlig wach sein.«

Einigermaßen beruhigt, kann ich mir eine weitere Frage dennoch nicht verkneifen:

»Gestern Abend sagte Alice (die Chirurgin) am Telefon, dass nachts niemand in der Klinik sein wird, und mir ist die Vorstellung unerträglich, dass Titus ganz allein hier sein wird und sich möglicherweise ängstigt.«

»Es ist zwar kein Arzt hier, aber ich habe heute Nacht Bereitschaftsdienst und werde um zweiundzwanzig Uhr nach ihr sehen. Sollte sie Schmerzen haben, gebe ich ihr ein Opiat. Das wäre Ihnen zu Hause nicht möglich.«

Ergeben neige ich den Kopf.

»Hören Sie: Rufen Sie um fünfzehn Uhr an, dann können wir Ihnen sagen, wie es steht. Bis dahin dürfte sie aus dem OP zurück sein und langsam zu sich kommen.«

13:50 Uhr

Ich habe mich seltsam ruhig gefühlt, als ich mit leeren Händen aus der Tierklinik zurückgekommen bin, vielleicht weil die Verantwortung jetzt bei anderen liegt. Inzwischen bin ich aber wieder sehr angespannt, nachdem die Uhrzeiger mir verraten haben, dass die OP begonnen hat.

15:00 Uhr

Ich rufe in der Klinik an und muss eine kleine Ewigkeit warten. Endlich teilt die Tierarzthelferin mir mit: »Alice desinfiziert sich gerade. Sie fängt gleich an. Ich sage Ihnen was: Wir rufen Sie an, wenn es vorbei ist.«

Ich stammle und stottert unsinniges Zeug und presse schließlich ein »In Ordnung« hervor. Warum die Verspätung? Bedeutet das, dass vor dem Eingriff an Titus im OP etwas schiefgelaufen ist? Ist Alice jetzt müde und unkonzentriert? Deprimiert spiele ich am Computer eine Partie Solitär, um mich abzulenken, und lasse mich auf das riskante kindische Spiel ein, mit dem Schicksal zu hadern: Wenn ich gewinne, geht alles glatt. Beim ersten Mal gewinne ich in Rekordzeit. Gleich darauf schäme ich mich jedoch für meine Naivität. Ob der »Zauber« auch dann wirkt, wenn man selbst an seiner Wirksamkeit zweifelt?

16:20 Uhr

Michael ist zur Post gegangen, und ich vermute, dass er sich bei dieser Gelegenheit auch ein Bierchen genehmigen wird. Seit er fort ist, ist es sehr still im Haus, und diese zweite Wartezeit kommt mir endlos vor.

Endlich klingelt das Telefon. Es ist Alice, die Vertretung, und sie erklärt in ihrem breiten australischen Akzent:

»Also, ich habe ziemlich gute Neuigkeiten. Ich bin eben mit der Operation fertig geworden, und Titus befindet sich im Aufwachraum. Sie ist noch nicht wieder bei Bewusstsein, aber der Eingriff ist komplikationslos verlaufen. Ich bin mit dem Ergebnis sehr zufrieden. Das Schlimmste ist also überstanden.«

Während sie berichtet und ich schweigend zuhöre, kritzle ich etwas auf einen Notizblock. Erst später wird mir bewusst, dass ich Folgendes notiert habe:

> *Das Schlimmste überstanden*
> *Das Schlimmste überstanden*
> *Das Schlimmste überstanden*
> *Antibiotika*
> *Entzündungshemmer*
> *Zusätzliche Auskehlung im Knochen*
> *Innere Naht*
> *Klinikeigener Käfig*

Erst nach und nach dringt in mein neu erwachtes Bewusstsein, was Alice gerade sagt:

»Titus darf mindestens vierzehn Tage nirgendwo herunterspringen, und je nachdem, wie Sie eingerichtet sind, wird das unmöglich umzusetzen sein. Darum borgen wir Ihnen einen Käfig, in dem sie unbedingt bleiben muss.«

O Titus. Du wirst wahnsinnig werden, uns alle hassen und glauben, wir wollten dir zusätzlich zu den Schmerzen noch mehr Gewalt antun. Es muss eine Alternative geben. Wir müssen sämtliches Mobiliar aus dem Wohnzimmer entfernen. Aber wohin damit? Ich muss mir etwas einfallen lassen.

Wir beenden das Gespräch, wobei sie mich auffordert, mich um achtzehn Uhr dreißig noch einmal zu melden. Bis dahin werden sie mir aller Wahrscheinlichkeit nach mitteilen können, dass Titus wieder bei Bewusstsein und auf dem Weg der Besserung ist. Ich danke ihr überschwänglich für ihren professionellen Einsatz. Sie lacht und meint, sie müsse sich bei mir bedanken, da ich ihr eine finale Untersuchung erspart hätte. Ich habe es also mit einer Frau zu tun, die die Herausforderung einer schwierigen Operation einer unangenehmen menschlichen Konfrontation vorzieht.

18:20 Uhr

Ich halte es nicht länger aus und wähle die Nummer der Tierklinik. Ich spreche mit Vicky, der diensthabenden Tierarzthelferin, die mir versichert, dass es Titus sehr gut gehe und sie sich bereits aufgesetzt habe, um ihre Umgebung in Augenschein zu nehmen. Sie sagt, dass Titus noch nicht fressen darf, sie ihr aber, bevor sie heute Abend Feierabend macht, etwas

Trockenfutter und frisches Wasser geben wird. Sie bestätigt noch einmal, dass sie mindestens vierzehn Tage im Käfig bleiben muss, sie jedoch die meiste Zeit in ihrem Gefängnis verschlafen wird. Sie sagt, ich solle früh am nächsten Morgen wieder anrufen; Leanne, die Nachtschwester, werde mir dann sagen, wie Titus die Nacht überstanden hat. Während unseres ganzen Gesprächs höre ich einen eingesperrten Hund im Hintergrund bellen und jaulen und frage mich, was Titus von dieser Geräuschkulisse in der Klinik halten mag. Ich komme mir schäbig vor, dass ich sie über Nacht dort lasse, gleichzeitig denke ich aber, dass es, vom medizinischen Standpunkt betrachtet, das Beste für sie ist.

Ich spreche ein Dankgebet, dass bislang alles so reibungslos verlaufen ist.

Freitag

Ich rufe an, um mit Leanne, der Nachtschwester, zu sprechen, woraufhin man mir zu meiner Verblüffung mitteilt, sie mache gerade ihre Runde und könne jetzt nicht gestört werden. Käfigkontrolle, denke ich, trotzdem habe ich Verständnis. Sie ruft zurück und berichtet, dass Titus ihnen etwas Sorgen bereite. Die gute Nachricht lautet, dass sie wach ist, ihre Umgebung wahrnimmt und viel miaut. Die schlechte Nachricht ist, dass sie sich in der Nacht nicht in der Katzentoilette, sondern im Liegen erleichtert hat und längere Zeit in ihrem eigenen Urin gelegen hat, keine idealen Voraussetzungen für die Heilung einer so frischen, tiefen Wunde. Sie haben sie gesäubert, so gut es ging, denken aber, je eher ich sie abhole, desto besser, da sie das Gefühl haben, die Umgebung in der Klinik mache ihr sehr zu schaffen. Ich wette, es liegt an dem ständigen Gekläffe, außerdem war sie noch nie von Fannie getrennt, die ebenfalls die ganze Nacht über gerufen hat. Ich vermute, sie vermisst ihre Schwester, obgleich es auch an der bevorstehenden Rolligkeit liegen könnte.

Ich hole Titus ab und entschuldige mich auf der Heimfahrt bei ihr für alles, was ich ihr angetan habe, aber ich fürchte, es wird einige Zeit dauern, bis sie mir verziehen hat. Ich wurde sehr eindringlich darauf hingewiesen, dass sie unter gar keinen Umständen den Käfig verlassen darf, außer zum Knuddeln oder zum Verabreichen von Medikamenten. Sie braucht absolute Ruhe, um sich von der Operation zu erholen.

»Strikte Ruhe für mindestens zwei Wochen. Daran müssen Sie sich unbedingt halten!«, schärfen mir Helferinnen und Tierärzte ein.

Ich verbinde den Klinikkäfig mit unserem eigenen Transportkäfig, sodass sie mehr Platz zum Schlafen hat, da sie ja auch eine Katzentoilette in ihrem Gefängnis benötigt. Sie hat den ganzen Tag über weniger als einen Teelöffel Trockenfutter gefressen, aber eine ganze Schale Wasser geleert und viel geschlafen. Das Katzenklo hat sie bislang noch nicht benutzt.

Seit ich Titus am Morgen zurückgebracht habe und bis in den frühen Nachmittag hinein hat Fannie ihre Schwester immer wieder angefaucht. Ich bin schockiert, und Titus scheint beleidigt zu sein, da sie Fannie seit der ersten Attacke den Rücken kehrt, sobald diese sich ihr nähert. Inzwischen faucht Fannie zwar nicht mehr, als freundlich kann man ihr Verhal-

ten jedoch auch nicht bezeichnen. Ich nehme an, dass es an diesem grässlichen Krankenhausgeruch liegt, den Titus verströmt. Hinzu kommt ihr Atem, der noch nach dem Narkosemittel riecht, sodass sie ihrer kleinen Schwester vorkommen muss wie ein völlig fremdes Wesen. Verhaltensforscher haben ja schon mehrfach festgestellt, dass Fauchen nicht zwingend ein Zeichen von Aggression ist, sondern auch Furcht oder Unsicherheit ausdrücken kann, und dies vermute ich nun auch in Fannies Fall. Puschkin seinerseits gebärdet sich um vieles freundlicher und leckt ihr durch die Gitterstäbe die Nase, wenngleich er gerade eben versucht hat, sie zu hauen.

Nervös halte ich Titus auf dem Schoß, da Liebe und Aufmerksamkeit sehr wichtig sind für ihren Seelenzustand. Ich spüre, dass sie ebenfalls angespannt und verunsichert ist. Im Rahmen der Operation, bei der die Chirurgin eine neue, tiefere Rinne in ihr Schienbein gefräst hat, damit die Kreuzbänder das Knie künftig an seinem Platz halten können, wurde sie großflächig rasiert. Die Rasur beginnt knapp oberhalb des Fußwurzelknochens des linken Beines und führt über den Bauch bis hinauf zum Becken. Durch die partielle Nacktheit hat sie unten am Bein Ähnlichkeit mit einem geschorenen Pudel, während die große weiße Fläche am Oberschenkel eher an eine kleine zarte Lammkeule erinnert. Oben am Becken ist das Fell dann wieder unangetastet. Titus sieht verletzlich und mottenzerfressen aus. Die Narbe ist sauber und trocken, aber unmittelbar um die OP-Wunde herum sind dunkle Hämatome zu sehen. Vorsichtig drücke ich sie an mich.

»Arme Titus. Sie haben dich übel zugerichtet, aber wir alle haben dich noch ebenso lieb wie vorher. Versprochen.«

Ich gebe ihr beide Antibiotika und die nicht minder wichtigen Schmerztabletten mit etwas Nassfutter, und nachdem sie ihre Dosis so problemlos gefressen hat, überrede ich sie, noch etwas mehr von dem Dosenfutter zu sich zu nehmen. Sie frisst, aber schon zehn Minuten später fängt sie an zu würgen und bricht alles wieder aus. Ich schaue mir das Erbrochene genau an, um zu sehen, ob sie auch die Tabletten ausgespuckt hat, was sich jedoch nur schwer sagen lässt. Ich lasse sie über Nacht unten in ihrem Käfig.

John kommt herein und drückt sie. Ich höre, wie er ihr zärtlich zuflüstert: »Bald geht es dir wieder besser, Titus. Du wirst sehen. Du bist doch mein Liebling, aber psssst, das bleibt unter uns, ja?«

Samstag

Heute kommen Klaus und Joelle zum Mittagessen, zwei wirklich enge Freunde von uns. Die Einladung steht schon ewig, und nachdem wir den letzten Termin vor ein paar Wochen aufgrund meiner Ohrenentzündung verschieben mussten, möchten wir unter keinen Umständen wieder absagen. Trotzdem mache ich mir Sorgen, weil ich nicht recht weiß, wie ich Titus in dieser Zeit versorgen soll. Kopfzerbrechen bereitet mir außerdem, dass sie nichts frisst. Ich habe sie mitsamt ihrem Doppelkäfig hinauf in unser Schlafzimmer getragen, damit sie ihre Ruhe hat, und die Rechnung scheint aufzugehen, da das Futter in der bereitgestellten Schüssel nach und nach weniger wird. Erst Stunden später, als ich eine Weile im Schlafzimmer bleibe, um Titus Gesellschaft zu leisten, beobachte ich, was damit geschieht. Fannie, die ihren Widerwillen gegen die fremden Gerüche, die Titus anhaften, scheinbar überwunden hat, steckt systematisch die Pfote durch das Gitter, fischt Trockenfutter aus der Schüssel und sammelt es auf dem Teppich, bevor sie den Haufen dann verschlingt. Fannie, die Penible, Fannie, die für gewöhnlich nur das strikte Minimum frisst und sogar in Hungerstreik tritt, wenn ihr etwas gegen den Strich geht, Fannie beklaut ihre eigene kranke Schwester! Titus hockt derweil unglücklich da und frisst allzu offensichtlich keinen Brocken.

Ich rufe die leidgeprüfte Leanne an, die vorschlägt, ich solle Huhn oder Fisch kochen und sie mit der Hand füttern, sie verspricht aber, dass der Tierarzt sich später bei mir meldet. Ich koche etwas Fleisch, obwohl ich mir wenig davon verspreche, da Titus ausschließlich Trockenfutter frisst. Ich versuche, das in winzige Stücke geschnittene Fleisch an sie zu verfüttern, doch sie lehnt es ab. Auch die Schüssel mit Trockenfutter in ihrem Käfig ignoriert sie weiterhin. Ich fange an, sie mit einzelnen Bröckchen Trockenfutter zu füttern, und schließlich frisst sie tatsächlich eins, gleich darauf ganz bedächtig ein zweites. Ich finde heraus, dass ich ihr Interesse wecken kann, indem ich die Bröckchen einzeln durch das obere Gitter des Käfigs »regnen« lasse, sodass sie vor ihrer Nase landen und sie halbherzig danach »jagen« muss. Sie frisst etwa einen Teelöffel voll, ehe sie mir demonstrativ den Rücken zukehrt, was in ihrer Sprache so viel bedeutet wie: »Lass mich in Ruhe!« Ich gehe wieder nach unten und widme mich halbherzig den Vorbereitungen für das Mittagessen.

Klaus und Joelle treffen ein, und schon bald ist das Haus erfüllt von Gelächter. Zu spät wird mir bewusst, wie desorganisiert ich bin, da ich eben erst das Gemüse fertig geputzt habe und das Fleisch erst in den Ofen schieben kann, wenn die Kartoffeln auf dem Herd stehen. Da klingelt auch schon wieder das Telefon. Es ist wieder Leanne.

Sie hat mit dem Tierarzt gesprochen, der meint, es könne gut sein, dass die Schmerzmittel aufgrund des Erbrechens am Vorabend nicht wirken konnten. Wir sollen es noch einmal probieren und darauf achten, dass sie ihre Tabletten auch wirklich nimmt und bei sich behält. Sollte sie bis morgen, Sonntag, immer noch nicht fressen, sollen wir mit ihr vorbeikommen. Erleichtert berichte ich Leanne, dass sie ein wenig gefressen hat. Ich hoffe, dass ihre angeborene Verfressenheit das Weitere regeln wird, da nun einmal ein Anfang gemacht ist.

Leanne vermutet außerdem, dass das Eingesperrtsein Titus zu schaffen macht. Eingesperrtsein behagt keinem Tier, aber für Katzen ist es besonders schlimm.

Im Laufe des Tages scheint sich Titus' Zustand zu bessern. Ich schleiche mich in Abständen von unserer Lunch-Gesellschaft fort, um nach ihr zu sehen, und mir fällt ein Stein vom Herzen, als ich sehe, dass sie ein wenig gefressen hat und zum ersten Mal seit der OP wieder richtig wach aussieht. Ich entdecke jedoch auch, dass trotz einer kleinen Barrikade, die ich errichtet habe, um Futterklau zu verhindern, Fannie und Puschkin gleichermaßen durch das Gitter Futter aus der Schüssel fischen, wenn auch aufgrund des Sichtschutzes lange nicht mehr so erfolgreich wie vorher.

Titus ihrerseits hat einen kritischen Punkt überwunden und wehrt sich. In den folgenden zwei Tagen macht sie weiter langsam Fortschritte und frisst, wenn auch immer nur kleine Mengen auf einmal. Sie benutzt problemlos das Katzenklo (leider hat sie durch die Antibiotika Durchfall bekommen), trinkt große Mengen Wasser und ist unglaublich tapfer. Weder miaut sie, noch gibt sie irgendwelche Klagelaute von sich. Allerdings macht sie einen zutiefst deprimierten Eindruck wegen der eingeschränkten Bewegungsfreiheit. Die meiste Zeit liegt sie mit halb angelegten Ohren und halb geschlossenen Augen da. Sie steht nur auf, um sich auf die andere Seite zu legen, zu fressen oder zu trinken. Sie hasst die Pillen, die ich ihr inzwischen beinahe gewaltsam verabreichen muss, und nimmt sie mit Nassfutter nicht mehr freiwillig. Jedes Mal, wenn wieder einmal Tabletten fällig sind, blickt sie mir voller Entsetzen entgegen, auch wenn sie bei all dem keinen Laut von sich gibt. Und trotz ihrer zutiefst verletzten Blicke lässt sie sich widerstandslos von mir »verarzten«.

Michael hat, ganz sicher nur vorübergehend, die Geduld mit Fannie verloren, seit Titus krank ist und ihre Schwester sich so furchtbar egoistisch verhält. Um ehrlich zu sein, muss auch ich zuweilen an mich halten, um ihr Benehmen nicht zu vermenschlichen, immerhin mag das Verhalten unserer Katzen in deren eigener Welt völlig anders zu bewerten sein. Fannie maunzt, während sie auf dem Rücken liegt, eine unmissverständliche Aufforderung, ihr den Bauch zu kraulen. Michael lässt sich mürrisch erweichen:

»Du selbstsüchtiges kleines Biest. Du denkst immer nur an dich, dich, dich. Und was ist mit deiner Schwester? Wenn dir das passiert wäre, würdest du ununterbrochen miauen, und was die Tablettengabe betrifft, wären wir inzwischen völlig zerkratzt.«

Die Vorstellung, dass Fannie eine so schwere Operation mit anschließender Unterbringung in einem Raum mit Hunden erdulden müsste, ist mir ein Gräuel. Titus, du bist wirklich ein tapferes Mädchen, und ich habe meine Lektion ehrlich gelernt. Du hast Mumm, richtig Mumm, und ich weiß jetzt, dass ich dich sehr, sehr lieb habe, nachdem ich solche Angst um dich hatte, als du in der Klinik warst.

Kapitel 13

Ich reflektiere deprimiert darüber, warum ein Unglück so selten allein kommt. Michael und ich haben uns so auf den ersten gemeinsamen Urlaub daheim seit Ewigkeiten gefreut, der am Freitagabend begonnen hat. Am späten Montagnachmittag, dem ersten richtigen Urlaubstag, hat Michael plötzlich heftige Schmerzen in der Leistengegend, die gleichen Beschwerden wie schon vor ein paar Wochen. Ich frage, ob er zum Arzt fahren möchte, und anfangs lehnt er noch ab, aber im Laufe des Abends werden die Schmerzen immer schlimmer, sodass ich schließlich trotz seiner Proteste den Notarzt rufe. Der Arzt jagt mir einen Riesenschreck ein, als er sagt, es könne sich um eine arterielle Hernie handeln, und meint, falls sich diese Diagnose bestätige, müsse sofort operiert werden.

Schließlich landen wir in der Inneren Abteilung unseres örtlichen Krankenhauses, und natürlich dauert es Stunden. Michael wird von verschiedenen Ärzten untersucht, die alles Menschenmögliche für ihn tun, aber schließlich kommen sie nach Auswertung der Röntgenbilder zu dem Schluss, dass es sich um ein Hüftproblem handelt und nicht um den vermuteten Ernstfall. Um halb zwei Uhr nachts sind wir wieder daheim und kehren einige Stunden später am Dienstag ins Krankenhaus zurück. Michael wird von einem orthopädischen Chirurgen untersucht, der einen kurzfristigen Eingriff für erforderlich hält und Michael ganz oben auf die Warteliste setzt.

Am Abend desselben Tages fahre ich mit Titus zur Nachuntersuchung zu Alison in die Klinik. Titus macht gute Fortschritte, ich werde allerdings gerügt, weil ich sie am Nachmittag aus dem Käfig gelassen habe (ich wollte ihr mit Michaels Hilfe ein wenig Bewegung verschaffen). Alison erklärt mir noch einmal, dass der Käfig unerlässlich ist, damit das Bein korrekt heilen kann. Ich argumentiere, dass gute Laune und Muskeltonus ebenso wichtig für den Heilungsprozess sind, doch Alison lässt nicht mit sich reden, und obgleich Titus eine Musterpatientin ist, ist mir klar, dass ich in ihren Augen als Pflegerin nicht punkten konnte.

Ich empfinde die zwei Wochen, in denen Titus in ihrem Käfig eingesperrt bleiben muss, als beinahe unerträglich, und ich muss sagen, dass die arme kleine Titus diese Zeit ebenfalls schrecklich findet! Dann ist es aber endlich überstanden, und wir dürfen sie rauslassen, wenn wir auch in der ersten Zeit unter allen Umständen verhindern müssen, dass sie klettert, was eine weitere Riesenherausforderung darstellt.

Als sie das erste Mal durch das Haus geht, ist offensichtlich, dass ihre Muskeln stark abgebaut haben in den zwei Wochen erzwungener Bewegungslosigkeit, und es dauert eine ganze Weile, bis sie wieder genügend Selbstvertrauen hat, um vom Boden aus auf den Tisch zu springen (andererseits war sie von den drei Katzen ja schon immer die unsportlichste und faulste).

Im Laufe des Dezembers erholt sie sich stetig, und ihr Bein

wird immer kräftiger, da sie es häufiger benutzt. Trotzdem fühlt sie sich noch unsicher, wenn es darum geht, weitere Entfernungen zu überwinden oder irgendwo hinaufzuspringen. Wenngleich ihre Muskeln sich rasch zu regenerieren scheinen, dauert es erstaunlich lange, bis an den rasierten Stellen das Fell nachwächst. Alison hatte gemeint, sie würde bis zum Jahresende wieder »normal« aussehen, aber an Weihnachten zeigt sich gerade mal ein ganz leichter Flaum. Der hat den Charme des ersten Bartflaums eines pubertierenden Jungen, noch nicht ausreichend für einen richtigen Schnauzbart, ja noch nicht einmal für eine Rasur.

Ende Januar ist Titus merklich kräftiger und hat sich weitgehend von der Operation erholt. Sie und Fannie scheinen sich näherzustehen denn je. Es hat den Anschein, als grenzten die beiden Puschkin, der sie vor allem tagsüber weitgehend in Ruhe lässt, immer mehr aus.

Die Tage werden länger, und Titus und Fannie werden beide wieder rollig. Beide geben sich in höchstem Maße anhänglich gegenüber ihren Menschen und nur denen gegenüber. Obgleich Puschkin sich ihnen regelmäßig nähert, um an ihren Extremitäten zu schnuppern, wehren sie ihn jedes Mal mit einem Pfotenhieb ab oder setzen sich mit zuckendem Schwanz hin, wobei sie ihm demonstrativ den Rücken zukehren. Armer Puschkin, er sehnt sich nach Liebe und Anerkennung und wird immer nur abgewiesen! Nachts spielen die drei auch weiterhin Fangen, wobei die Mädchen sich abwechseln, während Puschkin stets den Part des Verfolgers innehat. In der Sekunde, da seine Verfolgung jedoch eine neue Wende nimmt und er aussieht, als hätte er anderes im Sinn als ein harmloses Spiel, wird er wieder nachdrücklich in die Schranken gewiesen.

Ich habe mit zwei Katzenbesitzern und zwei verschiedenen Tierärzten gesprochen, und alle sind ehrlich überrascht von der Situation bei uns daheim. Wahrscheinlich stellt Puschkins Unerfahrenheit, beziehungsweise die Unerfahrenheit aller drei Samtpfoten, eine unüberwindliche Hürde dar. Man sagt, dass frei laufende Kater sich den Paarungsakt vom Alpha-Kater der Gegend abgucken. Bei uns kommt erschwerend hinzu, dass Puschkin wie die meisten Vertreter seiner Rasse von Natur aus eher schüchtern ist: Es könnte also durchaus sein, dass er sein Verhältnis zu den Mädchen nicht dadurch gefährden möchte, dass er ihnen zu nahetritt.

Robert, ein Freund von uns, der sein Leben derzeit mit sieben Hunden und drei Katzen teilt, sagt, er habe einen unkastrierten Kater und eine Katze volle fünf Jahre zusammen in einem Haus gehalten, ohne dass es zur Paarung gekommen wäre, und das, obwohl es sich um Freigänger handelte.

Fannie, die sich Aufmerksamkeit heischend laut miauend geradezu lasziv auf dem Rücken hin und her rollt, wird so völlig vom Paarungsinstinkt beherrscht, dass man sie als Verkörperung weiblicher Lust bezeichnen könnte. Lust, Sehnsucht und Sinnlichkeit vereinen sich in ihrem zierlichen, ruhelosen Körper, wenn sie sich unruhig hin und her wälzt und mit den Krallen, die sie beinahe krampfartig ein- und ausfährt, nach dem Laken greift. Diese leidenschaftliche Zurschaustellung wird abwechselnd von sinnlichem Stöhnen und einschmeichelnden »trillernden« Lauten begleitet, die auch einen Stahlträger zum Schmelzen bringen sollten.

Sofern er ihr überhaupt Beachtung schenkt, schaut Puschkin sich das Ganze nur gelangweilt und völlig desinteressiert an.

Titus wälzt sich nicht so viel herum. Sie verlangt vielmehr danach, auf den Arm genommen zu werden, um dann sofort ein lautes Schnurren anzustimmen. Dann will sie wieder runter. Und wieder rauf. Wieder runter. Anschließend legt sie sich auf den Rücken und möchte am Bauch gekrault werden. Dabei gibt sie die ganze Zeit eine Art anhaltendes, forderndes quäkendes Maunzen von sich. Besagte Lautäußerung ist sehr eindringlich und hört gar nicht mehr auf. Beschließt man jedoch, das Maunzen zu ignorieren, wird es immer lauter und lauter. Bei Michael und John ist sie besonders penetrant, und ich höre oft, wie Michael, der für gewöhnlich längere Gespräche mit ihr führt, sie anfleht, ihn in Ruhe zu lassen, wenn er vor dem Bildschirm sitzt. Manchmal entwickelt sich zwischen den beiden ein erstaunlicher, ebenso lustiger wie nerviger Austausch.

»Hallo, Tites.«

»Miau.«

»Alles klar, Tites?«

»Miau.«

»Zeit, die Bar zu eröffnen, Tites.«

»Miau.«

»Der erste Schluck des Tages, Tites. Komm rein, Tites.«

»Miau.«

»Ja, Tites.«

»Miau, miau.«

»Wie bitte, Tites?«

»Miau, miau.«

»Ich weiß, Tites. Wo ist Papas Liebling, hm?«

Laut: »Miau, miau, miau.«

Ziemlich genervt: »Ach, Titus, geh doch zu Puschkin.«

»Miau, miau, miau, miau.«

Stille. Klappern auf der Tastatur. (Michael, nicht Titus.)

Nun wirklich sehr laut: »Miau, miau, miau, miau, miau.«

»Titus, verzieh dich. Geh zu Puschkin. Los, verschwinde. Weg mit dir.«

»Miau, miau, miau, miau, miau, miau, miau, miau.« Und so weiter und so weiter.

Tatsächlich bereitet mir Puschkins Zurückhaltung jedoch mehr Sorgen als Titus' Zustand.

*

Puschkin hat sich angewöhnt, sich auf meine Schulter zu legen, während ich tippe, aber inzwischen ist er so schwer und lang geworden, dass ich das Gewicht höchstens zehn Minuten am Stück aushalte, auch wenn er von sich aus diese Stellung noch weitaus länger beibehalten würde. Gerade eben ist Fannie herübergekommen und hat darum gebettelt, hochgenommen zu werden. Als ich sie nun auf meine Schulter hebe, bin ich verblüfft davon, wie leicht sie ist. Sie ist so schrecklich zart! Sofort kuschelt sie sich an meinen Hals und leckt mir das Haar, und ich bekomme eine Gänsehaut vor Wonne. Aber Titus ist diejenige, die wie ein treuer Hund stundenlang hinter mir auf dem Bett liegt, während Fannie meist das Zimmer verlässt, wenn ich Musik spiele. Titus und Puschkin bleiben hiervon unbeeindruckt.

Fannie und Titus haben meiner Meinung nach einige Charaktereigenschaften kleiner Tiger, während Puschkin, vielleicht aufgrund seiner Männlichkeit, seines breiten Halses und der kräftigen Schultern, mich mehr an einen Löwen erinnert. Er besitzt andere Eigenschaften, die nicht sonderlich löwenhaft sind und auch nicht unbedingt liebenswert. Puschkin hat schon als ganz junges Kätzchen Blähungen gehabt. Wenn man ihn im Arm hält und ihn zum Schnurren bringt, wird seine Ekstase regelmäßig von extrem übel riechenden Winden begleitet. Als ich heute Titus streichle, springt Puschkin unvermittelt auf das Bett und lässt sich ganz in der Nähe ihres Kopfes nieder. Ich halte die Katzen in dieser Position, indem ich sie beide streichle, als Puschkin plötzlich gehen möchte. Da ich ihn festhalte, kann er nicht weglaufen und lässt direkt vor Titus' Nase einen lautlosen Pups fahren. Beide sehen richtig schockiert aus, und ich stehe lachend auf und lasse sie los, woraufhin sie sich in entgegengesetzter Richtung davonmachen. Es scheint, als gäbe es unter Katzen eine strenge Etikette und als hätte Puschkin durch meine Schuld einen Fauxpas begangen.

Das erinnert mich an einen Samstag vor einigen Wochen, als ich noch im Bett lag und Puschkin sich auf mir niederließ und sich mehrmals um die eigene Achse drehte, bevor er schließlich still liegen blieb, das Hinterteil meinem Kopf zugewandt. Aufgrund seiner ebenso stillen wie tödlichen Angewohnheit fuhr ich ihn an.

»Puschkin, wenn du furzt, bringe ich dich um.«

Ich hörte Michael in seinem Computerraum gegenüber herzlich lachen. »Falsch, Marilyn, wenn er furzt, bist *du* tot!«

*

Gerard und Sandra, Michaels Bruder und Schwägerin, und ihre beiden Söhne Ryan und Benjamin verbringen das Wochenende bei uns. Michael fährt mit Gerard und Ryan nach West Ham zu einem katastrophalen Fußballspiel (ihr Team, die Blackburn Rovers, verliert), während Sandra, Ben und ich uns daheim beschäftigen.

Fast den ganzen Samstag und Sonntag macht Ben Jagd auf alle drei Katzen. Titus gibt sich gelassen, und ich habe sie auf Michaels Schoß und mit Bens weißem Plüschhasen auf dem Rücken fotografiert. Ben liebt sie für ihre Gutmütigkeit und raunt mir zu:

»Titus ist eine lächelnde Katze.«

Es stimmt, sie hat ein lächelndes Gesicht, ganz so wie ihr Vater. Kinder haben eine wundervolle, grenzenlose Fantasie, noch völlig frei von den Hemmungen der Erwachsenen. So hatte Ben seine Mutter beispielsweise erst vor ein paar Wochen in Bezug auf ihren jungen, temperamentvollen, hechelnden Border Collie Peggy gefragt:

»Warum hat Peggy eine Zunge wie eine Sprungschanze?«

Was für ein wunderbar plastischer Vergleich!

Titus hat sich also bewährt. Sie ist doch eine liebe, tolerante Katze, die sich einiges gefallen lässt und die man guten Gewissens als kinderfreundlich einstufen kann. Für die beiden anderen gilt das nicht.

Fannie zeigt sich anfangs noch freundlich, zieht sich aber recht bald zurück, während Puschkin keine zehn Minuten, nachdem Ben das Haus betreten hat, bereits abgetaucht ist. Als ich den vier Jahre alten Ben schließlich frage, wie er die Katzen findet, reißt er den Mund weit auf und gibt einen seltsamen Zischlaut von sich. Ich frage bei Sandra nach, was er meint, doch sie zuckt ebenfalls unsicher die Schultern. Das Rätsel wird aber schon kurze Zeit später gelöst. Als wir nach oben gehen, entdeckt Ben Fannie in unserem Schlafzimmer, und sobald sie ihn sieht, reißt sie das Maul so weit auf wie nur möglich und faucht laut und nachdrücklich. Zu meiner Verblüffung verhält Puschkin sich genauso aggressiv, lässt sogar ein noch lauteres Fauchen hören

und plustert sich auf. Dies geschieht, nachdem ich überall nach ihm gesucht habe und ihn schließlich zusammengerollt ganz unten in unserem Schrank entdecke, wo er auch bis zu Bens Abreise bleibt. Wenngleich Ben der Aufenthalt bei uns gefallen hat, denke ich, dass der Versuch, ihm zu vermitteln, dass Katzen kinderfreundlich seien, nur begrenzt erfolgreich war.

Kurz nachdem Sandra und Gerard heimgefahren sind in den Norden, trifft eine ganz süße Dankeskarte von Sandra ein, die der kleine Ben gezeichnet hat. Es könnte sich um Puschkin oder Fannie handeln, doch wahrscheinlicher ist, dass die Zeichnung Fannie darstellen soll. Auf der Rückseite schreibt Sandra:

Ben war ganz begeistert von den Katzen. Er erzählt jedem von ihnen und davon, wie sie mit den Menschen sprechen, wie zum Beispiel: »Hau ab, Ben, ich bin nicht dein Freund.«

*

Von Ende Januar bis in die erste Februarwoche hinein war es stürmisch, und das Unwetter hat erhebliche Schäden angerichtet. Vorgestern Nacht hat der Sturm Putz auf der Ostseite des Schornsteinkastens gelöst, und wenn gerade jemand dort vorbeigegangen wäre, hätte das übel ausgehen können. Der Katzenzaun wurde mehrfach umgeweht, sodass er nicht mehr so stabil und dicht ist, wie er sein sollte, und zwischen Zaun und Tor ein sichtbarer Spalt entstanden ist. Dreimal hintereinander haben wir Titus draußen im Garten einsammeln müssen, glücklicherweise zu eingeschüchtert, um sich auf die Straße zu wagen.

Einmal war sie länger als eine halbe Stunde draußen, ehe ich sie gefunden habe, und ich war anschließend entsprechend aufgelöst. Ich war hinausgegangen, um Wäsche in den Trockner zu bringen, da spürte ich plötzlich eine leichte Berührung an der Wade. Als ich nach unten sah, blickte Titus Hilfe suchend zu mir auf und stieß mich sacht mit der Vorderpfote an. Ich hatte sie noch gar nicht vermisst.

Kurz nach diesen Ausflügen in die große weite Welt höre ich, wie Titus Michael, der gerade am Computer sitzt, wieder mit ihrem fordernden Quäken belagert, und ich weiß einfach, ohne sie zu sehen, dass sie sich wild auf dem Boden wälzt und dabei mit den Beinen strampelt. Ich höre, wie er sie ernst zurechtweist:

»Tites, mir ist klar, dass du in den Garten möchtest, aber das wäre nicht gut für dich. Weißt du, was draußen im Garten passiert? Du wirst laut rufen, stimmt's?«

»Miau, miau, miau.«

»Genau. Und als Nächstes kreuzt dann dein Dad hier auf.

Rot und flauschig und mit einem Lächeln auf dem Gesicht. Und du wirst ihn umwerfend finden, doch das wäre keine gute Idee.«

Stille.

»Dein Vater war ein wahrer Prachtkerl. Er war wunderschön und sah aus, als wäre er für jeden Spaß zu haben!«

»Miau, miau.«

Ich weiß noch genau, wie begeistert Michael war, als wir gemeinsam durch das Fenster den Kater sahen, der Otto umwarb. Damals schon hat er erklärt, das Kätzchen behalten zu wollen, wenn eines in dem Wurf so aussähe wie der »König der Löwen« (so nannte er den prächtigen Kater). Und genau das haben wir dann auch getan.

Kapitel 14

Heute haben Michael und ich uns mitten in einer Arbeitswoche einen Tag freigenommen, und ich widme meinem Schmuseritual mit Fannie im Bad mehr Zeit als gewöhnlich, während ich mit halbem Ohr einer Sendung über den größten aller Wale, den Blauwal, lausche. Der Meeresbiologe erklärt, dass der »Gesang« der Blauwale aufgrund seiner niedrigen Frequenz zwischen fünf und zehn Hertz für Menschen nicht zu hören sei und um das Zehnfache beschleunigt werden müsse, um ihn hörbar zu machen. Hiernach wird einige Minuten lang Blauwal-»Gesang« gespielt, der wirklich ganz außergewöhnlich klingt. Es ist ein tiefes, volltönendes Dröhnen, und Fannie ist plötzlich wie elektrisiert. Sie spitzt die Ohren und steht auf; sie macht große Augen, und ihre Pupillen sind geweitet. Ich habe sie noch auf dem Arm und fühle, wie ihr ganzer Körper sich solcher Art anspannt, dass sie sogar leicht zittert. Wie mag dieses kleine sensible Wesen diese Laute interpretieren? Die Wirkung ist jedenfalls beträchtlich, und ich bin vollkommen sicher, dass sie noch nie zuvor Blauwal-Stimmen gehört hat. Wenn ich am Computer sitze, spiele ich oft meine Lieblings-CD, ein Zusammenschnitt von Flöten- und Harfenmusik, vermischt mit Delfin- und Buckelwal-Lauten. Den Katzen scheint es zu gefallen, da sie bei dieser CD

immer alle drei dableiben, aber hört Fannie vielleicht irgendeine außergewöhnliche »Botschaft« aus den unterschiedlichen Klängen des größten Meeresbewohners? Der Moment verstreicht, und der Walgesang verstummt. Fannie springt herunter und fängt an, sich zu putzen. Ich verstehe den Wink: Unsere Schmusestunde und ihr Interesse für naturwissenschaftliche Themen sind damit vorbei.

Als ich jedoch kurz darauf, nur in ein Badetuch gewickelt, am Computer sitze, springt Fannie, die offenbar eine Fortsetzung unseres Tête-à-Têtes im Bad wünscht und das Handtuch sicher als Aufforderung für eine weitere Schmuseeinheit deutet, mir auf den nackten Rücken. Vermutlich wollte sie auf der Rückenlehne des Drehstuhls landen und hat sich nur verschätzt. Jedenfalls gräbt sie mir die Krallen tief ins rechte Schulterblatt. Es tut höllisch weh, und ich gebe gern zu, dass ich einen anhaltenden lauten Schrei ausstoße. Sie fährt die Krallen wieder ein und lässt sich zu Boden fallen, noch bevor mein Schrei verklungen ist.

Michael kommt herein, um zu hören, was los ist, und sieht das Blut in meinem Nacken. Es ist nicht viel, reicht aber als Erklärung für meine Reaktion.

»Fannie, wie konntest du nur, nach allem, was Mami für dich tut?« Eine rein rhetorische Frage, natürlich. Fannie blickt vom Bett, wo sie mit einem senkrecht abgewinkelten Bein ihre Genitalien leckt, zu ihm auf. Ich stöhne theatralisch und wende mich wieder dem Bildschirm zu. Es tut weh, und ich fühle mich verraten. Als ich Michaels Angebot, mich mit Pflaster, Wundspray oder Jod zu verarzten, stur ablehne, zuckt er die Schultern und geht wieder.

Ich bin also wieder mit Fannie allein und wende mich ihr mit zornigem Blick zu. Ich bin sauer und mache keinen Hehl daraus. Sie erwidert meinen Blick. Ganz langsam schließt sie die Augen bis auf schmale Schlitze und öffnet sie dann wieder. Sie macht kaum sichtbar das Maul auf und miaut so leise, dass es kaum zu hören ist. Als ich ein zweites Mal zu ihr hinübersehe, wiederholt sie den Laut noch einmal, wieder ohne die Lippen zu bewegen. Dieses Verhalten wissenschaftlich zu erklären ist natürlich unmöglich, aber aufgrund der sehr eindeutigen Wirkung dieses geflüsterten »Miau« auf mich sagt mir mein Instinkt, dass mir gerade etwas gewährt wurde, das man als Entschuldigung deuten darf. Ich will einfach mal behaupten, dass diese Katze (und somit vermutlich alle Katzen) in der Lage ist, etwas zu bedauern und diese Regung auch zu vermitteln. Ich gehe zum Bett, beuge mich zu ihr herab, und als ich sie drücke, höre ich ihr vibrierendes lautes Schnurren. Zwischen uns ist alles wieder in Ordnung.

*

Als ich sehr früh am Morgen aufwache, erinnere ich mich noch gut an einen sonderbaren Traum. Darin ziehen Michael und ich in ein altes, weitläufiges ehemaliges Schulhaus um. Wir sind Stunden unterwegs und haben selbstverständlich alle drei Katzen bei uns. Wir werden von jemandem empfan-

gen, der Gordon verblüffend ähnlich sieht, einem sanftmütigen, wortkargen Bauern, den ich kannte, als ich noch in den Dales lebte, und der inzwischen leider verstorben ist. In dem Traum überprüfe ich immer wieder, ob auch alle Fenster und Türen fest verschlossen sind in meinem neurotischen Bestreben, die Katzen vor den Gefahren der Straße zu schützen, zumal sie ja in dieser Gegend völlig fremd sind. Ich erkunde das Haus und staune über dessen Größe, während ich durch ein wahres Labyrinth aus Türen und Fluren wandere. Als wir um eine Ecke biegen, finde ich mich plötzlich in einem großen Raum wieder, bei dem es sich, wie Gordons Doppelgänger hinter mir laut erklärt, um das einstmals größte Klassenzimmer handelt. Zu meiner Verblüffung stehen sämtliche Fenster sowie zwei Türen weit offen, und durch diese hindurch kann ich jenseits der Dorfstraße eine idyllische hügelige Landschaft, ein abgelegenes Farmhaus und einen Feldweg sehen, über den in der Ferne ein Traktor rumpelt.

Ich höre Michael irgendwo im Haus lachen und rufen, während er unsichtbaren anderen Personen beim Hereinschleppen von Gepäck und Möbeln behilflich ist. Ich drehe mich um und sage zu Gordon zwei:

»Diese offenen Türen und Fenster! Wir müssen sie rasch schließen, damit die Katzen nicht rauslaufen. Schnell. Würden Sie mir bitte helfen?«

»Eine Katze, sagen Sie? Ich habe gerade draußen eine gesehen. Sie war tot. So eine habe ich bisher in der Gegend noch nicht gesehen.«

»Nein. Bitte sagen Sie, dass das nicht stimmt!«

»Doch, doch, sie war mausetot. Platt gefahren.«

»Ich ertrage das nicht. Nein! Nein! Nein! Welche Farbe hat sie? Welche Farbe?«

Hierauf folgt eine lange Pause, und Gordon zwei ist anzusehen, dass er sich ausgesprochen unwohl fühlt. Verzweifelt frage ich:

»Ist sie schildpattfarben? Ist sie grau? Rot? Ist es eine rote Katze?«

Immer noch keine Antwort, aber er bewegt sich leicht, und ich verstehe auch so.

»Es ist eine rote, richtig?« Ich fange an zu weinen. Ich heule Rotz und Wasser. Ich kann gar nicht mehr aufhören.

In diesem Moment wache ich auf, und obwohl es sehr dunkel ist, weiß ich, dass ich nicht in der alten Schule bin, sondern in unserem Moon Cottage. Meine Wangen sind nass, und das Kopfkissen ist feucht. Ich stolpere aus dem Bett und taste mich durch die Dunkelheit zu dem Sessel, auf dem Titus für gewöhnlich die Nacht verbringt. Sie liegt zusammengerollt da und schläft tief und fest. Ich vergrabe das Gesicht in ihrem Fell und atme tief ihren süßen Duft ein, fühle ihre Wärme.

»Ich hatte einen furchtbar bösen Traum«, gestehe ich ihr leise, immer noch ganz aufgewühlt. Sie schnurrt leise.

*

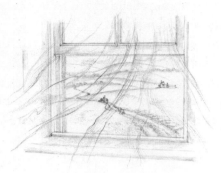

Wir haben Ende Februar, und unsere Freunde John und Kathy kommen uns mit ihrer Katze Delilah besuchen, Fannies und Titus' Tante. Ich hole sie mit dem Auto in London ab. Der armen Delilah wird auf der Fahrt schlecht, und sie erbricht sich im Wagen. Bei uns angekommen, wird sie zu allem Überfluss von den beiden Mädchen vom ersten Moment an angefeindet, ein Benehmen, das Puschkin sofort aufgreift, nachdem er aus tiefem Schlaf erwacht ist. Blinzelnd gesellt er sich zu den anderen und gibt sofort Laute von sich, die verblüffend an das drohende Zischen einer Otter erinnern. Nach diesem alles andere als freundlichen Empfang verbringt Delilah fast das ganze Wochenende in Johns und Kathys Schlafzimmer, obgleich wir die Tür offen lassen, und unsere drei Stubentiger lassen sie dort auch in Frieden. Von Neugier und dem Bedürfnis nach Gesellschaft getrieben, wagt sie sich jedoch irgendwann trotz allem nach unten. Titus versucht nun, sie zu verführen, was mich eher traurig stimmt, aber wenigstens verträgt sich die gute alte Titus mit allem und jedem. Sie verhält sich inzwischen neutral, auch wenn sie in Sachen Geschlechterbestimmung offensichtlich Männlein und Weiblein nicht auseinanderhalten kann.

Das kann man von Fannie leider nicht behaupten, die die arme Delilah nach wie vor anfaucht wie verrückt, wenngleich sie sich am Sonntag wieder einigermaßen beruhigt hat. Am heftigsten reagiert jedoch Puschkin. Delilah ist die erste fremde Katze, der er begegnet (die zwei dominanten Mädchen, mit denen er zusammenlebt, kennt er ja seit frühester Kindheit), und für Delilah ist es die erste Begegnung mit einem Kater. Mit einer gewissen Spannung zwischen den beiden war also zu rechnen. Nach seinem eigenen anfänglichen Fauchspektakel zieht er sich den Rest des Wochenendes fast vollständig in den Kleiderschrank zurück, so wie er es bereits bei Bens Besuch getan hat.

Nachdem ich John, Kathy und Delilah heimgebracht habe, fahre ich am Abend durch sintflutartigen Regen zurück. Es schüttet schon seit Tagen. Trotz der anhaltenden Nässe ist es überraschend warm und schwül, sodass ich, nachdem ich zu Hause eine Flasche Wein entkorkt habe, die Hintertür öffne. Sofort stürmen alle drei Katzen begeistert ins Freie. Sie toben ganz schön herum, und ich höre Kies aufspritzen, sodass ich schließlich mit dem Weinglas in der Hand hinausgehe, um nachzuschauen, was da los ist. Da der folgende Tag ein Montag ist und Michael früh rausmuss, während ich frei habe, hat er sich schon hingelegt. Draußen entdecke ich einen Riesenfrosch. Einen so großen Frosch habe ich noch nie gesehen, weder in unserem Garten noch sonst wo. Die Katzen jagen ihn erbarmungslos von einer Ecke in die andere. Er scheint ernsthafte Schwierigkeiten zu haben, sich in Sicherheit zu bringen.

Hüpfen, seine einzige Chance, sich vor den Katzen zu retten, scheint ihm überaus schwerzufallen. Mit den üblichen Schwierigkeiten gelingt es mir schließlich, die Katzen wegzusperren, und ich wende mich der Aufgabe zu, den Frosch aus seiner misslichen Lage zu befreien. Schließlich entdecke ich ihn im Licht der Taschenlampe in einer Ecke des Auslaufs und versuche, ihn zu fangen. Erst jetzt realisiere ich, dass ich es nicht mit einem, sondern mit zwei Fröschen zu tun habe, wobei der eine sich auf dem Rücken des anderen festklammert. Der untere Frosch ist mit etwa zwölf Zentimetern sehr viel größer als der obere, und das zusätzliche Gewicht behindert ihn (oder besser: sie, da es sich um das Weibchen handelt) erheblich in ihrer Bewegungsfreiheit, was ihr dann auch die Flucht vor den Katzen so schwer gemacht hat. Beide Augenpaare starren ängstlich mit geweiteten Pupillen zu mir auf, die grünlich-braune Haut mit den schwarzen Tupfen schimmert feucht, und die blassen Kehlen pochen vor Angst vor mir und den Katzen. Ganz sachte dirigiere ich sie hinaus in den Garten, wo sie so lange als unzertrennliches Paar umherhüpfen werden, bis das Weibchen seine Eier ablegt. (Ist ganz schön hart, der untere Frosch zu sein. So ärgert es mich schon seit Jahren, dass Frau zu sein allzu oft ganz automatisch bedeutet, dass man in der Wanne auf der Seite mit dem Abfluss sitzt. Nennen Sie mir nur einen einzigen Mann, der bei einem gemeinsamen Bad dieses Ende wählt, ohne dass man ihn vorab dazu aufgefordert hätte.)

Später erfahre ich von Michael, dass er früher am Abend, als es noch hell war, dasselbe Froschpaar vor dem Haus gesehen hat. Offenbar hatten die beiden die katzenmordende (und somit auch froschmordende) Straße überquert, um direkt vor unserer Haustür zu landen, wo Michael ein außergewöhnliches Foto von ihnen geschossen hat. Um sie vor dem »Todesstreifen« in Sicherheit zu bringen, hat er sie hinterher in den Garten gebracht, von wo aus sie nach Froschart unter der Einfriedung hindurch in den Katzenauslauf gekrochen sind. Keine gute Idee!

Der Anblick der beiden aneinandergeklammerten Frösche und die Assoziation mit der Badewanne erinnern mich an eine ungewöhnliche Geschichte, die mir Thomas erzählt hat, ein guter Freund, der mir geholfen hat, meine Hühner zu versorgen (damals lebte ich noch in Yorkshire). Als Thomas noch ein Teenager war, stellte sein Vater fest, dass der Eierertrag einer bestimmten Hühnerschar zu gering war, sodass er vermutete, dass Eierdiebe am Werk waren. Als er und sein Sohn an einem Sommertag ganz früh zum Hühnerhaus gingen, bot sich ihnen ein unglaublicher Anblick. Die unfassbare Szene stellte sich wie folgt dar: Eine große Ratte lag, alle viere in die Luft gereckt, auf dem Rücken und wurde langsam von einer zweiten Ratte am Schwanz durch das Gras gezogen, eine zweifellos schmerzhafte Prozedur. Der Grund für dieses ungewöhnliche Vorgehen ergab sich aus dem Ei auf dem Bauch der »abgeschleppten« Ratte, die ihre Beute mit den Vorderpfoten festhielt. Die Ankunft der beiden Männer machte den Eierdieben einen Strich durch die Rechnung: Sie ließen ihre Beute fallen und flüchteten. Mich lässt bis heute die knifflige Frage nicht los, wie die beiden sich darauf geeinigt haben, wer zieht und wer sich ziehen lässt? (Vermutlich wird man als weibliches Wesen eher abgeschleppt?) Thomas nahm an, dass die Ratten sich solche Mühe gegeben haben, um ihre Jungen zu füttern, die eine Vorliebe für frisch gelegte, noch warme Hühnereier entwickelt hatten.

Kapitel 15

Der Februar hat sich stürmisch dem Ende zugeneigt, und der März ist einmarschiert. Kürzlich hatten wir einen kleinen Frosch im Haus, und vor zwei Wochen hat uns eine Feldmaus besucht, die glücklicherweise entwischt ist, bevor die Katzen sie bemerkt haben. Als wir heute Morgen den Müll an die Straße stellen, der morgen früh von der Müllabfuhr abgeholt wird, benimmt Fannie sich höchst merkwürdig. Sie läuft immer wieder zur Hintertür und dreht dann eine Runde in der Küche, vorbei an der Waschmaschine, die in einer Ecke unter dem Fenster steht. Hin und wieder setzt sie sich auch vor das Gerät.

»Michael, ich glaube, da hat sich eine Maus oder sonst was versteckt.«

»Warten wir einfach ab, die Katzen werden das schon regeln.«

»Aber das ist dem Tierchen gegenüber nicht fair, außerdem hinterlässt die Maus überall ihre Köttel. Sie den Katzen zu überlassen ist unhygienisch und grausam.«

Es war den ganzen Abend sehr windig, und das Tor draußen schlägt auf und zu, obwohl es eigentlich fest verriegelt sein müsste, sodass ich beschließe, nach den anderen beiden Katzen zu sehen. Puschkin schläft auf einem Stapel frisch gebügelter Wäsche oben auf Johns Bett, und es sieht ganz so aus, als hätte er sich bereits zur Nachtruhe niedergelassen. Titus kann ich jedoch nirgends finden. Ich suche und suche. Panik steigt in mir auf. Alarmstufe Rot. Michael und ich gehen hinaus in den Garten und rufen minutenlang nach ihr. Nichts.

Als wir ins Haus zurückgehen, hockt Fannie vor einem etwa vier Zentimeter breiten Spalt zwischen Waschmaschine und Küchenschrank. Ich bin zunehmend überzeugt davon, dass eine Maus sich dort versteckt hält, und hole die Taschenlampe. Ich leuchte in den schmalen Spalt. Ohne zu blinzeln, starren in Katzenkopf-Höhe zwei große, reflektierende, rote Augen in den Lichtstrahl.

»Titus, was um alles in der Welt machst du denn da?«

Keine Antwort.

»Komm raus, los, komm sofort da raus.«

»Marilyn, wie um alles in der Welt soll sie das denn bewerkstelligen? Der Spalt ist doch gerade mal ein paar Zentimeter breit!«

»Irgendwie muss sie ja auch da reingekommen sein.«

Die Waschmaschine steht schräg in der Ecke, sodass rundherum keilförmige Aussparungen sind, aber nach vorne hin ist der Abstand zwischen den Küchenschränken rechts und links minimal. Ich zermartere mir das Hirn auf der Suche nach einem praktikablen Rettungsplan. Ich öffne die Schranktür, hinter der sich der Boiler verbirgt, und rufe ihren Namen. Sie muss dort hineingestiegen sein, als die Tür einen Spalt offen stand, während wir den Müll hinausgebracht haben. Dann muss sie sich am Herd vorbeigezwängt haben, der eingeschaltet sengend heiß wird (was für ein Glück, dass ich ihn nicht gebraucht habe), durch den Spülenunterschrank, in dem ich Bleiche, Pulver und allerlei Reinigungsmittel aufbewahre, und von dort zur Waschmaschine, von wo aus sie durch den schmalen Spalt mit Fannie kommuniziert hat. Weiß Gott, wie lange sie schon dort festsitzt! Aber es ist nicht damit zu rechnen, dass sie auf demselben Wege wieder hinausgeht, auf dem sie hineingelangt ist. Immerhin ist sie eine Katze. Wir rufen mehrmals vergeblich. Schließlich ziehen wir mit einiger Mühe zu dritt die widerspenstige Waschmaschine heraus, und Titus kommt seelenruhig herausgeschlendert, voller Spinnweben, aber ansonsten offenbar ungerührt, als hätte es ihr nichts ausgemacht, noch Stunden dort drin zu hocken, wenn wir sie nicht entdeckt hätten. Sie geht rüber ins Esszimmer, setzt sich und beginnt mit einer umfangreichen Putzaktion. Als wir nun versuchen, die Waschmaschine an ihren Platz zurückzuschieben, stellen wir entsetzt fest, dass Fannie in die Lücke spaziert ist, vermutlich, um zu sehen, was es mit der ganzen Aufregung auf sich hatte und ob es das Theater wirklich wert war.

»O nein, junge Dame, vergiss es«, sagt Michael, packt sie beim Nackenfell und zieht sie unsanft heraus. »Das war genug Aufregung für einen Abend; von Waschmaschinen haltet ihr euch künftig fern, verstanden?«

Waschmaschinen und Katzen, das kann zuweilen eine gefährliche Kombination sein.

Als Titus, Fannie und ihr Bruder Beetle noch ganz klein waren, sind sie oft in die Waschmaschine geklettert, wenn schmutzige Wäsche in der Trommel war und ich vergessen hatte, die Tür zu schließen, sodass ich ständig Angst hatte, ir-

gendwann die Maschine anzustellen, während sich noch ein Kätzchen zwischen der Wäsche versteckte. Jeanne Willis hat mir einmal eine Anekdote über ihre schildpattfarbene Mieze Wilbus (eine Kurzhaarkatze mit verhältnismäßig langem Fell) erzählt, über die ich Tränen gelacht habe. Jeanne hatte einige Wollsachen zusammen mit einem Auffrischer in den Trockner gesteckt, und nachdem sie das Gerät eingeschaltet hatte, verriet ein dumpfes Geräusch, dass irgendetwas nicht in Ordnung war. Als sie den Trockner ausschaltete und die Tür öffnete, kam Wilbur herausgeschossen. Er schien das Abenteuer unverletzt überstanden zu haben, aber der Conditioner hatte seinem wild abstehenden Fell einen völlig neuen Look verpasst.

»Er sah aus wie eine Pusteblume!«, erzählte Jeanne und musste bei der Erinnerung herzlich lachen.

Derselbe Wilbur war zwei ganze Tage verschwunden und wurde schließlich in einem Schrank im Gästezimmer gefunden, in dem er die ganze Zeit eingesperrt gewesen war, während alle angenommen hatten, er sei draußen unterwegs. Der Schrank hatte vorn eine runde Scheibe, die aussah wie ein Bullauge. Dieses Bullauge war mit einem dezenten Vorhang versehen, und Wilbur war es bei seinen verzweifelten Versuchen, die Familie auf seine Notlage aufmerksam zu machen, gelungen, besagten Vorhang beiseitezuschieben, indem er auf einen Kleiderbügel geklettert war und sich von dort auf die Kleiderstange gehangelt hatte. Von da aus winkte er dann Hilfe suchend durch die Scheibe.

*

Mitte März übernachten unsere Freunde Geoff und Pat bei uns. Aus verschiedenen Gründen haben die beiden beschlossen, nach Frankreich auszuwandern, und sind dabei, den Umzug in die Wege zu leiten, indem sie ihr Haus verkaufen und den kompletten Hausstand über den Kanal schippern. Michael und ich beneiden sie zutiefst, auch wenn wir tief im Innersten trotz aller Vorzüge des Nachbarlandes niemals ernsthaft in Erwägung ziehen würden, unser geliebtes England zu verlassen und es mit den Komplikationen im Umgang mit einer anderen Kultur aufzunehmen. Aber unsere Gespräche und das gemeinsame Anschauen ihrer vielen Fotos weckt auch in uns wieder Sehnsucht nach dem Land jenseits des Ärmelkanals. Frankreich ist ein so zivilisiertes Land, und Geoff und Pat sind innerhalb weniger Wochen schon das zweite Paar aus unserem Freundeskreis, das beschlossen hat, dorthin auszuwandern.

Pat berichtet, dass sie die Hunde gegen Tollwut hat impfen lassen, sie aber nicht vor August, wenn sie ihre amtlichen Gesundheitspässe erhalten, wieder nach Großbritannien einreisen dürfen. Was die Katze betrifft, wollen sie deren Einreise anders regeln und sie einfach mitnehmen und dann in Frankreich lassen, anstatt sie beim Pendeln jedes Mal hin- und herzukarren. Pat macht sich sichtlich Sorgen, wo der Kater unterkommen soll, während sie sich um den Umzug und den Kauf einer geeigneten Immobilie in Frankreich kümmern. Wilbur tut mir leid. Er hat ein hartes Leben hinter sich, und es handelt sich um einen Notfall. Also biete ich an, ihm vorübergehend Obdach zu gewähren (wobei ich mich insgeheim frage, was bei uns los wäre, falls sie mich tatsächlich beim Wort nehmen). Ich warte ein paar Tage ab, ehe ich Michael dieses Hilfsangebot gestehe. Er nimmt es mit einer Art resigniertem Optimismus auf, der Gute. Letztlich kommt Wilbur aber dann bei den Nachbarn unter, und die Angelegenheit löst sich in Wohlgefallen auf. Das war knapp, ihr Katzen von Moon Cottage!

Die Ostertage sind gerade vorbei und mit ihnen einige wunderbar milde frühlingshafte Tage, die teilweise sogar schon den bevorstehenden Sommer erahnen ließen.

Titus scheint mit Beginn der warmen Jahreszeit immer rastloser zu werden, und bei unserer Rückkehr von einem Einkaufsmarathon am Samstag erschreckt sie uns fast zu Tode.

Nachdem wir den Wagen direkt vor dem Haus auf dem Bürgersteig geparkt haben, reiche ich die Tüten nacheinander an Michael weiter, der in der offenen Haustür steht und sie gleich in der Diele abstellt. Plötzlich ruft er:

»Titus. Unter dem Wagen. Schnell!«

Ich lasse mich auf die Straße fallen, die Wange dicht über dem rauen Asphalt, und sehe sie unter dem Auto kauern, während der dichte Verkehr an uns vorbeirauscht. Michael, der sich auf der anderen Seite des Wagens ebenfalls auf Augenhöhe mit ihr begeben hat, schafft es, Titus zu sich zu locken, und ich sehe, wie er sie mit einer Hand beim Nackenfell packt, sie unter dem Auto hervorzieht und ins Haus zurückträgt.

Michael und ich haben die Katzen inzwischen öfter in den Garten gelassen, eine willkommene Abwechslung für die drei Stubentiger, allerdings stellt sich bereits die Frage, ob das nicht ein Fehler war, da Titus und Fannie mittlerweile jedes Mal, wenn wir das Tor des Katzenauslaufs öffnen, versuchen zu entwischen. Wahrscheinlich fühlen sie sich inzwischen im Auslauf, der früher ein Stück Freiheit darstellte, eingesperrt. Wenn sie im Garten sind, laufen sie unruhig umher oder stehen mit zitterndem Schwanz da, obwohl bisher anscheinend keiner von den dreien Anstalten gemacht hat, Pflanzen, Zäune oder Rasen zu markieren. Bisher haben sie auch Gott sei Dank noch nicht versucht, auf die Pergola oder auf Bäume zu klettern, es könnte nämlich schwierig werden, sie von dort wieder herunterzubekommen. Noch sind sie von den neuen Eindrücken da draußen derart eingeschüchtert, dass sie sich leicht einfangen lassen. Interessanterweise hat sich trotz der ein-

dringlichen und weithin hörbaren Klagelaute, die sie von sich geben (vor allem Fannie), noch kein fremder Kater blicken lassen, unkastrierte Kater scheinen also nach wie vor Mangelware zu sein. Puschkin gibt sich weiter eigenbrötlerisch und bleibt alles in allem für sich, auch wenn er gelegentlich mit Titus spielt, die weniger zickig ist als Fannie. Heute habe ich ihn allerdings mal mit beiden beobachtet, und wenn er mit einer von ihnen allein ist, gibt er ihr auch »Küsschen«, indem er ihr kurz die Nase leckt, eine Geste, die beide Damen auch erwidern. Es scheint also doch eine gewisse freundschaftliche Beziehung zwischen ihnen zu bestehen.

*

Ist es möglich, dass Katzen miteinander spielen, indem sie sich gegenseitig bewusst hinters Licht führen? Ich habe schon öfter Situationen beobachtet, in denen Katzen bemüht waren, vor einem Artgenossen (oder auch einem Menschen aus ihrem näheren Umfeld) »das Gesicht zu wahren«. Als Puschkin sich beispielsweise an diesem Abend auf dem Bett umdreht und dabei, von Fannie und Titus beobachtet, leicht aus dem Gleichgewicht gerät, fängt er an, einen schwer erreichbaren Teil seiner Brust zu putzen, damit es aussieht, als wäre die Bewegung nicht Ungeschicklichkeit, sondern Absicht gewesen. Dabei ließ seine ursprüngliche Haltung ganz eindeutig darauf schließen, dass er nichts dergleichen beabsichtigt hatte. Regelmäßig kann man bei Katzen auch beobachten, dass sie sofort anfangen, sich zu putzen, wenn sie bei einer Landung aus dem Tritt geraten. Sie putzen sich dann so inbrünstig, als wäre das von Anfang an beabsichtigt gewesen.

Früher an diesem selben Abend war Fannie aus keinem besonderen Grund, vielleicht aus Eifersucht, urplötzlich auf das Bett gesprungen und hatte Titus gebissen, die dort friedlich schlief. Titus fuhr mit einem jaulenden Protestlaut hoch, sprang abrupt auf den Boden und tat demonstrativ so, als hätte sich etwas Interessantes unter dem Bett versteckt, das sie um jeden Preis mit einer Pfote herausfischen wollte. Fannie war von diesem Spektakel völlig fasziniert, schaute eine Weile wie gebannt zu und versuchte dann, ebenfalls unter das Bett zu gelangen. Exakt an diesem Punkt stand Titus auf und ging, den hoch aufgerichteten Schwanz zu einem eleganten Fragezeichen geschwungen, und ich hätte schwören können, dass ihr Gang höchste Selbstzufriedenheit ausdrückte.

Heute ist der neunundzwanzigste April, ein Tag nach Titus' und Fannies Geburtstag vor drei Jahren, und ein Tag vor meinem Geburtstag, der auch der Todestag meines Vaters ist. Ich notiere dies nur wegen eines wirklich sonderbaren Zwischenfalls im Bad. Fannie hat sehr nachdrücklich Einlass begehrt, obwohl ich noch gar nicht geduscht habe und sie für gewöhnlich wartet, bis ich damit fertig bin. Sie hasst es nämlich, wenn sie Wassertropfen abbekommt. Heute ist sie allerdings bereit für das volle Programm. Ich habe mir erst in der Duschkabine die Haare gewaschen und sie nicht weiter beachtet. Als ich dann kurz hinauslange und nach der Seife greife, sehe ich, dass sie mich unverwandt mit leicht offen stehendem Maul anschaut, mit starrem, beinahe hypnotischem Blick, ihr ganzer Körper sichtlich angespannt in höchster Konzentration.

»Hey, Schätzchen, alles in Ordnung?«, frage ich leise.

Sie mustert mich weiter mit starrem Blick, und ich fühle mich plötzlich zutiefst unbehaglich.

»Fannie, ich habe kein Gramm zugenommen, was gibt es da also zu gucken?«, rief ich ihr beiläufig über die Schulter hinweg zu, aber sie starrt mich weiter an.

Was geht im Kopf einer Katze vor, und warum erahne ich in ihnen manchmal die Essenz von etwas, das nicht von dieser Welt ist? Es liegt nicht daran, dass sie mich anstarrt, das tut sie ständig. Vermutlich liegt es an ihrem halb offenen Maul. Ich bilde mir manchmal ein, dass ihr etwas von der Wesenheit meines verstorbenen Vaters innewohnt, auch wenn ich nicht erklären kann, wie und weshalb.

Am fünften Mai, exakt sieben Tage nach diesem Eintrag in mein Tagebuch, bringt Radio 4 eine Reportage über unterschiedliche Vorstellungen von einem Leben nach dem Tod, die mich nachdenklich stimmt. Eine bekannte buddhistische Reporterin erzählt, dass es im endlosen Zyklus des Rades völlig normal sei, in veränderter Gestalt und Lebensform auf die Erde zurückzukehren, und zwar immer wieder, so lange, bis man das Nirvana erreicht hat, einen in höchstem Maße erstrebenswerten Zustand, in dem man endlich frei ist und nicht länger die Sehnsucht nach irdischem Leben verspürt. Im Verlauf der Sendung erklärt sie, es wäre sehr wahrscheinlich, dass jemand in Gestalt einer Katze oder eines ähnlichen Tieres zurückkehre, um in diesem neuen Leben perfekte Harmonie zu erleben und endlich den ewigen Frieden zu finden. Am selben Tag berichtet in *Start the Week* eine Romanautorin von ihren vergeblichen Versuchen, Kontakt mit ihrem verstorbenen Ehemann aufzunehmen, um dann mit ungewöhnlicher Intensität mit den Worten zu schließen, es sei uns ebenso wenig erlaubt, mit den Toten zu kommunizieren, wie es diesen gestattet sei, in die Welt der Lebenden zurückzukehren. Das Wissen um das Jenseits stünde den Menschen nicht zu. Sie gibt zu, katholisch erzogen worden zu sein, und ist der Überzeugung, dass dieses »Verbot« dazu dienen soll, unseren Glauben an unsere letzte Reise zu stärken.

Beide Überzeugungen machen mich auf verschiedene Art nervös, und doch gefällt mir die Vorstellung ebenso vor dem Hintergrund des »überirdischen« Wesens der Katzen wie in meiner tief empfundenen Sehnsucht, meinem Vater wieder zu begegnen.

Kapitel 16
Sommer

Ich rufe einen meiner Kunden zurück. Er ist jung, hip und durch und durch Metropolit. Es ist ein warmer Sommertag, und das Fenster steht weit offen. Ich habe ihn vom Handy aus angerufen, und wenngleich ich nicht weiter darüber nachgedacht habe, gehe ich davon aus, er werde annehmen, ich riefe aus meinem Londoner Büro an. Mittendrin fragt er aus heiterem Himmel:

»Woher um alles in der Welt rufen Sie eigentlich an?«

»Äh ... Was meinen Sie?«, entgegne ich perplex.

»Es klingt, als telefonierten Sie aus einem Park. Im Hintergrund ist eine ohrenbetäubende Kakofonie von Vögeln und irgendwelchem quäkenden Viehzeug zu hören.«

Genau da stimmt Fannie ihr durchdringendes Miauen an, mit dem sie einem zu verstehen gibt, dass sie geknuddelt werden möchte, und ich beuge mich herab, um sie ruhigzustellen.

»Nein, ich hab's. Sie rufen aus dem Londoner Zoo an.«

*

Der Sommer verspricht, nahezu perfekt zu werden. Die Sonne zieht Tag für Tag an einem tiefblauen Himmel ihre Bahn, und dazu weht eine angenehme leichte Brise. Wetter, wie es ewig bleiben könnte.

An einem unvergesslichen Mittwoch Mitte August bricht ein strahlend sonniger und heißer Tag an, ohne ein Wölkchen am Himmel. Michael und ich haben ausnahmsweise einen gemeinsamen Auswärtstermin und verlassen das Haus sehr früh am Morgen. Am Spätnachmittag ist unsere Arbeit erledigt, und wir beschließen heimzufahren, um noch eine Stunde daheim am Computer zu arbeiten. Als ich aufsperre und gleich darauf das Wohnzimmer betrete, schlägt mir bei dem Anblick, der sich mir bietet, sofort das Herz bis zum Hals, und ich bekomme schlagartig Kopfschmerzen. Hinter mir schnappt Michael ungläubig nach Luft.

Aufgrund der kleinen Fenster in unserem alten Häuschen mit der niedrigen Deckenhöhe ist es bei uns auch an den sonnigsten Tagen recht düster, aber noch bevor ich das Licht einschalte, sehen wir beide, dass Michaels Schreibtisch unmittelbar vor uns leer geräumt wurde. Jede Schublade und jedes Fach wurde herausgerissen und auf dem Fußboden ausgeleert. Als wir uns umdrehen, sehen wir, dass die Schränke ebenfalls offen stehen und der Inhalt auf dem Boden verstreut liegt. Der Fernseher steht schief, und überall liegen Kabel. Der Videorekorder ist verschwunden.

»Sah das heute Morgen schon so aus?«

»Machst du Witze?«

»Ich wollte nur sichergehen«, murmelt er schockiert.

Ich laufe in die Küche und rufe nach den Katzen. Als ich durch das Esszimmer hetze, nehme ich am Rande wahr, dass auch die Schubladen der Anrichte herausgezogen und ent-

leert wurden. Auf dem Tisch türmt sich ein wildes Durcheinander von Gegenständen, und es sieht aus, als hätte hier ein Ausverkauf stattgefunden. In der Küche bleibe ich wie angewurzelt stehen. Das Sprossenfenster steht offen. Eine der etwa buchgroßen Scheiben wurde eingeschlagen, und so konnten die Einbrecher den Riegel von innen zurückschieben. Auf dem Fußboden liegt ein in der Sonne funkelnder Scherbenhaufen, durch den Titus auf und ab marschiert. Ich nehme sie hoch und rufe nach den anderen beiden Katzen. Nichts. Die Hintertür ist zwar geschlossen, aber die großen Eisenriegel wurden zurückgeschoben.

Michael kommt herein. »Schau du oben nach, ich sehe mich draußen nach den Katzen um.«

»Bist du verrückt? Die Kerle, die dieses Chaos angerichtet haben, könnten noch da sein«, protestiere ich feige.

»Tut mir leid, du hast recht. Lass uns zusammen raufgehen!«

»Moment noch.« Als ich mich abwende, kämpfe ich mit den Tränen. Ich öffne die Hintertür, laufe hinaus in den Garten und rufe nach den Katzen. Ein paar Minuten später kommt Fannie auf mich zugelaufen. Sie zittert und ist sichtlich aufgeregt, scheint aber ansonsten okay zu sein. Ich nehme sie hoch und drücke sie an mich.

Jetzt rufe ich nach Puschkin, der bleibt jedoch verschwunden.

Zusammen gehen wir die Treppe hinauf, wobei wir uns wohl bewusst sind, dass wir die Treppe blockieren, sodass einem ungebetenen Gast mit unlauteren Absichten der Fluchtweg abgeschnitten wird, wodurch wir uns einer gewissen Gefahr aussetzen. Als wir das Schlafzimmer betreten, bin ich fassungslos angesichts des heillosen Durcheinanders dort. Offensichtlich haben sie den Laptop einfach vom Schreibtisch gerissen. Da der Computer mit dem Drucker verbunden war, wurde der ganze Schreibtisch mit allem Drum und Dran umgeworfen. Das Telefon hängt verkehrt herum an seinem Kabel über der Tischkante. Der Inhalt der Schubladen und Schrankfächer liegt wie im Esszimmer überall verstreut. Auf dem wieder aufgerichteten Schreibtisch stehen dort, wo vorher der Laptop stand, verschiedene Schmuckkästchen und Manschettenknopf-Schatullen sowie einige Gegenstände, die ich eine Ewigkeit nicht mehr gesehen habe. Kartondeckel, Slips, Socken, Ohrringe, Kämme, Strumpfhosen, Schuhe, Büroklammern, Bücher... alles liegt auf dem Boden verstreut. Bei der Tür und draußen auf dem Treppenabsatz liegen einige Münzen, die offenbar bei einem hastigen Rückzug verloren wurden.

Wir rufen erneut nach Puschkin und schauen im großen Schlafzimmerschrank nach, seinem Lieblingsversteck, aber auch dort ist er nicht. Ich hetze wieder nach unten und hinaus in den Garten. Ich rufe und rufe und breche vor nervlicher Anspannung und Sorge in Tränen aus. Meine Nachbarin Shirley ist im Garten und hört mich weinen, woraufhin sie sich über die Mauer hinweg erkundigt, ob mit mir alles in Ordnung sei. Ich antworte mit einer wüsten, schrillen Schimpftirade gegen die Einbrecher, die offenbar auch Puschkin gestohlen haben. Kurz darauf höre ich sie an der Haustür.

Ich stammle schluchzend: »Ich weiß, dass sie ihn gestohlen haben, weil er wie eine Edelkatze aussieht, und er ist so unbedarft, dass er niemals nach Hause zurückfinden wird. Er hat nicht mal ein Halsband und ist auch nicht gechippt.« Da wird mein Gejammer von Michael unterbrochen, der von oben herunterruft:

»Alles okay. Ich habe ihn gefunden. Er hatte sich ganz hinten im Schrank unter einem Stapel Handtücher verkrochen. Er zittert und scheint völlig verstört zu sein. Ich habe ihn rausgeholt, aber er ist gleich zurück in den Schrank und hat sich noch tiefer verkrochen.«

Natürlich bin ich unsäglich erleichtert, dass er wohlauf ist. Jetzt bin ich auch eher in der Lage, mir einen Überblick über den von den Einbrechern verursachten Schaden zu verschaffen. Wir gehen zusammen nach oben und sehen uns Johns Zimmer an, das nicht viel besser aussieht als unser eigenes. Mir fällt auf, dass eine große braune Schüssel, in der John immer Münzen liegen hat, leer ist, während sein Fernseher und sein Videorekorder noch da sind. Seltsam.

Michael wählt die Neun-Neun-Neun und meldet den »Zwischenfall«, dann warten wir auf das Eintreffen der Polizei. Wir werden angewiesen, nichts anzufassen, da die Spurensicherung vermutlich nach Fingerabdrücken suchen wird. Shirley kehrt zurück nach nebenan, selbst beunruhigt, da sie die Haustür hat offen stehen lassen und John, ihr Mann, noch nicht daheim ist. Die Spurensicherung trifft ein und pinselt überall Fingerabdrücke ein, vor allem aber auf und am Sims des Fensters, durch das die Einbrecher ins Haus gelangt sind.

»Hier sind zahlreiche Pfotenabdrücke«, stellt der Beamte fest, »aber soweit ich sehen kann, keine menschlichen.« Trocken fügt er hinzu: »Der Einbrecher scheint eine Katze gewesen zu sein.«

Wir stöhnen vernehmlich.

Immerhin findet er auf anderen Gegenständen doch noch

brauchbare Abdrücke und legt sogar einen gewissen Optimismus an den Tag, dass der Täter tatsächlich überführt werden könnte.

Als ich am darauffolgenden Tag, einem Donnerstag, heimkomme, ist auf dem Anrufbeantworter eine Nachricht: »Guten Abend, mein Name ist John Hall von der Spurensicherung der Polizeiwache North Waterford. Es geht um den Einbruchdiebstahl mit der Referenznummer...«

Soweit wir wissen, wurde/n der/die Einbrecher nie gefasst, aber wenigstens wurden die Fingerabdrücke zusammen mit unseren eigenen zwecks Ausschlussverfahren der Akte angefügt. Ich frage mich, was genau die Einbrecher mit Puschkin angestellt haben. Er war noch Tage später spürbar traumatisiert, als wäre ihm in irgendeiner Weise Gewalt angetan worden. Auf meinem Computer befanden sich ein Teil des Buches, an dem ich schreibe und von dem es keine externe Sicherheitskopie gibt, sowie Fotos und einige andere Dateien, die unwiederbringlich verloren sind, ebenso wie der Schmuck, bei dem es sich teilweise um Erbstücke meiner Eltern und Großeltern handelte. Diese Stücke hatten für mich einen großen ideellen Wert, und auch Michael und John vermissen Dinge, die ihnen sehr wichtig waren. Verbrechen dieser Art, die man, objektiv betrachtet, als »Bagatellfälle« betrachten mag, sind für die Opfer viel belastender, als sich die Täter vorstellen können.

*

Schon am nächsten Tag werden unsere Gedanken an den Einbruch von etwas so Schockierendem und Furchtbarem verdrängt, dass es sich nur schwer in Worte fassen lässt.

Um halb sieben am Freitagmorgen schicke ich mich gerade an aufzustehen. Michael hat eben das Haus verlassen, um mit zwei Arbeitern auf der anderen Straßenseite zu sprechen, die sich freundlicherweise bereit erklärt haben, unser kaputtes Hintertor mit ein paar eisernen Streben zu reparieren. Da höre ich, wie er von einer jung klingenden Frau angesprochen wird, die sich erkundigt, ob er wisse, wem der Hund gehöre, den sie an der Leine führe. »Ja«, antwortet Michael ihr, »der gehört John von nebenan. Warum fragen Sie? Ist etwas passiert?«

Dann höre ich die unheilvollen Worte:

»Ja. Ich habe sehr schlimme Neuigkeiten.«

Ich bekomme nicht mehr mit, weil ihre Stimmen sich entfernen. Von Furcht erfüllt, springe ich aus dem Bett und laufe ins Bad. Da ruft Michael auch schon wie erwartet:

»Shirley weint, Mo. Du musst kommen.«

Die Frau, die mit Dante, Johns und Shirleys Labrador, draußen vor dem Haus stand, war Polizistin. Mehr weiß ich noch nicht, aber meine Fantasie spielt mir die furchtbarsten Schreckensszenarien vor. Ich gehe nach draußen, klopfe an die Tür zum Nebenhaus und trete ein. Die völlig aufgelöste Shirley wird von der Polizistin in den Armen gehalten. Ein Jogger hat John tot auf der Brücke drüben am Kanal gefunden; Dante hat ihn beschützt und gebellt wie ein Wahnsinniger.

Der Labrador ist auch im Zimmer, als ich mich vor Shirley hocke und sie in den Arm nehme. Ich will mir gar nicht vor-

stellen, was sie gerade durchmachen muss. Es ist zu entsetzlich. Es ist ja sogar für mich unerträglich. Während Shirley weint und weint, geht Dante vor uns auf und ab. Dann packt er plötzlich seine Schlafdecke, schüttelt sie wild und knurrt dabei laut. Ich versuche, ihn zu streicheln, aber dann wird mir klar, dass auch er untröstlich ist.

Nach und nach setze ich das Puzzle der Ereignisse zusammen, die zum Erscheinen der Polizistin vor unserer Tür geführt haben: John befand sich gerade auf der Rückkehr von seinem Morgenspaziergang, als er einen massiven Herzinfarkt erlitt und tot zusammenbrach. Dante wich ihm nicht von der Seite. Als die Polizei vor Ort eintraf, befahl die Polizistin Dante, nach Hause zu laufen, was gar nicht so leicht war, da er anfangs nicht von Johns Seite weichen wollte. Schließlich führte der Hund sie aber dann doch nach Hause, wenn auch über einen kleinen Umweg, da er zuerst vor einem anderen Haus stehen blieb. Die Beamtin klopfte an, und der verschlafene Hausbesitzer erklärte der Beamtin, dass seine Hündin läufig sei und er Dante weder kenne noch wisse, wohin er gehöre. Daraufhin sprach sie Michael an, da sie sich bei ihrer unerfreulichen Aufgabe nicht wieder von Dante in die Irre führen lassen wollte.

Als ich in Shirleys Küche stehe, wird mir mit unerbittlicher Deutlichkeit klar, dass ich Zeugin eines Schmerzes werde, der in seiner Intensität einfach nicht zu ertragen ist. Hilflos mitansehen zu müssen, wie Shirley mit der grausamen Tatsache zurechtkommen muss, dass ihre ganz besondere Beziehung zu John ein ebenso abruptes wie endgültiges Ende gefunden hat, ist eine unaussprechliche Qual. Wie ich jetzt erfahre, haben die beiden während ihrer Ehe nicht eine einzige Nacht voneinander getrennt geschlafen und nie auch nur ein böses Wort gewechselt. Der Schmerz wird kurze Zeit später auch für andere zur Realität, als die Beamtin zum Telefon greift und Shirleys Kindern Stephen und Karen die unfassbare Nachricht vom Tod ihres Vaters übermittelt. Und als wäre es damit noch nicht genug, muss Shirley selbst die schreckliche Neuigkeit Johns Mutter beibringen, die ausgerechnet an diesem Tag Geburtstag hat.

Um Shirley weiteres Leid zu ersparen, erkläre ich mich wenig später bereit, Johns Leichnam im örtlichen Krankenhaus zu identifizieren, eine gesetzlich vorgeschriebene Maßnahme seitens der Polizei. Als man mich zu ihm bringt, berührt mich der friedliche Ausdruck auf seinem Gesicht. Ich spüre, dass er seine Reise ins Jenseits bereits angetreten und seine irdische Hülle verlassen hat, eine irdische Hülle, bei der es sich leider ganz zweifellos um die seinige handelt. John war einer der nettesten und großherzigsten Nachbarn, die man sich nur vorstellen kann, und nie war ihm etwas zu viel. Überall an unserem Haus finden sich Zeugnisse seiner Hilfsbereitschaft. Michael und ich sind beide völlig überfordert, wo handwerkliches Geschick gefragt ist, und John hat uns beispielsweise bei der Installation einer echten alten Gaslaterne geholfen, die nie dazu bestimmt war, mit Strom versorgt zu werden, aber an ihrem neuen Platz einfach umwerfend aussieht. Dazu hat er passende Schalter und Stecker angebracht, Fensterriegel montiert sowie an manch anderer Stelle wahre Wunder in Sachen Befestigung, Verkabelung und Installation vollbracht. Darüber hinaus war er unglaublich nett, lustig und warmherzig, und die Welt ist ohne ihn ein großes Stück ärmer geworden.

Tieftraurig fahre ich heim und betrachte Michael bei seiner Heimkehr von der Arbeit am Abend mit noch mehr Wärme, Liebe und Dankbarkeit als gewöhnlich. Der harte Schlag, der die freundliche Familie nebenan getroffen hat, macht mir noch lange zu schaffen. Sie alle tun mir unsagbar leid. Dieser August, der so vielversprechend begonnen hatte, wird nun überschattet von jenem tragischen Ereignis.

Kapitel 17
Montag, 23. September

Millionen von Briten sind gestern Nacht von einem höchst ungewöhnlichen Phänomen geweckt worden: Ein Erdbeben hat Autoalarmanlagen ausgelöst, Fensterscheiben zersplittern lassen und die Menschen in ganz England und vor allem Wales in Angst und Schrecken versetzt.

Tausende von Menschen riefen nach den Erschütterungen um null Uhr vierundfünfzig den Notruf oder ihre örtliche Polizeiwache an. Glücklicherweise wurden weder ernsthafte Verletzungen noch größere Schäden gemeldet.

Das Beben erreichte eine Stärke von vier Komma acht auf der Richter-Skala. Auf Weltebene ein kleines Beben, aber in England immerhin das stärkste seit einem Jahrzehnt. Um vier Uhr zweiunddreißig wurde noch ein leichteres Nachbeben der Stärke zwei Komma sieben gemessen.

Die Epizentren beider Beben wurden in etwa neun Kilometern Tiefe unter der Stadt Birmingham lokalisiert, aber das Hauptbeben war bis nach Süd- und West-Wales, Northamptonshire, Süd-Yorkshire, Oxfordshire und London spürbar. Glenn Ford von der British Geological Survey (BGS) sagte: »Wir würden es als ein leichtes Erdbeben einstufen. Das Epizentrum liegt unmittelbar unter der Stadt Birmingham, und die Feuerwehr musste bereits mehrmals wegen eingestürzter

Kamine ausrücken.« Die Erde habe über einen Zeitraum von mindestens zehn bis fünfzehn Sekunden gebebt, hieß es weiter.*

*

Ich erwähne dieses Ereignis deshalb, weil in zahlreichen Büchern von Tierverhaltensforschern und anderen Wissenschaftlern erwähnt wird, wie Tiere auf Erdbeben und ähnliche Naturphänomene reagieren. Für mich als aufmerksame Katzenbeobachterin war es eine einmalige Gelegenheit festzustellen, inwiefern Katzen tatsächlich in der Lage sind, ein Erdbeben vorauszuahnen. Unglücklicherweise ahnte ich meinerseits nichts von dem bevorstehenden Ereignis. In der Nacht vor dem Erdbeben war Fannie tatsächlich besonders lebhaft und rannte in der ihr eigenen, beinahe zwanghaften Art durch das Haus, wobei sie sich streckenweise tänzelnd seitwärts bewegte, als würde sie von Geistern verfolgt, um dann wieder die Treppe hinaufzuschießen, sich hinter Türen auf die Lauer zu legen und weitere Gespenster anzuspringen. Allerdings führt sie sich öfter so auf, auch ohne von einem bevorstehenden Beben hierzu verleitet zu werden, und ihr Verhalten erscheint mir nur rückblickend auffällig. Hinterher ist man eben immer schlauer! Die beiden anderen Katzen haben sich ganz ruhig verhalten, wenngleich auch das als Vorahnung gedeutet werden könnte, nach dem Motto »Augen zu und durch«. Der Ehrlichkeit halber muss ich gestehen, dass ich in diesem kon-

* Auszug aus dem *Guardian Unlimited*

kreten Fall keinerlei Erkenntnisse beitragen kann. Ich würde ja gern behaupten, dass Fannie etwas gespürt hat, aber sicher bin ich mir da nicht.

Und doch war das Beben, wenn auch auf eine eher »unbebenhafte« Art, ziemlich dramatisch. Michael schlief schon, und ich war gerade zu Bett gegangen, als ich plötzlich ein gewaltiges Grollen hörte. Sämtliche Fensterscheiben klirrten, als führe ein riesiger, unglaublich schwerer Lastwagen zu schnell und zu dicht an unserem Haus vorbei. Ich stand sogar auf und schaute hinaus, aber natürlich war nichts Ungewöhnliches zu sehen, also zuckte ich nur die Schultern und legte mich wieder hin. Die Katzen machten einen gelassenen Eindruck. Sie waren wach und schauten mich an, aber das tun sie fast immer, bis ich das Licht lösche. Bei uns ist das Beobachten bis zum Ausschalten des Lichts ein festes Ritual, also auch hier nichts Bemerkenswertes. Und so war ich ehrlich überrascht, als ich am nächsten Tag die Nachrichten hörte, obwohl ich das Beben ja selbst wahrgenommen hatte.

Kinder und Tiere wissen oft mehr als wir Erwachsenen, die wir einen Teil unserer Wahrnehmung im Laufe der Jahre eingebüßt haben. Wir stumpfen ab und unterdrücken unsere Instinkte. Auf die Malerei übertragen, verhält es sich fast so: Nachdem wir endlich die notwendige Weisheit und das Wissen erlangt haben, das Konzept der Perspektive zu begreifen, scheinen wir nicht mehr den Mut und die Fantasie aufzubringen, mit denen ein vierjähriges Kind mit Genialität und unverfälschter Kreativität spontan ein Bild zu Papier bringt. Einfach so. Wir hingegen sind da eher geneigt, von irgendjemandem abzukupfern.

Früher in diesem Sommer hat uns Andrew, mein Stiefsohn aus meiner Ehe mit Geoffrey, mit seinen beiden Töchtern Maddie und Bridie besucht, und ich war entzückt von ihrer spontanen Liebe zu den Katzen und ihrer originellen Denkweise. Maddie hat mir anvertraut, sie finde, sie sei ein wenig wie Fannie:

»Wenn Daddy eine Party veranstaltet und viele Leute kommen, die ich nicht kenne, ziehe ich mich lieber zurück und esse etwas, oder ich halte den Kopf gesenkt, um mit niemandem sprechen zu müssen.«

»Tut Fannie das denn?«

»Ja, ich finde schon, zumindest so lange, bis sie einen näher kennt.«

Bridie, Maddies jüngere Schwester, hatte laut und voller Stolz verkündet, dass sie Titus besonders möge und genauso sei wie sie: »Sie hat rotes Haar, so wie ich, und wusstest du, dass alle Glückskatzen weiblich sind?«

»Das wusste ich nicht, Bridie, sonst hätte ich ihr gleich einen Mädchennamen gegeben.«

»Ich hätte es dir sagen können, wenn du mich gefragt hättest.«

Die drei waren außergewöhnlich locker, und diese Geisteshaltung übertrug sich rasch auf unsere vierbeinigen Mitbewohner. Sogar der Angsthase Puschkin und die schüchterne Fannie lernten rasch, den Mädchen zu vertrauen, und suchten sogar ihre Nähe. Andrew stieß sich heftig den Kopf an einem niedrigen Türrahmen, als er sich bückte, um Puschkin den Bauch zu kraulen. Doch er tat dies mit einem Lachen ob der eigenen Unachtsamkeit ab. Sie haben drüben in Neuseeland auch Katzen, und das hat vermutlich erheblich zu der spontanen gegenseitigen Sympathie beigetragen.

Kurz vor Ende des Sommers fragt Damian, der keinen Hehl daraus macht, dass Fannie sein absoluter Liebling ist, welche der Katzen wir anderen bevorzugen. Ich gestehe, dass ich ebenfalls Fannie bevorzuge, weil sie so mädchenhaft, verletzlich und anhänglich ist, wobei ich sie natürlich alle drei von Herzen liebe. Ich füge hinzu, dass meiner Meinung nach Puschkin Johns Liebling ist und Titus Michaels. Michael, der meine Worte mitbekommt, widerspricht sanft, aber bestimmt:

»Falsch. Ich bin Titus' Liebling. Das ist etwas völlig anderes. Ich ziehe keine von ihnen vor; ich liebe sie alle gleich.« Die Worte des weisen Vaters, der immer darauf geachtet hat, seine Söhne in gleichem Maße zu lieben.

Heute sind Damian und seine Freundin Jo nach Südafrika geflogen, einer neuen Arbeitsstelle und neuen Herausforderungen entgegen, und Michael und ich haben beide das etwas mulmige Gefühl, dass die Zeit rasend schnell vergeht, wenn der Nachwuchs erst flügge wird und das Nest verlässt. Auch wenn ihre Abreise uns traurig gestimmt hat, waren die beiden ganz aufgeregt bei der Aussicht auf ihr verheißungsvolles neues Leben und haben sich die letzten Stunden bis zum Flug bei Temperaturen über zwanzig Grad im Schutz des Sonnenschirms im Katzenauslauf mit lebhaftem Geplauder vertrieben.

Irgendwann im Laufe des Vormittags unternahmen Damian, Jo und John einen Spaziergang, und Michael und ich blieben allein zurück. Wir beschlossen, alle drei Katzen gemeinsam in den großen Garten hinauszulassen. Sie spielten miteinander,

tollten herum, und es war wunderbar, sie in Freiheit zu sehen, aber dann näherte sich der Erste, dann der Zweite und schließlich der Dritte im Bunde dem hinteren Tor, das auf die tödliche Hauptstraße hinausführt, woraufhin mich der Mut verließ und ich sie in ihren Auslauf zurückbrachte. Alle drei hockten sich auf den Tisch und starrten hinüber in den Garten. Ich habe das schon früher bei Katzen beobachtet. Sie denken. Sie verbringen viel Zeit mit Grübeln. Unsere drei tauschten sich nicht aus, aber jede Einzelne von ihnen strahlte konzentrierte Nachdenklichkeit aus.

Der bittersüße Duft des Herbstes liegt in der Luft, und die

neue Jahreszeit stimmt mich auch wegen meiner kurzen Besuche nebenan bei Shirley und manchmal auch Stephen und Karen melancholisch. Der Verlust des geliebten Mannes und Vaters setzt ihnen sehr zu. Der Schmerz sitzt bei allen dreien noch sehr tief, und Trauer ist die grausamste Wegbegleiterin überhaupt. Sie lässt einem keine Ruhe und fordert ständig volle Aufmerksamkeit, ungeachtet des Leides, das sie verursacht.

Derweil setzen die samtpfotigen Bewohner von Moon Cottage ihr eigentümliches, mal aggressives, mal liebevolles Miteinander fort. Manchmal spielen sie freundschaftlich, um einander gleich darauf wieder denkbar distanziert zu begegnen. Ab und an liegen ihre Gefühle offen, meistens aber bleiben ihre Emotionen oder das, was diese verursacht, im Verborgenen.

An einem warmen Abend sitze ich bei Einbruch der Dämmerung an unserem kleinen marokkanischen Tisch unter der Lampe, die von einem ganzen Schwarm nachtaktiver Insekten umschwirrt wird. Ich beobachte Fannie, und plötzlich wird mir bewusst, dass sich ein Ausdruck extremer Konzentration auf ihr Gesichtchen gestohlen hat. Ganz langsam und wie in Trance richtet sie sich mit ausgestreckten Vorderpfoten senkrecht auf. Äußerst vorsichtig packt sie mit beiden Pfoten eine kleine Motte und bleibt, wie von einer unsichtbaren Kraft gestützt, noch einen Augenblick hoch aufgerichtet stehen. Ihre Augen mit der markanten schwarzen Umrandung sind die einer echten Geisha. Sie trägt eine japanische Maske. Die Anmut ihrer Bewegung und die ballettartige Pose stehen in krassem Widerspruch zu dem brutalen Akt. Dann lässt sie sich langsam wieder auf alle viere sinken, öffnet die Vorderpfoten, und die kleine Motte flattert davon. Fünf Sekunden später pflückt sie die Arme jedoch bereits wieder aus der Luft, hält sie einen Moment in der nach oben gekehrten Pfote, schiebt sich das mit den Flügeln schlagende Insekt schließlich ins Maul und verspeist es.

Der September geht in den Oktober über, und die rollige Titus stellt Fannies und Puschkins Geduld auf eine harte Probe. Heute übertrifft sie sich sogar selbst, während ich mich mit Handwerker Matthew G. bespreche, der einen Wasserschaden im Esszimmer beheben soll, Folge eines Lecks im darüberliegenden Badezimmer. Wir stehen also im Esszimmer, und er misst die Wandfeuchte, wobei er wiederholt den Kopf schüttelt ob der hohen Werte, während sie sich auf dem Boden wälzt, was ja noch ganz niedlich aussieht. Als er sich aber herabbeugt, um sich auf einem Block Notizen zu machen, stolziert sie quer über den Tisch auf ihn zu und bietet sich ihm in eindeutiger, auch für Nicht-Tierkenner unmissverständlicher Pose an, wobei sie den Oberkörper senkt und dem armen Handwerker miauend das Hinterteil mit seitlich abgewinkeltem Schwanz einladend vor die Nase hält. Der Mann wirft mir einen entsetzten Blick zu, woraufhin ich Titus vom Tisch nehme, auf dem Fußboden absetze und sanft mit dem Fuß wegschiebe. Ich summe leise vor mich hin und tue so, als wäre nichts gewesen. Das geht etwa drei Minuten gut, dann sehe ich aus dem Augenwinkel, wie Titus auf das Klavier springt und über den geschlossenen Deckel marschiert. Von dessen Ende ist es nur noch ein kleiner Sprung bis zum Tisch, und sie steuert wieder schnurstracks den Handwerker an. Es folgt eine exakte Wiederholung ihrer Paarungsaufforderung. Oh, Titus, hast du denn gar kein Schamgefühl?

An diesem Morgen legt sie sich für Puschkin hin und flirtet ihn, auf dem Rücken liegend, an. Verärgert beobachtet Michael, wie Puschkin hierauf mit der Vorderpfote nach ihr schlägt.

Ich nehme den Kater in Schutz. »Michael, es tut mir leid, aber wie man in den Wald hineinruft, so schallt es heraus. Fannie und Titus haben ihn so oft schlecht behandelt, dass sein Verhalten nicht weiter überrascht.«

»Wir besitzen den einzigen schwulen Kater in ganz Hertfordshire«, kontert er mürrisch. Ich bin sicher, dass er sich irrt.

Ein paar Abende später, während eines gemütlichen entspannten Essens mit unseren Freundinnen Hannah und Wendy, kommt John zu später Stunde heim. Er ist leicht angeheitert und hat sich das Jackett lässig über die Schulter geworfen, einen Finger durch den Aufhänger gesteckt: unser Mister Cool. Er nimmt sich ein Glas Wein, schaltet den Flirtmodus ein und beginnt eine geistreiche, witzige Unterhaltung mit den beiden Mädchen. Da wirft sich Titus, die ihn mindestens vierundzwanzig Stunden nicht mehr gesehen hat, vor ihm auf den Boden und miaut zum Steinerweichen. Sie wälzt sich hin und her, stöhnt und maunzt, und ihre Paarungsrufe werden immer lauter und lauter. Wendy und Hannah lachen sich innerlich tot, während John unbeeindruckt weiterplaudert. Obwohl noch mitten im Gespräch, kommt er schließlich nicht mehr gegen die lautstarke schamlose und lustvolle

Darbietung von Madame an und erkennt erst jetzt den Grund für die Heiterkeit der beiden Mädels. Er steht hastig auf, entschuldigt sich und zieht sich ins Obergeschoss zurück. Als ich mich umdrehe, sehe ich, dass die verschmähte Titus unglücklich am Fuß der Treppe hockt und schmachtende Blicke nach oben wirft.

»Das Leben ist hart, Titus!«, bemerkt Michael.

Wir unterhalten uns an diesem Abend über alles Mögliche, kommen aber immer wieder auf das Thema »Katzen« zurück und erzählen uns gegenseitig Anekdoten.

Wendy lebt seit einem knappen Jahr mit zwei Fundkatzen namens Oscar und Jemima zusammen. Als sie die beiden das erste Mal gesehen hat, waren sie seit acht Monaten im Tierheim und warteten auf ein neues Zuhause. Bei ihrer Aufnahme im Tierheim waren sie etwa vier Monate alt und bereits kastriert. Welche traurige Geschichte mag dazu geführt haben, dass sie von ihren Besitzern ausgesetzt wurden?

»Sie waren im selben Käfig untergebracht, und das Tierheim wollte sie nur zusammen abgeben. Wir gingen alle davon aus, dass sie Geschwister waren, aber wissen konnte man das nicht. Als ich die beiden daheim aus der Transportkiste ließ, weigerte Jemima sich anfangs, das Schlafzimmer zu verlassen, um zu fressen und zu trinken. Die zweite Überraschung war, dass die Katzen sich nach ihrer ›Freilassung‹ mieden, nachdem sie so lange Zeit im selben Käfig gesessen hatten. Kamen sie einander doch einmal näher, mündete die Begegnung unweigerlich in einen Kampf. Auch heute kommt es noch häufig zu heftigen Auseinandersetzungen, und fremde Umgebungen bringen sie nach wie vor völlig aus dem Gleichgewicht.«

»Meinst du, sie sind sich einfach furchtbar auf die Nerven gegangen, als sie zusammen eingesperrt waren, und haben nur darauf gewartet, endlich herausgelassen zu werden, um offene Rechnungen zu begleichen? Oder war es mehr eine Überreaktion auf eine Stresssituation?«

»Ich denke, sie waren schlicht überwältigt von so viel Bewegungsfreiheit, nachdem sie so lange auf engstem Raum eingesperrt waren. Das hat sie aus der Bahn geworfen.«

Am selben Abend berichtet Hannah uns von den bemerkenswerten Taten von Tiger, einem Kater, der bei ihr und ihrer Mutter in einer Wohnung in East Dulwich lebte, als sie etwa sechzehn war.

»Tiger war ein wirklich leidenschaftlicher Jäger. Ich meine, er war so was von leidenschaftlich bei der Sache! Er hat ständig irgendwelche Nahrungsmittel angeschleppt. Wir wussten nie, wo er die herhatte, und hofften, dass sie aus dem Müll stammten.«

»Was genau hat er denn angeschleppt?«

»Ach, alles nur Erdenkliche. Halb gegessene Koteletts, ein Stück Steak, einmal auch einen Fisch. Seine absolute Meisterleistung war jedoch eine Döner-Pita, die er eines Tages mitbrachte, komplett mit scharfer Soße und Salat. Er hat seine Beute volle drei Stockwerke hinaufgetragen, offenbar ohne auch nur ein Krümelchen zu verlieren.« Nachdem wir unsere Lachtränen getrocknet haben, senkt Hannah scheu den Blick und fügt hinzu: »Ich fürchte, ich muss davon ausgehen, dass er diese Jagdtrophäe irgendjemandem vom Teller geklaut hat, auch wenn wir natürlich nie erfahren haben, wo er sein Unwesen trieb, sodass wir auch das arme hungrige Opfer des dreisten Diebstahls nicht für das entgangene Abendessen entschädigen konnten.«

Kapitel 18

Als die Tage mit fortschreitendem Herbst kürzer werden, beschließen wir, das kalkulierte Risiko einzugehen, die Katzen tagsüber öfter in den Garten zu lassen. Obgleich sie immer noch ziemlich eingeschüchtert wirken von den Gerüchen und Geräuschen dort draußen, nimmt jede der Katzen ihrem Naturell entsprechend ihre ureigenste Position ein. Fannie vertraut offenbar ganz darauf, dass die Vögel irgendwann ihre Anwesenheit vergessen und zum Fressen zurückkehren, wenn sie nur lange genug reglos auf der Bank unter dem Vogelhäuschen sitzen bleibt. Dies war bisher noch nie der Fall, aber sie lässt sich von diesem Misserfolg nicht entmutigen. Titus verbringt ihre Zeit im Garten damit, an Grashalmen zu knabbern, wobei sie mehr an eines jener geliebten Dales-Schafe aus meiner fernen Vergangenheit erinnert als an eine Katze, doch hinterher geht sie immer ins Haus, um sich dort zu erbrechen (Fannie und sie benutzen ausschließlich das Katzenklo im Haus, ganz egal, wie lange sie sich draußen aufhalten), während Puschkin die äußere Gartenbegrenzung abgeht, Duftmarken absetzt und sein Revier mit Urin markiert. Das territoriale Verhalten scheint also angeboren zu sein. Allerdings muss ich gestehen, dass er sich hierbei in recht mädchenhafter Art hinhockt. Puschkin stellt das größte Risiko beim Ausgang dar, da er dazu neigt, in Panik zu geraten und dann kopflos in die Richtung zu rennen, die er als die sicherste empfindet, und das ist nicht zwingend das Haus. Ich bin glücklicher, seit ich ihnen mehr Freiheit einräumen kann, so eingeschränkt diese auch sein mag. Ich lasse sie nie länger als eine halbe Stunde am Stück im Garten, da nach dieser Gewöhnungsphase der Zaun und die Welt der Hauptstraße gleich dahinter eine zu starke Anziehung auf meine drei Samtpfoten ausüben.

»Michael, versprich mir, dass sie eines Tages die große weite Welt erkunden dürfen.«

»Eines Tages ganz bestimmt, versprochen.«

*

Als ich an einem faulen Samstag in meinen Schreibtischschubladen krame, stoßen meine Finger ganz hinten in der obersten Lade auf einen vertrauten Gegenstand, den ich impulsiv hervorhole. Es ist das kleine blassgrüne Samthalsband mit dem Glöckchen, das Otto, Titus' und Fannies Mutter, getragen hat bis zu jenem Tag, an dem sie draußen vor dem Haus überfahren wurde, als die Kätzchen gerade mal ein paar Wochen alt waren. Seit jenem Tag hat das Halsband vergessen in der Schublade gelegen. Ich betrachte es lange, erfüllt von Liebe und Trauer gleichermaßen. Schließlich werfe ich es ohne bestimmten Hintergedanken Fannie zu, die auf dem Sessel neben meinem Bürostuhl liegt. Ich rechne eigentlich nicht mit einer Reaktion oder höchstens damit, dass sie spielerisch danach greift. Umso überraschter bin ich zu sehen, dass sie völlig fasziniert zu sein scheint. Sie beschnuppert das

Halsband immer wieder intensiv und beginnt schließlich, mit dem kleinen Glöckchen zu spielen, das sie abwechselnd mit den Pfoten anstupst.

Der Anblick berührt mich zutiefst. Erinnert sie sich daran, dass ihre Mutter dieses Halsband getragen hat? Hat das Bimmeln des Glöckchens in Verbindung mit dem Geruch eine alte Erinnerung geweckt? Dann verliert sie das Interesse jedoch wieder. Kurz darauf wiederhole ich das Experiment mit Titus. Sie ist ebenfalls fasziniert von dem Geruch, wenngleich der vermutlich jetzt vermischt ist mit meinem eigenen und Fannies. Ich nehme das Halsband in die Hand, schüttle das Glöckchen und lasse es vor sie fallen. Titus starrt es hochkonzentriert an. In ihre Augen tritt ein leicht glasiger Ausdruck, und sie öffnet das Maul etwa zweieinhalb Zentimeter weit. Ich kann mich nicht erinnern, je gesehen zu haben, dass sie das Maul in dieser Art geöffnet hätte, obgleich Fannie dieses Verhalten öfter zeigt. Ich erkenne, dass es sich um ein sogenanntes Flehmen handelt, das heißt, sie »schmeckt« den Geruch des Halsbandes. Inzwischen liegt der Tod ihrer Mutter vier Jahre zurück. Kann dem Halsband überhaupt noch Ottos Geruch anhaften? Die Reaktion der beiden Katzenmädchen lässt dies stark vermuten, und obgleich Titus und Fannie erst sieben Wochen alt waren, als ihre Mutter überfahren wurde, ist es durchaus möglich, dass die frühkindliche Erinnerung an den Geruch sowie an das Bimmeln, das Ottos Kommen und Gehen begleitete, ihnen im Gedächtnis haften geblieben ist. In der Zeit nach dem Verlust ihrer Mutter haben die Kätzchen diese zwar sehr vermisst, jedoch auch rasch gelernt, alleine klarzukommen (die Überlebensinstinkte junger Tiere sind extrem ausgeprägt), sodass sich nur schwer abschätzen ließ, in welchem Maße sie tatsächlich trauerten.

Erwachsene Katzen hingegen sind zu wirklich erstaunlich tiefer Trauer fähig, wenn eine ihnen nahestehende Katze stirbt. Das geht häufig sogar so weit, dass sie fast verhungern, weil sie in ihrem Kummer die Nahrungsaufnahme einfach »vergessen«. Ich habe mich oft gefragt, ob Septis Krebserkrankung, von der ich in meinem Buch *Die Katzen von Moon Cottage* berichtet habe, möglicherweise von seiner Trauer um Otto ausgelöst worden sein könnte. Jeffrey Masson und Susan McCarthy vertreten in ihrem Buch *When Elephants Weep* sehr umfangreich und mit überzeugenden Belegen die Hypothese, dass Tiere zu tiefer Trauer fähig sind, womit sie an Charles Darwins Beobachtungen in *The Expressions of the Emotions in Man and Animals* anknüpfen und diese ergänzen.

Die Betrachtung einer anderen Art von Trauer, nämlich jener, die ein Mensch beim Tod eines geliebten Tieres empfindet, interessiert mich ebenfalls sehr, zumal ich denke, dass diese Form des Schmerzes, den viele Menschen durchleiden, aber die meisten Betroffenen lieber für sich behalten, stark unterschätzt wird. Ich habe es mehr als einmal als bewusstseinserweiternde Erfahrung empfunden, mir vor Augen zu halten, wie privilegiert ich bin, diese drei Katzen in solchem Umfang lieben zu können, und wie jeder Tierliebhaber weiß, muss man für ein so intensives Gefühl früher oder später immer einen hohen Preis zahlen. Das heißt nicht, dass ich meiner eigenen Spezies nicht ebenfalls sehr zugetan wäre. Ich will damit nur zum Ausdruck bringen, dass die Liebe eines Menschen zu einem Tier und möglicherweise auch jene eines

Tieres zu einem Menschen eine ganz andere, eigenständige Art von Liebe ist. Häufig ist sie von einer Intensität, die sich von jener zwischenmenschlicher Beziehungen unterscheidet, vielleicht aufgrund des »blinden« Vertrauens, das beide Seiten zulassen und das der Kommunikation zwischen zwei verschiedenen Spezies zugrunde liegt. Die Beziehung zwischen Mensch und Tier ist von besonderer Reinheit und frei von Ambivalenz. Dieser selbe vertrauensvolle und liebevolle Blick, den Mensch und Tier wechseln, diese sanfte Berührung einer Pfote, die belohnt wird mit dem zärtlichen Streicheln einer Hand, das Kraulen eines Ohrs in einer ganz bestimmten Art und das hierauf folgende Kitzeln von Schnurrhaaren auf der Haut, das liebevolle Anstupsen einer kalten, feuchten Nase und der hierauf folgende wohlige Schauer – das alles führt zu einer tief empfundenen und dauerhaften gegenseitigen Liebe. Hinzu kommt, dass in dieser Beziehung nicht gelogen wird. Worte können dieses Band nicht zerstören, das vermag nur der Tod. Und wenn dieser dann eintritt (und in Anbetracht der vergleichsweise kurzen Lebensdauer unserer Haustiere, kommt der Augenblick der Trennung unweigerlich zu früh), reicht der Schmerz tief und lässt einen lange nicht los.

Es gibt ein wundervolles Essay in einem insgesamt bemerkenswerten Buch von Raimond Gaita*, der erklärt, warum die Wissenschaft auf die Partnerschaft der Philosophie angewiesen ist, um unser Verständnis der Tierwelt zu vertiefen. Er stellt fest, dass fundierte, strenge und kontrollierte Beobachtungen sehr wichtig seien, diese jedoch gepaart sein müssen

---

* Raimond Gaita: The Philosopher's Dog, Routledge, 2003.

mit intelligenter emotionaler Resonanz, wobei die größte Herausforderung darin besteht, die richtige Sprache zu finden, um die ermittelten Ergebnisse zu kommunizieren. Er analysiert das Kapitel »Tod eines Hundes« in einem Buch mit dem Titel *Moral Questions* von Rush Rhees, in dem der Philosoph schreibt, dass die Trauer, die auch nach längerer Zeit noch unerträglich sein kann, sich von der Trauer um einen verstorbenen Menschen unterscheidet, wobei es in diesem Fall speziell um die Trauer um seinen Hund Danny geht (eine Beziehung, in der beide genau wussten, wie sie zueinander standen). Und auch das Bewusstsein, dass man *nur* um einen Hund trauert, mindert den Schmerz in keinster Weise. Er beschreibt den Verlust mit einem zeitlichen Abstand von zwei Jahren folgendermaßen:

Wenn ich versuche, weiter an meinem Verständnis der Philosophie der Mathematik zu arbeiten (mathematische Induktion und Rekursion), wird mir bewusst, dass ich in meiner Lektüre und in meinen Ausführungen keinen Schritt ohne ihn gemacht habe, dass ich ihn in alles miteinbezogen habe. (Er schlief in der Ecke oder gleich da vorn.) Und wenn es ihn nicht mehr gibt – wie soll ich dann weiterkommen? Was soll ich dann noch hier?

Im September 2003 ist das erste Buch über unsere Katzenfamilie unter dem Titel *Die Katzen von Moon Cottage* erschienen, und Peter Warner, der herausragende Illustrator jenes (und auch des vorliegenden) Buches, der im ersten Band seinen bildschönen neunzehn Jahre alten Schildpatt-Kater Django als Modell für Michaels ebenso alten Septi verwendete, hat in der

Lokalpresse und sogar im Fernsehen die Werbetrommel für uns gerührt. Als wirkungsvoller visueller Aufhänger war der gutmütige Django von Vertretern der Presse unzählige Male fotografiert worden, während das Fernsehen eine Fülle von Filmmaterial erstellte. Die Ergebnisse dieser Pressetermine waren dann später in der Presse und im Regionalfernsehen in Kent zu sehen. Leider erkrankte Django Anfang Oktober, als die Werbekampagne ihren Höhepunkt erreichte, und Peter pflegte ihn durch die letzten Stadien eines akuten Nierenversagens bis zum Tod. Die folgenden Worte sind von Peter. Er hat sie zum Gedenken an Django bei dessen Begräbnis am zwölften Oktober vorgetragen:

Django

Django ist um sieben Uhr am Donnerstag, den neunten Oktober, im Alter von neunzehn Jahren, drei Monaten und neun Tagen nach glücklicherweise kurzer Leidenszeit an Nierenversagen verstorben.

Er war allseits beliebt und selbst ausgesprochen liebevoll. Er war mit jedem gut Freund, am glücklichsten, wenn er auf einem Schoß sitzen durfte, und im siebten Himmel, wenn man ihm das untere Ende des Rückens kraulte. Sein nach oben gerichteter verzückter Blick verriet dabei, wie sehr er diese Behandlung genoss.

Er saß in der alten Küche auf der Anrichte und starrte zusammen mit seinem Bruder Oliver entsetzt auf die Invasion von Solos Welpen.

So ungehobelt – aber interessant!

Obwohl das nur wenige wissen, hat er – angemessen zurechtgemacht – für unzählige Katzenfuttermarken Modell gestanden.

Viele Jahre war er ziemlich unverfälscht als Go-Katze zu sehen sowie von 1986 an als lässig-elegante neue Whiskas-Katze mit mittellangem Haar, bis er dann in neue Werberollen schlüpfte. Er wurde für den japanischen Katzenkalender abgelichtet und später in den Band Perfect Cats *aufgenommen. Erst kürzlich hat er dann für Septi aus* Die Katzen von Moon Cottage *Modell gestanden. Ein echter Walter Mitty.*

Vor allem aber war er für mich und die Hunde der perfekte Gefährte: freundlich, genügsam und sanftmütig, seine Anmut und Körperbeherrschung eine wahre Augenweide. Sein leichtfüßiger Trab durch Gras und Laub war einzigartig, beinahe so, als schwebte er.

Und so ist unser Buch Die Katzen von Moon Cottage *so etwas wie ein Denkmal für ihn geworden. Nach mehreren Fototerminen in den vergangenen Wochen hatte er am Dienstag, den siebten Oktober, seinen ersten – und letzten – Fernsehauftritt in* Meridian Tonight. *In den vergangenen Nächten schien es, als leuchtete der volle Mond all die leeren Ecken und Winkel der Küche aus auf der Suche nach dem einen, der die vergangenen neunzehn Jahre so allgegenwärtig war und un-*

*ser Leben mit so viel Wärme erfüllt hat. Blue, meine Abessinier-Katze, scheint ebenfalls ganz verloren!**

*

Und so möchte ich langsam diesen zweiten Teil meiner Katzenerzählungen aus dem Moon Cottage abschließen. Ich bin überwältigt von der Freude, die die Gesellschaft von Katzen mir und so vielen anderen bereitet. Ich kann nur hoffen, dass ich zumindest einen Teil dieses Geschenks an Katzen ganz allgemein und an meine eigenen im Besonderen zurückzugeben vermag. Ich liebe die meisten Tiere, man könnte sogar sagen, alle Tiere, und ganz oben auf der Liste stehen Wale, Delfine, Pferde und Hunde. Tatsächlich waren Hunde meine erste große Liebe, meine heutige Verehrung für Katzen hat sich erst viel später entwickelt. Sie sind nicht wertvoller als andere Tiere, sondern einfach sehr eigenständige Wesen, deren Raffinesse und Intelligenz mich auch nach Jahren noch faszinieren und an deren Possen ich mich nicht sattsehen kann.

* Peter Warner, am 12. Oktober 2003.

Postskriptum

Ich war sehr gerührt von der Vielzahl von Lesern, die meine E-Mail-Adresse in Erfahrung gebracht und mir geschrieben haben, um mir allerlei Nettes zu sagen oder mir ihre eigenen bemerkenswerten Katzengeschichten zu berichten. Ich freue mich über jede Nachricht meiner Leser. Sie erreichen mich unter Mooncottagecats@hotmail.com oder:

Marilyn Edwards [More Cat Tales from Moon Cottage]
c/o Hodder & Stroughtojn
338 Euston Road
London NW1 3BH
England

Ich bin dabei, eine Website einzurichten, auf der man sich Fotos der Katzen aus diesem Buch anschauen kann. Die Adresse lautet:

www.thecatsofmooncottage.co.uk

Auch hier sind Nachrichten willkommen.

Nachwort

Für Giles Gordon, dem ich dieses Buch widme

Eine Katze, die großen Einfluss auf mein Leben hatte, obgleich ich sie leider nie kennengelernt habe, ist ein kleiner Burma-Kater namens Harry. Dieser Kater gehörte einem wirklich bemerkenswerten Mann namens Giles Gordon, der mir viele Jahre ein enger Freund war und erst viel später zu meinem Literatur-Agenten wurde. Als Giles sich einverstanden erklärte, das Manuskript von *Die Katzen von Moon Cottage* zu lesen, seufzte er so tief, dass ich es durch das Telefon hören konnte, ehe er auflegte. Zuvor hatte er mich unmissverständlich darauf hingewiesen, dass er keine neuen Autoren mehr aufnehme. Später erzählte er mir dann, dass er an dem Abend, an dem er mein Buch las, noch drei andere Manuskripte lesen musste, was sicher nicht ungewöhnlich ist für einen Agenten wie Giles. Meins war das dritte, und so war der Abend schon weit fortgeschritten, als er mit der Lektüre begann.

Kurz nachdem er mit meinem Buch angefangen hatte, sprang sein Kater Harry auf seinen Schoß. Da mein Buch ihm gut gefiel, entspannte Giles sich, und Harry begann zu schnurren. In dieser entspannten Atmosphäre las Giles das Manuskript bis zum Ende, wobei er mit der freien Hand den schnurrenden Harry streichelte. Hinterher war er überzeugt davon, dass ich Harrys Segen hatte. Am nächsten Tag nahm Giles mich in seine Klienten-Datei auf. Der Rest ist Geschichte.

Ich hatte immer vor, Harry kennenzulernen und ihm die Pfote zu schütteln, da ich ihm ja etwas schuldig war. Entsprechend bestürzt war ich, als Giles mir im Oktober 2003 erzählte, Harry sei von einem Streifzug nicht heimgekehrt, worüber vor allem sein jüngster Sohn Leo sehr traurig sei.

Da ich Giles nicht immer wieder fragen wollte, ob es Neuigkeiten von Harry gebe, schickte ich seiner freundlichen und allzeit bereiten Assistentin Joanna eine Mail.

```
Von: Marilyn
An: Joanna
Datum: 28. Oktober 2003, 18.32 Uhr
Betreff: Gefälligkeit


Liebe Joanna,

bitte entschuldigen Sie, dass ich Sie damit
belästige, aber ich mache mir solche Sorgen
und Gedanken wegen Giles' Kater Harry und
möchte nicht immer wieder den Finger in die
Wunde legen, indem ich jedes Mal frage,
ob Harry wieder da ist.
Sollte er jedoch wie durch ein Wunder wie-
der auftauchen oder es sonstige Neuigkeiten
```

zu seinem Verbleib geben, wäre es wirklich sehr freundlich von Ihnen, mich zu informieren. Ich drücke ganz fest die Daumen, dass der kleine Kerl zurückkommt.

Liebe Grüße,
Marilyn

Von: Joanna
An: Marilyn
Datum: Mittwoch, 29. Oktober 2003, 9:58 Uhr
Betreff: RE: Gefälligkeit

Liebe Marilyn,

selbstverständlich gebe ich Ihnen gern Bescheid, wenn der kleine Kerl wieder auftaucht. Wir machen uns alle Sorgen um ihn. Die Katze meines Vaters war einmal für über ein Jahr verschwunden und kehrte dann eines Tages, als wir längst nicht mehr daran glaubten, unerwartet zurück. Weiß Gott, wo sie die ganze Zeit gesteckt hat! Wenn sie doch nur reden könnten!
Gruß, Joanna

*

Nach dieser Mail von Joanna bekam ich noch mehrere E-Mails von Giles, und dann, am Morgen des dritten November, eines Montags, kam der furchtbare Anruf von Joanna, in dem sie mir mitteilte, Giles sei Freitagnacht in seinem Haus in Edinburgh gestürzt, also in der Halloween-Nacht. Aber das fiel mir erst später auf. Später kam dann noch die offizielle Nachricht von Giles' Hauptniederlassung in London:

Wie bereits in der Presse berichtet, erlitt Giles bei seinem Sturz in seinem Haus in Edinburgh schwere Kopfverletzungen. Er befindet sich derzeit im Western General Hospital in Edinburgh, wo er im künstlichen Koma gehalten wird. Eine Prognose werden die Ärzte erst in einigen Tagen abgeben können.

Ich war tief beunruhigt, da die Nachricht nicht gerade optimistisch klang, und es war schwierig, mehr in Erfahrung zu bringen, als in dieser Erklärung stand – zumal Giles' Autoren nachdrücklich gebeten wurden, nicht in der Klinik anzurufen.

Eine gute Woche verstrich, und in dieser Zeit kam ich selbst ins Krankenhaus: An beiden Handgelenken wurde ein Karpaltunnelsyndrom operiert. Am Tag meiner Entlassung, als ich noch ganz benommen und mit geschienten Armen im Bett lag, erfuhr ich von meiner Schwester Margot, die früher einmal Giles' Sekretärin gewesen war, dass BBC Radio 4 die Nachricht von Giles' Tod bekannt gegeben habe. Michael hatte versucht, die traurige Neuigkeit vor mir geheim zu halten. Die Nachricht von Giles' Tod brach mir das Herz.

Ich hatte meinen Fels in der Brandung verloren. Giles, dessen Urteilsfähigkeit von vielen als unfehlbar eingestuft wurde, würde nie wieder ein Buch beurteilen. Vater, Ehemann, Bruder, Freund, Kollege, Agent, Autor, Gelehrter, Lebenskraft, Geist, Bonvivant ... das alles war nicht mehr. Dieser Mann, der gleichzeitig rücksichtsvoll und unverschämt sein konnte, liebenswert, weise, rebellisch, offen, mitfühlend, nervig, aufmunternd, respektlos, lustig und ein so guter Kumpel ... Nie wieder würde ich sein verschmitztes Lachen hören.

An diesem Abend weinte ich lange, ebenso wie in den folgenden Tagen und Nächten, aber bei all meiner eigenen egoistischen Trauer dachte ich doch auch an seine tapfere Frau Maggie, die in London arbeitete und zwischen der Hauptstadt und Edinburgh hin- und herpendelte. Es würde sie viel Kraft kosten, diese Krise mit ihren Kindern durchzustehen, von denen das jüngste gerade einmal vier Jahre alt war. Aber ich war überzeugt davon, dass sie es schaffen würde, da sie eine ganz bemerkenswerte und starke Frau ist, eine Frau, die Giles' würdig war. Ich empfand auch tiefes Mitleid mit seinen älteren Kindern aus erster Ehe, die nun viel zu früh auch noch den zweiten Elternteil verloren hatten. Hattie, seine älteste Tochter, hatte kürzlich erst ihr erstes Buch veröffentlicht, und Giles hatte mir bei unserem letzten gemeinsamen Mittagessen erzählt, wie stolz er auf sie sei.

Eine Woche später nahmen Michael und ich an der wunderschönen, ergreifenden Trauerfeier zu Giles' Ehren in der Kathedrale gleichen Namens in Edinburgh teil. Als ich erfuhr, wo die Beerdigung stattfinden sollte, erinnerte ich mich daran, dass Giles vor Jahren einmal zu mir gesagt hatte, er wette, er sei der einzige Mensch, den ich kenne, der nach einer Kathedrale benannt sei. Und es stimmt bis heute: Giles ist nach wie vor der einzige Mensch, den ich je gekannt habe, der nach einem Gebäude benannt wurde.

Beim anschließenden Empfang erfuhr ich, dass Giles' Kater Harry nie wieder aufgetaucht war. Einer der Trauergäste erzählte:

»Katzen ahnen schlimme Ereignisse voraus und verschwinden lieber, bevor es zu spät ist!«

Obwohl es natürlich albern war, überlief mich ein Schauer bei dem Gedanken daran, dass Giles an Halloween gestürzt war, und mir gingen allerlei verrückte Assoziationen mit Katzen und Hexen durch den Kopf. Um diesem Unsinn entgegenzuwirken, protestierte ich.

»Vielleicht ist Harry ja etwas zugestoßen.«

»Nun, in diesem Fall ist er schon drüben und wartet auf Giles.«

Giles, ich widme dir im Namen all deiner Autoren und all jener, die dich wahrhaft gekannt, geliebt und bewundert haben, die letzte Zeile meines ersten Buches, mit der du mich seinerzeit aufgezogen hast:

»Solange wir leben, wirst du nicht sterben.«